Die Immunität internationaler Organisationen in den Vertragsstaaten der EMRK

Kölner Schriften zu Recht und Staat

Herausgegeben von
Prof. Dr. Hartmut Schiedermair und
Prof. Dr. Bernhard Kempen

Band 59

PETER LANG

JULIA HENNEWIG

Die Immunität internationaler Organisationen in den Vertragsstaaten der EMRK

PETER LANG

Bibliografische Information der Deutschen Nationalbibliothek
Die Deutsche Nationalbibliothek verzeichnet diese Publikation in der Deutschen Nationalbibliografie; detaillierte bibliografische Daten sind im Internet über http://dnb.d-nb.de abrufbar.
Zugl.: Köln, Univ., Diss., 2018

Gedruckt mit Unterstützung des Förderungsfonds
Wissenschaft der VG WORT

Abbildung auf dem Umschlag:
Historisches Universitätssiegel
der Universität zu Köln.

Gedruckt auf alterungsbeständigem, säurefreiem Papier.
Druck und Bindung: CPI books GmbH, Leck

D 352
ISSN 1433-0253
ISBN 978-3-631-80138-3 (Print)
E-ISBN 978-3-631-80788-0 (E-PDF)
E-ISBN 978-3-631-80789-7 (EPUB)
E-ISBN 978-3-631-80790-3 (MOBI)
DOI 10.3726/b16392

Peter Lang – Berlin · Bern · Bruxelles · New York ·
Oxford · Warszawa · Wien

Diese Publikation wurde begutachtet.
www.peterlang.com

Für Julius

Vorwort

Die vorliegende Arbeit wurde durch die Rechtswissenschaftliche Fakultät der Universität zu Köln im Februar 2018 als Dissertation angenommen. Die Bearbeitung befindet sich inhaltlich auf dem Stand der Einreichung, die ebenfalls im Februar 2018 erfolgte. Literatur wurde bis Juni 2019 berücksichtigt.

Mein Dank gilt zuvorderst meinem Doktorvater Herrn Prof. Dr. Bernhard Kempen für die Unterstützung bei der Wahl des Themas sowie seine zahlreichen und wertvollen Anregungen während der Entstehung der Arbeit.

Herrn Prof. Dr. Burkhard Schöbener danke ich herzlich für die zügige Erstellung des Zweitgutachtens und seine hilfreichen Anmerkungen.

Diese Arbeit hätte nicht entstehen können ohne den konstruktiven Gedankenaustausch mit meinen Kolleginnen und Kollegen am Institut für Völkerrecht und ausländisches öffentliches Recht der Universität zu Köln. Mein besonderer Dank gilt Elisabeth Rossa, Johanna Sahbatou und Eva Frackowiak für ihre Hilfsbereitschaft.

Ich danke meinen Freunden, die mir während der gesamten Zeit zur Seite gestanden haben, für die vorbehaltslose Unterstützung. Ich danke Johanna Riggert, Yao Li und Johannes Hennewig für ihre Kritik und Impulse.

Schließlich gebührt mein Dank meinen Eltern, die mich in meiner Ausbildung zu jeder Zeit unterstützt und gefördert haben.

Diese Arbeit ist meinem Patenkind und Neffen Julius gewidmet.

Inhaltsverzeichnis

Abkürzungsverzeichnis

4ATAF	Fourth Allied Tactical Air Force
a. A.	andere Ansicht
a. a. O.	am angegebenen Ort
a. F.	alte Fassung
ABl.	Amtsblatt
Abs.	Absatz
Abschn.	Abschnitt
AD	Annual Digest of Public International Law Cases
AFSOUTH	Allied Forces Southern Europe
AG	Amtsgericht
AJIL	American Journal of International Law
AKP-Gruppe	Gruppe der afrikanischen, karibischen und pazifischen Staaten
AöR	Archiv des öffentlichen Rechts
Art.	Artikel
Artt.	Artikel (Plural)
AT	Austria
Aufl.	Auflage
AVR	Archiv des Völkerrechts
BAG	Bundesarbeitsgericht
BayVBl.	Bayrische Verwaltungsblätter
BCEAO	Banque centrale des Etats de l'Afrique de l'Ouest
Bd.	Band
BE	Belgium
BGBl	Bundesgesetzblatt
BGE	Bundesgerichtentscheide
BIPM	Bureau international des poids et mesures
BIZ	Bank für Internationalen Zahlungausgleich
bspw.	beispielsweise
BVerfG	Bundesverfassungsgericht
BVerfGE	Bundesverfassungsgerichtsentscheidung
BVerwG	Bundesverwaltungsgericht
bzw.	beziehungsweise
c.	contre
CERN	Europäische Organisation für Kernforschung

CH	Confoederatio Helvetica/Switzerland
COE	Council of Europe
CN	China
CPIUN	Convention on the Privileges and Immunities of the United Nations
DARIO	Draft articles on the responsibility of international organizations
ders.	derselbe
Doc.	document
DVBl	Deutsches Verwaltungsblatt
ebd.	ebenda
ECHR	European Convention on Human Rights
ECommHR	European Commission of Human Rights
ECtHR	European Court of Human Rights
EG	Europäische Gemeinschaft
EGMR	Europäischer Gerichtshof für Menschenrechte
EJIL	European Journal of International Law
EKMR	Europäische Kommission für Menschenrechte
EMRK	Europäische Menschenrechtskonvention
EPIL	Encyclopedia of Public International Law
EPO	Europäische Patentorganisation
ESA	European Space Agency
ESA-Konvention	Übereinkommen zur Gründung einer Europäischen Weltraum-organisation
ESRO	European Space Research Organization
EU	Europäische Union
EuGH	Europäischer Gerichtshof
EUI	European University Institute
EURATOM	Europäische Atomgemeinschaft
Eurocontrol	Europäische Organisation zur Sicherung der Luftfahrt
EuZW	Europäische Zeitschrift für Wirtschaftsrecht
EWG	Europäische Wirtschaftsgemeinschaft
f.	folgende(r) (Absatz, Seite, Randnummer)
ff.	fortfolgende (Absätze, Seiten, Randnummern)
FMIOA	Foreign Missions and International Organizations Act
Fn.	Fußnote
FSIA	Foreign Sovereign Immunities Act
GAOR	General Assembly Official Records
GR	Greece

Hrsg.	Herausgeber
i. V. m.	in Verbindung mit
IBRD	International Bank for Reconstruction and Development
ICJ	International Court of Justice
ICLQ	International and Comparative Law Quarterly
IGH	Internationaler Gerichtshof
IIA	International Institute of Agriculture
IL	Israel
ILDC	Oxford Reports on International Law in Domestic Courts
ILC	International Law Commission
ILO	International Labour Organization
ILOAT	International Labour Organization Administrative Tribunal
ILR	International Law Reports
IntKommEMRK	Internationaler Kommentar zur Europäischen Menschenrechts-konvention
INTELSAT	International Telecommunications Satellite Organization
IOIA	International Organizations Immunities Act
IOLR	International Organizations Law Review
IPbpR	Internationaler Pakt über bürgerliche und politische Rechte
IPGRI	International Plant Genetic Resources Institute
IPRspr.	Die deutsche Rechtsprechung auf dem Gebiete des Internationalen Privatrechts
IPrax	Praxis des Internationalen Privat- und Verfahrensrecht
IT	Italy
ITC	International Tin Council
JDI	Journal du Droit International
KE	Kenia
KFOR	Kosovo Force
LAG	Landesarbeitsgericht
lit.	litera
MAICH	Mediterranean Agronomic Institute of Chania
MDR	Monatszeitschrift für Deutsches Recht
MEPIL	Max Planck Encyclopedia of Public International Law
MünchKomm ZPO	Münchener Kommentar zur Zivilprozessordnung mit Gerichts-verfassungsgesetz und Nebengesetzen
NATO	North Atlantic Treaty Organisation
NGO	Non-governmental Organization

NJW	Neue Juristische Wochenschrift
NL	Netherlands
no.	number
Nr.	Nummer
NYIL	Netherlands Yearbook of International Law
p.	page
Abs.	Absatz, Absätze
RCDIP	Revue critique de droit international privé
RdC	Recueil de cours
RGDIP	Revue Générale de Droit International Public
Rn.	Randnummer(n)
RSDIE	Revue Suisse de droit international et de droit européen
RU	Russische Federation
S.	Satz (Gesetzesangabe)
S.	Seite
SZIER	Schweizerische Zeitschrift für internationales und europäisches Recht
u. a.	und andere
UN	United Nations
UNC	United Nations Charter
UNMIK	United Nations Mission in Kosovo
UNTS	United Nations Treaty Series
UNTSO	United Nations Truce Supervision Organization
v.	versus
v	versus
VGH	Verwaltungsgerichtshof
Vol.	Volume
WEU	Westeuropäische Union
WLR	The Weekly Law Reports
WTO	World Trade Organization
WÜV	Wiener Übereinkommen über das Recht der Verträge
YILC	Yearbook of the International Law Commission
z. B.	zum Beispiel
ZaöRV	Zeitschrift für ausländisches öffentliches Recht und Völkerrecht
ZEuS	Zeitschrift für Europarechtliche Studien
Ziff.	Ziffer
zit.	zitiert

Einführung

A. Einleitung

Als Kehrseite des Gewaltmonopols des Staates ist das Recht auf Zugang zu Gericht der „Schlussstein im Gewölbe des Rechtsstaats“[1]. Will der Staat die eigenmächtige und gegebenenfalls gewalttätige Durchsetzung privater Rechte verhindern, obliegt es ihm, ein entsprechendes System zu schaffen, das dem Einzelnen die Geltendmachung seiner Rechte ermöglicht. Die Konvention zum Schutz der Menschenrechte und Grundfreiheiten[2] verbürgt das Recht auf Zugang zu Gericht in Art. 6.

Unter Inanspruchnahme ihres Rechts auf Zugang zu Gericht verklagten die bei der Europäischen Weltraumorganisation (ESA, *European Space Agency*) in Darmstadt als Leiharbeiter tätigen Systemprogrammierer Richard Waite und Terry Kennedy in einer arbeitsrechtlichen Streitigkeit die ESA. Das Arbeitsgericht Darmstadt wies die Klage jedoch aufgrund der Immunität der ESA, bestätigt durch das Bundesarbeitsgericht, auf Zulässigkeitsebene ab.[3] Ähnlich erging es Richard Chapman, als dieser die Nordatlantikvertrags-Organisation (*North Atlantic Treaty Organization*, NATO) in einem dienstrechtlichen Streit vor den belgischen Gerichten verklagte. Ein belgisches Berufungsgericht wies die Klage unter Berufung auf die Immunität der NATO ab.[4] Erfolglos blieb auch die Schadensersatzklage einer niederländischen Stiftung sowie mehrerer Angehöriger von Opfern des Massakers von Srebrenica gegen die Vereinten Nationen (UN, *United Nations*). Der Niederländische Gerichtshof wies die Klage aufgrund der Immunität der UN ab.[5] In allen drei Fällen rügten die Beschwerdeführer im Anschluss eine Verletzung des Rechts auf Zugang zu Gericht vor dem Europäischen Gerichtshof für Menschenrechte (EGMR[6]), der aber eine Verletzung des

---

1 *Thoma*, in: Wandersleb (Hrsg.), Recht Staat Wirtschaft, 9.

2 BGBl II 1952, 686. Im Folgenden auch EMRK (Europäische Menschenrechts-konvention) oder Konvention.

3 *BAG*, in: IPrax 15 (1995), 33.

4 Siehe zum Sachverhalt und der Entscheidung des belgischen Gerichts die Ausführungen des Europäischen Gerichtshofs für Menschenrechte *ECtHR*, *Chapman v. Belgium* (dec.), no. 39619/06, Abs. 1-17, 5 March 2013.

5 Siehe *Supreme Court* (Niederlande), ILDC 1760 (NL 2012), Abs. 4.2.

6 Im Folgenden auch Gerichtshof.

Rechts unter Berücksichtigung der Immunität internationaler Organisationen ebenfalls verneinte.[7]

Steht das Recht auf Zugang zu Gericht der Immunität internationaler Organisationen gegenüber, scheint das Ergebnis auf den ersten Blick stets zu Lasten des subjektiven Rechts des Einzelnen auszugehen. Vor diesem Hintergrund ist Ziel der Bearbeitung herauszufinden, ob und wenn ja unter welchen Voraussetzungen die Versagung des Zugangs zu einem nationalen Gericht auf Grundlage der Immunität einer internationalen Organisation mit dem Recht auf Zugang zu Gericht aus der Europäischen Menschenrechtskonvention zu vereinbaren ist.

B. Gang der Untersuchung

Nach einer kurzen *Einführung* in das Recht der internationalen Organisationen und in das Rechtsinstitut der völkerrechtlichen Immunität folgt in Kapitel 1 eine nähere Untersuchung der Immunität internationaler Organisationen. In der Absicht, den Umfang der Immunität zu bestimmen (C.), werden zunächst die Gründe der Immunitätsgewährung dargelegt (A.) sowie die Rechtsquellen ermittelt (B.). Der Schwerpunkt der Bearbeitung im Rahmen der Ermittlung der Rechtsquellen ist eine Untersuchung der Staatenpraxis auf das Vorhandensein einer völkergewohnheitsrechtlichen Regelung, die internationale Organisationen von der nationalen Gerichtsbarkeit befreit, da dies sowohl relevant für die sich anschließende Bestimmung des Umfangs der Immunität, als auch für die Fragen nach dem Verhältnis der Immunität zum Recht auf Zugang zu Gericht aus der Europäischen Menschenrechtskonvention ist. Die Bestimmung des Umfangs der Immunität wird sodann anhand einer Auslegung der aufgezeigten Rechtsquellen vorgenommen (C.).

In Kapitel 2 wird die Immunität internationaler Organisationen in den Kontext der Europäischen Menschenrechtskonvention eingeordnet. Nach einem Überblick über die Besonderheiten der Auslegung der Europäischen Menschenrechtskonvention (A.) folgt eine Untersuchung der Rechtsprechung des Europäischen Gerichtshofs für Menschenrechte zur Verantwortlichkeit des Verhaltens der Konventionsstaaten im Zusammenhang mit ihrer Mitgliedschaft in einer internationalen Organisation (B.). Dabei wird zwischen der Frage nach der Anwendbarkeit der Konvention und dem Umfang der Konventionsbindung bei

7 Siehe *ECtHR, Waite and Kennedy v. Germany* [GC], no. 26083/94, Abs. 50 ff., ECHR 1999-I; *ECtHR, Chapman v. Belgium* (dec.), no. 39619/06, Abs. 42 ff., 5 March 2013; *ECtHR, Stichting Mothers of Srebrenica and Others v. the Netherlands* (dec.), no. 65542/12, Abs. 169 f., ECHR 2013 (extracts).

Bejahung der Anwendbarkeit unterschieden. Es schließt sich eine Untersuchung der Rechtsprechung des Gerichtshofs zur Immunität internationaler Organisationen im Spannungsverhältnis zum Recht auf Zugang zu Gericht unter Berücksichtigung der Ergebnisse aus Kapitel 1 an (C.). Im letzten Abschnitt werden die unter (B.) ermittelten Grundsätze auf die Immunität internationaler Organisationen angewandt, um zu prüfen, ob so ein angemessener Ausgleich zwischen der Immunität internationaler Organisationen und dem Recht des Einzelnen auf Zugang zu Gericht geschaffen werden kann.

C. Internationale Organisationen in der Völkerrechtsordnung

Die Notwendigkeit der grenzüberschreitenden Zusammenarbeit in einer globalisierten Welt hat zum Entstehen zahlreicher internationaler Kooperationen geführt. Die Vielzahl dieser verschiedenen internationalen Gebilde erfordert zunächst eine Skizzierung und Abgrenzung des Begriffs der internationalen Organisation, um diese in einen rechtlichen Kontext einzuordnen.

I. Begriff der internationalen Organisation

Auch wenn eine allgemein anerkannte Definition des Begriffs der internationalen Organisation nicht existiert, lassen sich bestimmte Merkmale ausmachen, die internationalen Organisationen grundsätzlich gemein sind.

Die rechtliche Basis einer internationalen Organisation ist regelmäßig ein völkerrechtlicher Vertrag.[8] Dieses Merkmal unterscheidet eine internationale Organisation vor allem von anderen Institutionen auf internationaler Ebene. Der völkerrechtliche Gründungsvertrag dient insbesondere auch der Abgrenzung zu den nicht staatlichen Organisationen. Eine sogenannte Nichtregierungsorganisation (*Non-governmental Organization*, NGO) hat als privatrechtliche Vereinigung ihre Grundlage im jeweiligen nationalen Recht ihres Gründungs- oder Sitzstaates und gründet sich nicht auf einen völkerrechtlichen Vertrag.[9] Dass jedoch nicht immer ein völkerrechtlicher Vertrag erforderlich ist, zeigt das Beispiel des Nordischen Rates, der seine Grundlage in übereinstimmenden

---

8 *Epping*, in: Ipsen (Hrsg.), Völkerrecht, § 8, Rn. 23; *Klabbers*, International Institutional Law, S. 10; *Ruffert*/Walter, Institutionalisiertes Völkerrecht, Rn. 115; *Schermers/Blokker*, International Institutional Law, § 34; *Schmalenbach*, in: Wolfrum (Hrsg.), MEPIL, Vol. V, S. 1128, Abs. 4 (ebenso in der aktualisierten Version der Online-Enzyklopädie, MEPIL 499, Abs. 4, online, Stand: Juli 2014).

9 *Hillgruber*, in: Kempen/Hillgruber, Völkerrecht, § 6, Rn. 45; *Hobe*, in: Wolfrum (Hrsg.), MEPIL, Vol. VII, S. 719, Abs. 25.

Parlamentsbeschlüssen seiner Mitglieder hat.[10] In Abgrenzung zur rechtlichen Grundlage einer NGO handelt es sich jedoch stets um eine völkerrechtliche Vereinbarung.[11]

Auch wenn es sich bei den an einer internationalen Organisation beteiligten Völkerrechtssubjekten regelmäßig um Staaten handelt, können auch andere Völkerrechtssubjekte Mitglied in einer internationalen Organisation sein.[12] So ist beispielsweise die Europäische Union (EU) Mitglied der Welthandelsorganisation (WTO, *World Trade Organization*).[13]

Damit ein Zusammenschluss von Völkerrechtssubjekten auf Grundlage einer völkerrechtlichen Vereinbarung als internationale Organisation qualifiziert werden kann, ist zudem das Vorhandensein mindestens eines handlungsbefugten Organs erforderlich.[14] Anhand dieses Merkmals lassen sich Vertragsorgane ohne Organisationsgründung abgrenzen, deren Entscheidungen lediglich den gemeinsamen Willen aller Mitgliedstaaten widerspiegeln.[15] Beispiel für einen solchen Zusammenschluss ohne Organisationsqualität ist der auf dem Internationalen Pakt über bürgerliche und politische Rechte (IPbpR)[16] beruhende Menschenrechtsausschuss.[17]

---

10 *Klabbers*, The Law of International Organizations, S. 8. Siehe auch *Schmalenbach*, in: Wolfrum (Hrsg.), MEPIL, Vol. V, S. 1128, Abs. 4 mit einem weiteren Beispiel (ebenso in der aktualisierten Version der Online-Enzyklopädie, MEPIL 499, Abs. 28, online, Stand: Juli 2014).

11 *Schmalenbach*, in: Wolfrum (Hrsg.), MEPIL, Vol. V, S. 1128, Abs. 6 (ebenso in der aktualisierten Version der Online-Enzyklopädie, MEPIL 499, Abs. 6, online, Stand: Juli 2014).

12 *Epping*, in: Ipsen (Hrsg.), Völkerrecht, § 8, Rn. 23; *Ruffert/Walter*, Institutionalisiertes Völkerrecht, Rn. 11; *Schermers/Blokker*, International Institutional Law, § 36; *Schmalenbach*, in: Wolfrum (Hrsg.), MEPIL, Vol. V, S. 1129, Abs. 9 (ebenso in der aktualisierten Version der Online-Enzyklopädie, MEPIL 499, Abs. 9, online, Stand: Juli 2014).

13 Siehe unter https://treaties.un.org/Pages/showDetails.aspx?objid=08000002800ade6c, zuletzt abgerufen am 26.06.2019.

14 *Schermers/Blokker*, International Institutional Law, § 44: *Schmalenbach*, in: Wolfrum (Hrsg.), MEPIL, Vol. V, S. 1128, Abs. 7 (ebenso in der aktualisierten Version der Online-Enzyklopädie, MEPIL 499, Abs. 7, online, Stand: Juli 2014).

15 *Schmalenbach*, in: Wolfrum (Hrsg.), MEPIL, Vol. V, S. 1128, Abs. 7 (ebenso in der aktualisierten Version der Online-Enzyklopädie, MEPIL 499, Abs. 7, online, Stand: Juli 2014).

16 BGBl II 1973, 1543.

17 Siehe Artt. 28 ff. IPbpR.

Als kleinster gemeinsamer Nenner lässt sich festhalten, dass eine internationale Organisation ein mit mindestens einem Organ ausgestatteter Zusammenschluss von mindestens zwei Völkerrechtssubjekten auf Grundlage einer völkerrechtlichen Vereinbarung ist.

Der mit der Gründung einer Organisation verfolgte Zweck kann verschiedenster Art sein. Internationale Organisationen lassen sich mit Blick auf die Mitgliedschaft in universale, das heißt unter bestimmten Voraussetzungen für jeden Staat offene, und geschlossene[18] Organisationen einteilen.[19] So können gemäß Art. 4 Charta der Vereinten Nationen (United Nations Charter, UNC) unter bestimmten Voraussetzungen alle friedliebenden Staaten Mitglied der Vereinten Nationen (United Nations, UN) werden. Gemäß Art. 49 des Vertrages über die Europäische Union[20] kann hingegen nur jeder europäische Staat, vorausgesetzt er erfüllt bestimmte Anforderungen, Mitglied der EU werden. Die EU stellt aufgrund ihres supranationalen Charakters zudem eine Besonderheit im Rahmen der Klassifizierung internationaler Organisationen dar.[21] Während der Tätigkeitsbereich sowohl der UN als auch der EU sachgebietsübergreifend ist,[22] existieren auch universale sowie geschlossene Organisationen, deren Tätigkeit auf ein spezielles Sachgebiet beschränkt ist. Genannt seien hier als Beispiel einer universalen Organisation die Weltgesundheits-organisation, deren Tätigkeit gemäß Art. 1 Satzung der Weltgesundheitsorganisation auf den Bereich Gesundheit beschränkt ist, und als Beispiel einer geschlossenen Organisation die Nordatlantikvertrags-Organisation (*North Atlantic Treaty Organization*, NATO), die laut ihres Vertrages[23] als Verteidigungsbündnis ausgestaltet ist.

---

18 Der üblicherweise verwendete Begriff der regionalen Organisation ist aufgrund des geographischen Charakters des Wortes missverständlich, siehe hierzu auch *Ruffert/Walter*, Institutionalisiertes Völkerrecht, Rn. 13.

19 *Schmalenbach*, in: Wolfrum (Hrsg.), MEPIL, Vol. V, S. 1130, Abs. 14 (ebenso in der aktualisierten Version der Online-Enzyklopädie, MEPIL 499, Abs. 15, online, Stand: Juli 2014).

20 BGBl II 1992, 1253, zuletzt geändert durch den Vertrag von Lissabon vom 13. Dezember 2007 zur Änderung des Vertrags über die Europäische Union und des Vertrags zur Gründung der Europäischen Gemeinschaft, BGBl II 2008, 1039.

21 Siehe zur Kategorie der supranationalen Organisationen *Schmalenbach*, in: Wolfrum (Hrsg.), MEPIL, Vol. V, S. 1130 f., Abs. 15 ff. (ebenso in der aktualisierten Version der Online-Enzyklopädie, MEPIL 499, Abs. 16 ff., online, Stand: Juli 2014).

22 Siehe zu den Zielen der UN Art. 1 UNC und zu den Zielen der EU Art. 3 EU-Vertrag.

23 Nordatlantikvertrag, BGBl II 1955, 289.

II. Rechtspersönlichkeit einer internationalen Organisation

Die Gewährung von Immunität ist nur im Zusammenhang mit der Rechtspersönlichkeit desjenigen denkbar und notwendig, dem sie zuteilwird. Hinsichtlich der Rechtspersönlichkeit ist zwischen der völker-rechtlichen und der innerstaatlichen Rechtsfähigkeit zu unterscheiden.

Die innerstaatliche Rechtsfähigkeit erlaubt es einer internationalen Organisation, Träger innerstaatlicher Rechte und Pflichten zu sein.[24] Sie ist regelmäßig ausdrücklich im Gründungsvertrag der internationalen Organisationen oder in einem zusätzlichen Abkommen zwischen den Mitgliedstaaten der Organisation normiert. Die innerstaatliche Rechtsfähigkeit der UN ist beispielsweise in Art. 104 UNC geregelt. Demnach besitzen die UN im Hoheitsgebiet ihrer Mitgliedstaaten die Rechts- und Geschäftsfähigkeit, die sie zur Wahrnehmung ihrer Aufgaben und zur Verwirklichung ihrer Ziele benötigen. Selbst wenn eine ausdrückliche vertragliche Regelung zur innerstaatlichen Rechtsfähigkeit fehlt, genießt eine internationale Organisation in ihren Mitgliedstaaten dennoch die Rechts- und Geschäftsfähigkeit, die zur effektiven Aufgabenerfüllung erforderlich ist. Zum Teil wird dies ausdrücklich auf die sogenannte Implied-Powers-Lehre gestützt, wonach die geschriebenen Kompetenzen einer internationalen Organisation diejenigen ungeschriebenen Kompetenzen beinhalten, die zur effektiven Aufgabenerfüllung erforderlich sind.[25] Zum Teil wird allgemein von einer gewohnheitsrechtlichen Verpflichtung zur Anerkennung der zur Aufgabenerfüllung erforderlichen Rechts- und Geschäftsfähigkeit gesprochen.[26]

---

24 *Ruffert/Walter*, Institutionalisiertes Völkerrecht, Rn. 176; *Schmalenbach*, in: Wolfrum (Hrsg.), MEPIL, Vol. V, S. 1133, Abs. 27 (ebenso in der aktualisierten Version der Online-Enzyklopädie, MEPIL 499, Abs. 28, online, Stand: Juli 2014). Siehe auch *Epping*, in: Ipsen (Hrsg.), Völkerrecht, § 8, Rn. 69; *Schermers/Blokker*, International Institutional Law, § 1591.

25 So bspw. *Schmalenbach*, in: Wolfrum (Hrsg.), MEPIL, Vol. V, S. 1133, Abs. 27 (ebenso in der aktualisierten Version der Online-Enzyklopädie, MEPIL 499, Abs. 28, online, Stand: Juli 2014). Auch *Epping*, in: Ipsen (Hrsg.), Völkerrecht, § 8, Rn. 69 nimmt ausdrücklich Bezug auf die *Implied-Powers-Lehre*, verweist jedoch auf *Amerasinghe*, Principles of the Institutional Law of International Organizations, S. 76, der lediglich von impliziten Verpflichtung spricht, die sich aus dem Verhältnis der Mitgliedstaaten zur Organisation und aus dem Prinzip des guten Glaubens ergibt sowie auf *Rensmann*, in: AVR 36 (1998), 305, 307, der zwar auch ausdrücklich von *implied powers* spricht, jedoch wiederum selbst auf *Amerasinghe*, Principles of the Institutional Law of International Organizations, S, 76 verweist.

26 So sprechen bspw. *Ruffert/Walter*, Institutionalisiertes Völkerrecht, Rn. 177; *Klein/ Schmahl*, in: Vitzthum/Proelß (Hrsg.), Völkerrecht, 4. Abschn., Rn. 112 ausdrücklich

Die innerstaatliche Rechtsfähigkeit einer internationalen Organisation ist gewöhnlich auf den zur Erfüllung ihrer Funktion erforderlichen Umfang begrenzt.[27] Sie kann im Gründungsvertrag der internationalen Organisation jedoch auch auf nur einen Teil der Funktionen der Organisation beschränkt oder als umfassend deklariert werden.[28] Gegenüber Drittstaaten wirkt die innerstaatliche Rechtspersönlichkeit aufgrund der Relativität völkerrechtlicher Verträge nicht. Gemäß Art. 34 Wiener Übereinkommen über das Recht der Verträge (WÜV)[29] begründet ein völkerrechtlicher Vertrag für einen Drittstaat ohne dessen Zustimmung weder Pflichten noch Rechte.[30] Es steht einem Drittstaat jedoch frei, einer internationalen Organisation auf völkervertraglicher oder nationaler Grundlage innerstaatliche Rechtspersönlichkeit zuzuerkennen.[31] Die von der völkerrechtlichen Normierung der Rechtspersönlichkeit zu trennende innerstaatliche Verleihung und Ausgestaltung erfolgt nach dem jeweiligen nationalen Recht.[32] In der Bundesrepublik Deutschland haben internationale Organisationen beispielsweise regelmäßig den Status einer Körperschaft des öffentlichen Rechts inne.[33]

Subjekt des Völkerrechts zu sein bedeutet hingegen die Fähigkeit zu haben, Träger völkerrechtlicher Rechte und Pflichten zu sein.[34] Als originäre

---

von einer gewohnheitsrechtlichen Verpflichtung. So wohl auch *Seidl-Hohenveldern/Loibl*, Das Recht der internationalen Organisationen, Rn. 0327.

27 *Ruffert/Walter*, Institutionalisiertes Völkerrecht, Rn. 177; *Schmalenbach*, in: Wolfrum (Hrsg.), MEPIL, Vol. V, S. 1133, Abs. 28 (ebenso in der aktualisierten Version der Online-Enzyklopädie, MEPIL 499, Abs. 29, online, Stand: Juli 2014).

28 Mit zwei entsprechenden Beispielen *Schmalenbach*, in: Wolfrum (Hrsg.), MEPIL Vol. V, S. 1133, Abs. 28 (ebenso in der aktualisierten Version der Online-Enzyklopädie, MEPIL 499, Abs. 29, online, Stand: Juli 2014).

29 BGBl II 1985, 927.

30 Der Grundsatz der Relativität völkerrechtlicher Verträge wurde von der ILC als gewohnheitsrechtliche Regelung begriffen, deren Existenz bisher nicht bezweifelt wurde, siehe *Villiger*, Vienna Convention on the Law of Treaties, Art. 34, Rn. 12.

31 *Klein/Schmahl*, in: Vitzthum/Proelß (Hrsg.), Völkerrecht, 4. Abschn., Rn. 113. Siehe auch *Amerasinghe*, Principles of the Institutional Law of International Organizations, S. 70; *Schmalenbach*, in: Wolfrum (Hrsg.), MEPIL, Vol. V, S. 1134, Abs. 31 mit weiteren denkbaren Möglichkeiten der Anerkennung innerstaatlicher Rechtspersönlichkeit (ebenso in der aktualisierten Version der Online-Enzyklopädie, MEPIL 499, Abs. 32, online, Stand: Juli 2014).

32 *Epping*, in: Ipsen (Hrsg.), Völkerrecht, § 8, Rn. 70 f.

33 Siehe *ders.*, a. a. O., Rn. 71.

34 *Hobe*, Völkerrecht, S. 67; *Raap*, in: Schöbener (Hrsg.), Völkerrecht, S. 535.

Völkerrechtssubjekte[35] können Staaten einer internationalen Organisation Völkerrechtspersönlichkeit verleihen. Man spricht deswegen auch von internationalen Organisationen als derivative Völkerrechts-subjekte.[36] Ebenso wie die innerstaatliche Rechtsfähigkeit einer internationalen Organisation muss die Völkerrechtsfähigkeit nicht ausdrücklich völkervertraglich normiert sein. Der Internationale Gerichtshof (IGH) stellte dies im *Reparation-for-Injuries-Gutachten* unter Anwendung der *Implied-Powers-Lehre* bereits im Jahr 1949 im klar.[37] Im Verhältnis zu ihren Mitgliedstaaten besitzt eine internationale Organisation demnach auch Völkerrechtspersönlichkeit, wenn sich dies implizit aus der Zusammenschau ihrer Kompetenzen ergibt.

Die Völkerrechtssubjektivität einer internationalen Organisation ist wie die innerstaatliche Rechtspersönlichkeit stets beschränkt auf den Tätigkeitsbereich der Organisation, das heißt internationale Organisationen besitzen lediglich eine partielle völkerrechtliche Rechtspersönlichkeit.[38] Inwiefern die Rechtspersönlichkeit einer internationalen Organisation zudem eine relative ist und nur gegenüber Mitgliedstaaten und im Übrigen gegenüber Drittstaaten, die diese ausdrücklich oder konkludent anerkannt haben, wirkt, ist bisher nicht geklärt. Lediglich in Bezug auf die UN geht jedenfalls der IGH von einer objektiven Völkerrechtspersönlichkeit aus.[39] Ob auch hinsichtlich anderer internationaler Organisationen eine objektive Völkerrechtspersönlichkeit angenommen werden kann oder ob die Ausführungen des IGH eine Ausnahme darstellen, ist Gegenstand einer kontroversen Diskussion.[40] Eine vertiefte Auseinandersetzung mit

---

35 *Hillgruber*, in: Kempen/Hillgruber, Völkerrecht, § 5, Rn. 1.

36 *Hillgruber*, in: Kempen/Hillgruber, Völkerrecht, § 6, Rn. 47; *Raap*, in: Schöbener (Hrsg.), Völkerrecht, S. 537.

37 Siehe *ICJ*, ICJ Reports 1949, 174, 179.

38 *Funke*, in: Schöbener (Hrsg.), Völkerrecht, S. 202; *Hillgruber*, in: Kempen/Hillgruber, Völkerrecht, § 6 Rn. 51.

39 Siehe *ICJ*, ICJ Reports 1949, 174, 185. A. A. bspw. Hillgruber, in: Kempen/Hillgruber, Völkerrecht, § 6, Rn. 48, der jedoch anerkennt, dass die Völkerrechtspersönlichkeit der UN von den verbliebenen Nichtmitgliedern nicht bestritten wird; kritisch auch *Schmalenbach*, in: Wolfrum (Hrsg.), MEPIL, Vol. V, S. 1132, Abs. 25 (ebenso in der aktualisierten Version der Online-Enzyklopädie, MEPIL 499, Abs. 26, online, Stand: Juli 2014).

40 Siehe für eine Übertragbarkeit bspw. *Amerasinghe,* Principles of the Institutional Law of International Organizations, S. 91; *Breuer*, in: AVR 49 (2011), 4, 32; *Delbrück*, in: Dahm/Delbrück/Wolfrum, Völkerrecht, Bd. I/2, S. 227; *Ruffert/Walter*, Institutionalisiertes Völkerrecht, Rn. 161; *Schermers/Blokker*, International Institutional Law, § 1568; vereinzelt wird in diesem Zusammenhang auch von einer gewohnheits-rechtlichen originären Völkerrechtpersönlichkeit ausgegangen, siehe *Seyersted*, in: Nordisk

dieser Frage ist im Rahmen der vorliegenden Untersuchung aber nicht geboten. Es reicht insofern die Feststellung, dass eine internationale Organisation jedenfalls gegenüber sie anerkennenden Drittstaaten Völkerrechtssubjektivität besitzt.

D. Immunität im Völkerrecht

Immunitätsregelungen existieren auf verschiedenen Gebieten des Völkerrechtsrechts und lassen sich nicht als einheitliches Rechtsinstitut begreifen.[41]

I. Begriff der Immunität

Der Begriff der völkerrechtlichen Immunität hat, je nachdem auf welches Rechtssubjekt oder -objekt er sich bezieht, unterschiedliche Bedeutungen.[42] So unterscheidet sich beispielsweise der Inhalt der Staatenimmunität, dessen Schutzobjekt die Souveränität des Staates ist, von der Immunität im Diplomaten- und Konsularrecht, die auf einen funktionellen Schutz abzielt.[43] Der genaue Umfang der Immunität eines Rechtssubjekts oder -objekts lässt sich deswegen nicht abstrakt bestimmen, sondern nur anhand der jeweiligen Rechtsquelle der Immunität. Ein sachliches Verständnis des Begriffs zugrunde gelegt, lässt sich aber allgemein, unabhängig von der konkreten Ausgestaltung des Rechtsinstituts, festhalten, dass Immunität die Befreiung von der nationalen Gerichtsbarkeit eines dritten Staates meint.[44]

Von der Immunität in diesem Sinne zu trennen sind die gerade im Zusammenhang mit internationalen Organisationen oft erwähnten und teilweise mit Immunitäten gleichgesetzten Privilegien oder Vorrechte. Privilegien und Vorrechte erfassen Ausnahmen und Besonderheiten in der Anwendung des

---

Tidskrift for International Ret 34 (1964), 3, 45; kritisch, aber nicht grundsätzlich ablehnend *Delbrück*, in: Dahm/Delbrück/Wolfrum, Völkerrecht, Bd. I/2, S. 216. Siehe gegen die Annahme einer objektiven Völkerrechtspersönlichkeit bspw. *Funke*, in: Schöbener (Hrsg.), Völkerrecht, S. 202; *Klein/Schmahl*, in: Vitzthum/Proelß (Hrsg.), Völkerrecht, 4. Abschn., Rn. 96. Für eine differenzierte Einzelfallbetrachtungsweise *Gazzini*, in: Klabbers/Wallendahl (Hrsg.), Research Handbook on the Law of International Organizations, S. 36 f.

41 *Doehring*, Völkerrecht, Rn. 656 f.

42 *Doehring*, Völkerrecht, Rn. 656; *Schöbener*, in: ders. (Hrsg.), Völkerrecht, S. 405 f.; *Tauchmann*, Die Immunität internationaler Organisationen gegenüber Zwangsvollstreckungs-maßnahmen, S. 31 f.

43 Dieses Beispiel wird angeführt von *Schöbener*, in: ders. (Hrsg.), Völkerrecht, S. 406.

44 Siehe *Doehring*, Völkerrecht, Rn. 656.

nationalen Rechts, wie beispielsweise die Einschränkung der Steuerpflicht.[45] Die Immunität hingegen verhindert nicht die Anwendung des nationalen Rechts, sondern dessen Durchsetzung.[46] Im nationalen Prozessrecht ist sie deswegen regelmäßig als Verfahrens-hindernis ausgestaltet.[47]

Abzugrenzen ist die Immunität auch von der sachlichen internationalen Unzuständigkeit im internationalen Zivilprozessrecht. Die Regelungen zur internationalen Zuständigkeit beziehen sich auf die Frage, welcher Staat im Falle einer Rechtsstreitigkeit mit Auslandsberührung zuständig ist, seine (vorhandene) Gerichtsbarkeit auszuüben.[48] Mangels einer völkerrechtlichen Zuständigkeitsordnung bestimmt sich die internationale Zuständigkeit unter Berücksichtigung entsprechender völkerrechtlicher Grundsätze und etwaiger völkerrechtlicher Verträge nach nationalem Recht.[49] So ist es denkbar, dass ein Staat seine Gerichtsbarkeit zwar grundsätzlich ausüben darf, aufgrund seiner internationalen Unzuständigkeit jedoch an einer Entscheidung in der Sache gehindert ist.

II. Grundzüge der Staatenimmunität

Die Staatenimmunität geht zurück auf den Grundsatz *par in parem non habet imperium* und ist Ausfluss der souveränen Gleichheit der Staaten (Art. 2 Ziff. 1 UNC).[50] Sie beruht auf dem Respekt der gegenseitigen Unabhängigkeit und Souveränität.[51] Zum Schutz dieser Unabhängigkeit und Souveränität ist staatliches Handeln nicht der Beurteilung nationaler Gerichte einer fremden Hoheitsgewalt unterworfen.

Das der Staatenimmunität zugrundeliegende Gleichheitsprinzip ist verankert in Art. 2 Ziff. 1 UNC. Daneben gilt der Grundsatz der Staatenimmunität

---

45 Siehe *Schermers/Blokker*, International Institutional Law, § 323.

46 *Schermers/Blokker*, International Institutional Law, § 323.

47 *Crawford*, Brownlie's Principles of Public International Law, S. 487; *Schöbener*, in: ders. (Hrsg.), Völkerrecht, S. 405.

48 *Patzina*, in: Rauscher/Krüger (Hrsg.), MünchKomm ZPO, § 12, Rn. 57; *Damian*, Staatenimmunität und Gerichtszwang, S. 63; *Geimer*, Internationales Zivilprozessrecht, Rn. 844.

49 *Geimer*, Internationales Zivilprozessrecht, Rn. 848.

50 *Crawford*, Brownlie's Principles of Public International Law, S. 488; *Kau*, in: Vitzthum/Proelß (Hrsg.), Völkerrecht, 3. Abschn., Rn. 89; *Hobe*, Völkerrecht, S. 295 f.; *Jennings/Watts*, Oppenheim's International Law, Vol. 1, § 109; *Kempen*, in: ders./Hillgruber, Völkerrecht, § 32, Rn. 19.

51 *Kempen*, in: ders./Hillgruber, Völkerrecht, § 32, Rn. 19.

auch als Satz des universellen Völkergewohnheitsrechts.[52] Eine Kodifikation der Regeln zur Staatenimmunität der *International Law Commission* (ILC) wurde 2004 von der Generalversammlung der UN zwar angenommen, ist aber mangels der erforderlichen Ratifikationen noch nicht in Kraft getreten.[53] Auf regionaler Ebene ist das Europäische Übereinkommen über Staatenimmunität[54] hingegen bereits in Kraft, jedoch nur für 13 der 47 Mitglieder des Europarates.[55]

Seit Beginn des 20. Jahrhunderts wurde der bisher gewährte absolute Schutz der Staaten aufgrund ihrer vermehrt auch wirtschaftlichen Tätigkeit zunehmend in Frage gestellt.[56] Im Laufe der Zeit hat sich deswegen im Ergebnis eine beschränkte Staatenimmunität durchgesetzt.[57] Staaten besitzen im Erkenntnisverfahren lediglich für hoheitliche Akte, *acta iure imperii*, Immunität.[58] Nicht hoheitliche Akte, *acta iure gestionis*, sind dagegen nicht von der Staatenimmunität erfasst.[59] Die Problematik der Staatenimmunität beschränkt sich damit vor allem auf die Abgrenzung zwischen hoheitlichem und nicht hoheitlichem Handeln. Hoheitlich kann dabei allgemein als Ausübung von Hoheitsgewalt im Sinne öffentlich-rechtlichen Handelns als Staat verstanden werden, und nicht

---

52 Siehe UN, Report of the International Law Commission on the work of its thirty-second session (Doc. A/35/10), YILC 1980, Vol. II, Part Two, S. 1, 147 ff. mit einer umfassenden Analyse. Siehe auch *ICJ*, ICJ Reports 2012, 99, Abs. 56; *Schöbener*, in: ders. (Hrsg.) Völkerrecht, S. 406; *Stoll*, in: Wolfrum (Hrsg.), MEPIL, Vol. IX, S. 499, Abs. 2.

53 Siehe UN, Resolution adopted by the General Assembly on 2 December 2004 (A/RES/59/38) mit Text des Übereinkommens, abrufbar unter http://www.un.org/en/ga/search/view_doc.asp?symbol=A/RES/59/38, zuletzt abgerufen am 26.06.2019. Zum aktuellen Stand der Ratifikationen siehe unter https://treaties.un.org/Pages/ViewDetails.aspx?src=TREATY&mtdsg_no=III-13&chapter=3&lang=en, zuletzt abgerufen am 26.06.2019.

54 BGBl II 1990, 35.

55 Zum aktuellen Stand der Ratifikationen siehe unter https://www.coe.int/en/web/conventions/full-list/-/conventions/treaty/074/signatures?p_auth=HDHnGFVl, zuletzt abgerufen am 26.06.2019.

56 *Geiger*, in: NJW 1987, 1124; *Dörr*, in: AVR 41 (2003), 201, 206.

57 Siehe *Crawford*, Brownlie's Principles of Public International Law, S. 488; *Epping*, in: Ipsen (Hrsg.), Völkerrecht, § 7, Rn. 265; Schöbener, in: ders. (Hrsg.), Völkerrecht, S. 407.

58 *Crawford*, Brownlie's Principles of Public International Law, S. 488; *Dörr*, in: AVR 41 (2003), 201, 206; *Epping*, in: Ipsen (Hrsg.), Völkerrecht, § 7, Rn. 265; *Stoll* in: Wolfrum (Hrsg.), MEPIL, Vol. IX, S. 501, Abs. 25.

59 *Crawford*, Brownlie's Principles of Public International Law, S. 488; *Epping*, in: Ipsen (Hrsg.), Völkerrecht, § 7, Rn. 265; *Stoll* in: Wolfrum (Hrsg.), MEPIL, Vol. IX, S. 501, Abs. 25.

hoheitlich als privatrechtliche oder kommerzielle Tätigkeiten des Staates.[60] Die Abgrenzung kann sich im Einzelfall jedoch sehr schwierig gestalten.

Denkbar ist zunächst eine abstrakte Abgrenzung durch ein Abstellen auf den Zweck der Handlung oder ein Abstellen auf die Natur der Handlung. Aufschlussreiches Beispiel in dieser Debatte ist der Kauf von Ausrüstungsgegenständen für Streitkräfte durch den Staat.[61] Stellt man auf den Zweck des Erwerbs ab, die Ausrüstung der Streitkräfte des Staates, handelt es sich um eine hoheitliche Handlung. Stellt man jedoch auf die Natur der Handlung, den Kauf ab, wäre mangels hoheitlichen Charakters keine Immunität zu gewähren. Das Abstellen auf den Zweck der Handlung birgt jedoch die Gefahr einer Aushöhlung des restriktiven Ansatzes der Staatenimmunität, da nahezu jedes staatliche Handeln, auch einfache Fiskalgeschäfte, wie der Kauf von Büromaterial für staatliche Behörden, staatlichen Zwecken dient.[62] Deswegen wird bei der Abgrenzung anhand abstrakter Kriterien häufiger auf die Natur der Handlung abgestellt.[63] Da das Völkerrecht keine Kriterien zur Bestimmung der hoheitlichen oder nicht hoheitlichen Natur einer Handlung kennt, ist eine Unterscheidung dabei nur unter Rückgriff auf nationales Recht möglich.[64] Zu beachten ist jedoch, dass auch der Rückgriff auf das nationale Recht nicht dazu führen darf, dass eine Handlung, die nach völkerrechtlichen Grundsätzen als *acta iure imperii* zu qualifizieren ist, dem Schutz der Immunität entzogen wird.[65] Zu diesem vom Völkerrecht

---

60 *Epping*, in: Ipsen (Hrsg.), Völkerrecht, § 7, Rn. 266; *Kempen*, in: ders./Hillgruber, Völkerrecht, § 32, Rn. 20; *Crawford*, Brownlie's Principles of Public International Law, S. 488.

61 Siehe mit Beispielen aus der Gerichtspraxis zu dieser Konstellation *Damian*, Staatenimmunität und Gerichtszwang, S. 101.

62 Mit dieser Begründung stellte bereits das BVerfG in einer Entscheidung aus dem Jahr 1963 auf die Natur der Sache ab, siehe *BVerfG*, BVerfGE 16, 27, 61. Siehe auch *Damian*, Staatenimmunität und Gerichtszwang, S. 102.

63 Siehe *Pullen*, Die Immunität von Staatsunternehmen im zivilrechtlichen Erkenntnis- und Vollstreckungsverfahren, S. 52 f. mit verschiedenen Beispielen aus der nationalen Rechtsprechung.

64 *Epping*, in: Ipsen (Hrsg.), Völkerrecht, § 7, Rn. 266; *Schöbener*, in: ders. (Hrsg.), Völkerrecht, S. 407 f. Stimmen in der Literatur, die ausreichende Grundlagen im Völkerrecht sehen, unterscheiden nicht nach der Natur der Handlung, sondern bedienen sich anerkannter Fallgruppen im Völkerrecht (siehe hierzu sogleich im Folgenden).

65 So auch *Damian*, Staatenimmunität und Gerichtszwang, S. 100, der im Ergebnis einer Unterscheidung anhand abstrakter Kriterien jedoch grundsätzlich kritisch gegenüber steht.

geschützten Bereich hoheitlichen Handelns zählt beispielsweise die Betätigung der auswärtigen und militärischen Gewalt.[66]

Neben dieser abstrakten Unterscheidung besteht die Möglichkeit, auf bestimmte von den hoheitlichen Akten eines Staates ausgenommene Fallgruppen abzustellen. Das bereits erwähnte Übereinkommen der UN zur Staatenimmunität schließt in Artt. 10–16 folgende Fallgruppen regelmäßig von der Immunität aus: *commercial transactions* (Art. 10), *contracts of employment* (Art. 11), *personal injuries and damage to property* (Art. 12), *ownership, possession and use of property* (Art. 13), *intellectual and industrial property* (Art. 14), *participation in companies or other collective bodies* (Art. 15), *ships owned or operated by a state* (Art. 16). Ähnliche Fallgruppen finden sich in den Artt. 4 ff. Europäisches Übereinkommen über Staatenimmunität und auf nationaler Ebene beispielsweise in § 1605 *Foreign Sovereign Immunities Act*[67] (FSIA) der Vereinigten Staaten.

Beide Ansätze werden in den meisten Fällen zum gleichen Ergebnis gelangen, da es sich bei den Fallgruppen regelmäßig um privatwirtschaftliche Tätigkeiten handelt.[68] Ähnliche Abgrenzungsschwierigkeiten ergeben sich im Übrigen auch im Hinblick auf die Frage, in welches Vermögen eines anderen Staates vollstreckt werden kann.[69]

Festhalten lässt sich jedenfalls, dass die Staatenimmunität auf dem Souveränitätsgedanken fußt und in ihrem Umfang beschränkt ist auf hoheitliches Handeln. Nicht hoheitliches Handeln der Staaten ist hingegen der Beurteilung nationaler Gerichte fremder Staaten unterworfen.

---

66 Siehe *BVerfG*, BVerfGE 16, 27, 63 mit der Nennung weiterer geschützter Bereiche: „[...] die Gesetzgebung, die Ausübung der Polizeigewalt und die Rechtspflege [...]".

67 Abrufbar unter https://www.gpo.gov/fdsys/pkg/USCODE-2011-title28/html/USCODE-2011-title28-partIV-chap97.htm, zuletzt abgerufen am 26.06.2019.

68 Unterschiede bestehen jedoch bspw. mit Blick auf die Gruppe der unerlaubten Handlung, da eine Abgrenzung über die Natur der Handlung wiederum eine Trennung zwischen hoheitlichen und nicht hoheitlichen unerlaubten Handlungen erfordert.

69 Siehe hierzu *Damian*, Staatenimmunität und Gerichtszwang, S. 115 ff, *Fox/Webb*, The Law of State Immunity, S. 479 ff.

Kapitel 1 Die völkerrechtliche Immunität internationaler Organisationen

Internationalen Organisationen werden regelmäßig gewisse Privilegien und Immunitäten zuteil, so auch die Befreiung vor der nationalen Gerichtsbarkeit der Staaten. Art. 105 Charta der UN[70] (UNC), der auf diesem Gebiet Vorbildcharakter[71] genießt, führt hierzu Folgendes aus: „[...] The Organization shall enjoy in the territory of each of its Members such privileges and immunities as are necessary for the fulfilment of its purposes. [...]". Die UN, sowie zahlreiche andere internationale Organisationen auch, genießen demnach im Hoheitsgebiet ihrer Mitgliedstaaten grundsätzlich diejenigen Privilegien und Immunitäten, die zur Verwirklichung der Ziele der Organisation erforderlich sind. Die Formulierung des Art. 105 Abs. 1 S. 1 UNC lässt jedoch, zumindest auf den ersten Blick, den genauen Inhalt und den Umfang der Gewährleistungen nicht erkennen. So kann sich der Wortlaut neben dem Grund für die Gewährung von Privilegien und Vorrechten auch auf die Auswahl der zu verleihenden Privilegien und Immunitäten beziehen oder auf den Umfang der Gewährleistungen der jeweiligen Privilegien und Immunitäten. Unklar bleibt ohnehin, welche Privilegien und Immunitäten

---

70 BGBl II 1973, 431, zuletzt geändert laut Bekanntmachung vom 22. April 1974, BGBl II 1974, 770.

71 Siehe zum Vorbildcharakter von Art. 105 UNC z. B. Art. VIII Abs. 2 Übereinkommen zur Errichtung der Welthandelsorganisation: „The WTO [World Trade Organization] shall be accorded by each of its Members such privileges and immunities as are necessary for the exercise of its functions.", BGBl II 1994, 1441; Art. 40 lit. a Satzung des Europarates: „The Council of Europe [...] shall enjoy in the territories of its Members such privileges and immunities as are reasonably necessary for the fulfilment of their functions. [...].", BGBl 1950, 263, zuletzt geändert laut Bekanntmachung vom 17. Februar 2016, BGBl II 2016, 292; Art. 133 (ex-Art. 103) Charter of the Organization of American States: „The Organization of American States shall enjoy in the territory of each Member such legal capacity, privileges, and immunities as are necessary for the exercise of its functions and the accomplishment of its purposes.", UNTS Vol. 119 (1952), 47; Art. 67 lit. a Satzung der Weltgesundheitsorganisation: „The Organization shall enjoy in the territory of each Member such privileges and immunities as may be necessary for the fulfilment of its objective and for the exercise of its functions.", BGBl II 1974, 45, zuletzt geändert laut Bekanntmachung vom 10. Dezember 2007, BGBl II 2008, 17. Siehe auch *Reinisch*, International Organizations Before National Courts, S. 140 mit weiteren Beispielen sowie *Blokker*, in: IOLR 10 (2013), 259, 269.

eine internationale Organisation zur Verwirklichung ihrer Ziele benötigt oder in welchem Umfang eine internationale Organisation bestimmter Privilegien und Immunitäten bedarf. Zudem stellt sich die Frage, ob das Völkervertragsrecht die einzige Völkerrechtsquelle für die Immunität internationaler Organisationen ist.

A. Gründe der Immunitätsgewährung

Der Reziprozitätsgedanke, der der Staatenimmunität zugrunde liegt, lässt sich nicht ohne Weiteres auf internationale Organisationen übertragen. Eine internationale Organisation ist nicht souverän und kann, anders als ein Staat, auch nicht selbst Immunität gewähren.[72] Die Beweggründe eines Staates, eine internationale Organisation von der nationalen Gerichtsbarkeit zu befreien, müssen folglich andere sein.

Der Grund für die Übertragung bestimmter Kompetenzen auf eine internationale Organisation ist die Erkenntnis, dass bestimmte Aufgaben aufgrund ihres internationalen Charakters besser in Zusammenarbeit mit anderen Staaten bewältigt werden können. Deswegen haben die Mitgliedstaaten einer internationalen Organisation zunächst einmal ein Interesse daran, dass die Organisation ihre Aufgaben unabhängig wahrnimmt.[73] Eine Gefahr für die Unabhängigkeit einer internationalen Organisation wird vor allem in einer möglichen

---

72 Siehe auch COE, Privileges and immunities of international organisations and persons connected with them, Report of the Sub-Committee on Privileges and Immunities of International Organisations, Addendum to the report on the 11th meeting of the European Committee on Legal Co-Operation (CM (69) 92), S. 1, 4, abrufbar unter https://rm.coe.int/CoERMPublicCommonSearchServices/DisplayDCTMContent?documentId=09000016804b00a7, zuletzt abgerufen am 26.06.2019; *Kloth*, Immunities and the Right of Access to Court under Article 6 of the European Convention on Human Rights, S. 133.

73 Siehe zum Erfordernis der Unabhängigkeit *Amerasinghe*, Principles of the Institutional Law of International Organizations, S. 317; *Bekker*, The Legal Position of Intergovernmental Organizations, S. 100; *Jenks*, International Immunities, S. 41. Siehe auch COE, Privileges and immunities of international organisations and persons connected with them, Report of the Sub-Committee on Privileges and Immunities of International Organisations, Addendum to the report on the 11th meeting of the European Committee on Legal Co-Operation (CM (69) 92), S. 1 (4), abrufbar unter https://rm.coe.int/CoERMPublicCommonSearchServices/DisplayDCTMContent?documentId=09000016804b00a7, zuletzt abgerufen am 26.06.2019.

Parteilichkeit nationaler Gerichte gesehen.[74] Neben einer nicht auszuschließenden grundsätzlichen Befangenheit der Gerichte[75] wird in diesem Zusammenhang auch auf eine mögliche unzulässige Druckausübung seitens der jeweiligen Regierungen hingewiesen.[76] Die Befreiung von der nationalen Gerichtsbarkeit soll zur Gewährleistung der politischen Unabhängigkeit einer internationalen Organisation eine solche missbräuchliche Einflussnahme seitens der Regierungen der Mitgliedstaaten der Organisation bzw. der Regierung des jeweiligen Sitzstaates ausschließen und einer etwaigen Voreingenommenheit nationaler Gerichte entgegenwirken. Durch die politische Unabhängigkeit soll auch das Handeln im Interesse aller Mitgliedstaaten sichergestellt werden.[77] Dadurch wiederum soll Entscheidungen, die sich im konkreten Fall gegen einzelne Interessen richten, zu mehr Akzeptanz verholfen werden.[78]

Aufgrund etwaiger unterschiedlicher nationaler Rechtsauffassungen besteht zudem die Möglichkeit, dass Handlungen einer Organisation in verschiedenen Staaten verschieden beurteilt werden.[79] *Singer* sieht die Gefahr gerade im Bereich des Arbeitsrechts, in dem die nationalen Rechtsordnungen stark variierten.[80] In diesem Zusammenhang wird vereinzelt auch auf eine mangelnde Fähigkeit nationaler Gerichte abgestellt, rechtliche Fragen in Bezug auf das Handeln internationaler Organisationen zu beantworten.[81]

---

74 So bspw. *Bekker*, The Legal Position of Intergovernmental Organizations, S. 101; *Jenks*, International Immunities, S. 41. Ebenso in Bezug auf den Völkerbund *McKinnon Wood/Hurst*, in: Transactions of the Gortius Society 30 (1944), 141, 143 f.

75 So bspw. *Bekker*, The Legal Position of Intergovernmental Organizations, S. 101; *Jenks*, International Immunities, S. 41. Ebenso in Bezug auf den Völkerbund *McKinnon Wood/Hurst*, in: Transactions of the Gortius Society 30 (1944), 141, 143 f.

76 So bspw. *Bekker*, The Legal Position of Intergovernmental Organizations, S. 102; *Szasz*, in: Bernhardt (Hrsg.), EPIL, Vol. II, S. 1326; *Tauchmann*, Die Immunität internationaler Organisationen gegenüber Zwangsvollstreckungsmaßnahmen, S. 42.

77 Siehe *Bekker*, The Legal Position of Intergovernmental Organizations, S. 103; *Jenks*, International Immunities, S. 41.

78 Siehe *Seidl-Hohenveldern/Loibl*, Das Recht der Internationalen Organisationen, Rn. 1091.

79 Siehe *Bekker*, The Legal Position of Intergovernmental Organizations, S. 102 f.; *Jenks*, International Immunities, S. 40 f.; in Bezug auf den Völkerbund ebenso *McKinnon Wood/Hurst*, in: Transactions of the Gortius Society 30 (1944), 141, 144.

80 In Bezug auf andere Rechtsbereiche eher kritisch *Singer*, Vanderbilt Journal of International Law, 36 (1995-1996), 53, 130; ähnlich *Seidl-Hohenveldern*, Die Immunität internationaler Organisationen in Dienstrechtsstreitfällen, S. 19.

81 So bspw. *Bekker*, The Legal Position of Intergovernmental Organizations, S. 102; *Jenks*, International Immunities, S. 41. Siehe COE, Privileges and immunities of international

Seltener, vor allem im Hinblick auf die Bestimmung des Umfangs der Immunität, wird auf eine aus einem Mangel an Souveränität und Territorium resultierende, besondere Schutzbedürftigkeit internationaler Organisationen abgestellt.[82] Diskutiert wird zudem eine Immunitätsgewährung aus Gründen der Gleichbehandlung internationaler Organisationen.[83] Aber auch hier liegt der Schwerpunkt der Überlegungen in der Gleichbehandlung bezogen auf den Umfang der Immunität.[84] Die Gleichstellung mit anderen internationalen Organisationen erklärt ohnehin nicht den ursprünglichen Grund der Privilegierung.

Gemeinsam ist den genannten Gründen, dass sie eine effektive Aufgabenwahrnehmung der Organisation beabsichtigen. Das Interesse der Staaten, einer internationalen Organisation Immunität von der nationalen Gerichtsbarkeit zu gewähren, liegt folglich in der Erhaltung ihrer Funktionsfähigkeit.[85] Dies spiegelt sich auch in zahlreichen entsprechenden Vertragsformulierungen wider.[86] Ob und in welchem Umfang zu diesem Zweck eine Befreiung von der nationalen Gerichtsbarkeit tatsächlich erforderlich ist, sei an dieser Stelle der Bearbeitung

---

organisations and persons connected with them, Report of the Sub-Committee on Privileges and Immunities of International Organisations, Addendum to the report on the 11th meeting of the European Committee on Legal Co-Operation (CM (69) 92), S. 1, 15: „[...] and because national courts were often not the most suitable forum to hear cases in which the Organisation was a party.“, abrufbar unter https://rm.coe.int/CoERMPublicCommonSearchServices/DisplayDCTMContent?documentId=09000016804b00a7, zuletzt abgerufen am 26.06.2019.

82 Siehe z. B. *Wenckstern*, Handbuch des Internationalen Zivilverfahrensrechts, Bd. II/1, Rn. 199.

83 Siehe z. B. *Bekker*, The Legal Position of International Organizations, S. 106 f.; *Reinisch*, International Organizations Before National Courts, S. 250 f.

84 Siehe auch *Bekker*, The Legal Position of International Organizations, S. 107.

85 Siehe auch *Amerasinghe*, Principles of the Institutional Law of International Organizations, 315 f.; *Reinisch*, International Organizations Before National Courts, S. 233; *Shaw*, International Law, S. 956; *Szasz*, in: Bernhardt (Hrsg.), EPIL, Vol. II, S. 1326; *Tauchmann*, Die Immunität internationaler Organisationen gegenüber Zwangs-vollstreckungsmaßnahmen, S. 43.f.; *Wenckstern*, Handbuch des Internationalen Zivilverfahrensrechts, Bd. II/1, Rn. 54. Auch der IGH stellte in seinem Gutachten vom 29.04.1999 auf den Schutz der effektiven Aufgabenwahrnehmung ab, siehe *ICJ*, ICJ Reports 1999, 62, Abs. 43: „[...] that they have been entrusted with a mission by the United Nations and are therefore entitled to the privileges and immunities provided for in Article VI, Section 22, that safeguard the independent exercise of their functions.“

86 Siehe die Beispiele in Fn. 71.

dahingestellt.[87] Dafür müssen zunächst die Quellen der Immunität internationaler Organisationen herausgearbeitet werden.

B. Quellen der Immunität

Eine Auflistung der allgemein anerkannten Quellen des Völkerrechts findet sich in Art. 38 Abs. 1 Statut des Internationalen Gerichtshofs[88] (IGH-Statut). Demnach sind die Rechtsquellen des Völkerrechts das Völkervertragsrecht (lit. a), das Völkergewohnheitsrecht (lit. b) und die allgemeinen Rechtsgrundsätze des Völkerrechts (lit. c). Gemäß Art. 38 Abs. 1 lit. d IGH-Statut können richterliche Entscheidungen sowie Lehrmeinungen als Hilfsmittel zur Feststellung einer völkerrechtlichen Norm herangezogen werden. Diese Hilfsquellen sind als Rechtserkenntnisquellen jedoch subsidiär.

Mit Blick auf die Reihenfolge der Auflistung in Art. 38 Abs. 1 IGH-Statut ist fraglich, ob die Rechtsquellen untereinander einem Rangverhältnis folgen. Demnach stünde das Völkervertragsrecht normenhierarchisch über dem Völkergewohnheitsrecht, welches wiederum gegenüber den allgemeinen Rechtsgrundsätzen vorrangig wäre. Ob die Auflistung tatsächlich einem bestimmten Rangverhältnis folgt, kann jedoch insofern dahinstehen, als dass sich die Rangfolge schon aus dem Wesen der Quellen selbst ergibt. Im Gegensatz zum nationalen Recht, das regelmäßig auf den Willen eines einheitlichen Gesetzgebers zurückzuführen ist, bindet das Völkerrecht lediglich die an seiner Entstehung beteiligten Akteure und ist auf ihren Willen zurückzuführen.[89] Abgesehen vom zwingenden Völkerrecht, dem sogenannten *ius cogens*, steht das Völkerrecht also zur Disposition der an seiner Bildung beteiligten Akteure.[90] So kann beispielsweise eine Norm des Völkergewohnheitsrechts durch einen spezielleren Vertrag abbedungen werden. Im Verhältnis der Vertragsparteien zueinander geht regelmäßig der speziellere Vertrag nach dem Grundsatz *lex specialis derogat legi*

---

87 Siehe hierzu sogleich unter Kapitel 1, C. Kritisch auch *Orakhelashvili*, in: ders. (Hrsg.), Jurisdictional immunity of international organization, 497, 502.

88 BGBl II 1973, 505.

89 *Hobe*, Völkerrecht, S. 179 f.; *Kempen*, in: ders./Hillgruber, Völkerrecht, § 11, Rn. 2.

90 Eine zwingende Norm des allgemeinen Völkerrechts ist nach der Definition des Art. 53 WÜV „eine Norm, die von der internationalen Staatengemeinschaft in ihrer Gesamtheit angenommen und anerkannt wird als eine Norm, von der nicht abgewichen werden darf und die nur durch eine spätere Norm des allgemeinen Völkerrechts derselben Rechtsnatur geändert werden kann."

generali vor.[91] Normen des Völkergewohnheitsrechts können demgegenüber eine vertragliche Regelung nach dem Grundsatz *lex posterior derogat legi priori* verdrängen.[92] Dem steht auch nicht entgegen, dass Normen des Völkergewohnheitsrechts und Normen des Völkervertragsrechts nebeneinander gelten. So sieht Art. 38 WÜV beispielsweise ausdrücklich die Möglichkeit vor, dass eine vertragliche Bestimmung gleichzeitig als ein Satz des Völkergewohnheitsrechts für einen Drittstaat verbindlich wird. Allgemeine Rechtsgrundsätze spielen in der Praxis eine untergeordnete Rolle und werden lediglich angewandt, wenn sich keine eindeutige vertragliche oder gewohnheitsrechtliche Regelung ermitteln lässt, oder sie werden zur Ergänzung herangezogen.[93]

Die viel diskutierte Frage, ob die Aufzählung des Art. 38 Abs. 1 IGH-Statut abschließend ist oder Völkerrecht auch außerhalb dieser Quellen entstehen kann, ist im Rahmen der vorliegenden Arbeit irrelevant. Festhalten lässt sich jedoch, dass die Formulierung des Art. 38 Abs. 1 IGH-Statut, der lediglich eine Anwendung der genannten Quellen durch den Gerichtshof anordnet, dies zumindest nicht ausschließt.

I. Völkervertragsrecht

Die Befreiung internationaler Organisationen von der nationalen Gerichtsbarkeit der Staaten ist regelmäßig vertraglich geregelt. Neben einer Normierung im Gründungsvertrag[94] wird oft zusätzlich ein multilaterales Abkommen[95] zwischen den Mitgliedstaaten einer internationalen Organisation geschlossen, welches die

---

91 *Heintschel von Heinegg*, in: Ipsen (Hrsg.), Völkerrecht (6. Aufl.), § 21, Rn. 2; *Kempen*, in: ders./Hillgruber, Völkerrecht, § 12, Rn. 5. Siehe auch *Hobe*, Völkerrecht, S. 221.

92 *Hobe*, Völkerrecht, S. 221; *Kempen*, in: ders./Hillgruber, Völkerrecht, § 12, Rn. 5. Siehe auch *Heintschel von Heinegg*, in: Ipsen (Hrsg.), Völkerrecht (6. Aufl.), § 21, Rn. 3 sowie *Dörr*, in: Ipsen (Hrsg.), Völkerrecht, § 23, Rn. 4.

93 *Hobe*, Völkerrecht, S. 221; *Kempen*, in: ders./Hillgruber, Völkerrecht, § 12, Rn. 5. Siehe auch *Heintschel von Heinegg*, in: Ipsen (Hrsg.), Völkerrecht (6. Aufl.), § 21, Rn. 5, der noch einen Schritt weitergeht und ausdrücklich von einer gegenüber dem Vertrags- und Gewohnheitsrecht subsidiären Rechtsquelle spricht; anders nun *Dörr*, in: Ipsen (Hrsg.), Völkerrecht, § 20, Rn. 4 f.

94 Siehe bspw. Art. 105 UNC; Art. VIII Abs. 2 Übereinkommen zur Errichtung der Welthandelsorganisation; Art. 40 lit. a Satzung des Europarates.

95 Siehe bspw. Übereinkommen über die Vorrechte und Immunitäten der UN, BGBl II 1980, 943, auf welches auch Art. VIII Abs. 4 Übereinkommen zur Errichtung der Welthandelsorganisation verweist sowie Allgemeines Abkommen über die Vorrechte und Befreiungen des Europarates, BGBl II 1954, 494.

Privilegien und Immunitäten der Organisation konkretisiert. Zum Teil sind die Privilegien und Immunitäten auch ausschließlich in einem multilateralen Vertrag begründet[96] oder, insbesondere im Rahmen der Beziehungen zu Nicht-Mitgliedstaaten, in einem Sitzstaatabkommen zwischen der Organisation und dem jeweiligen Sitzstaat.[97]

1. *Gründungsverträge*

Die Formulierung der Privilegien und Immunitäten im Gründungsvertrag einer internationalen Organisation ist bis auf wenige Ausnahmen allgemein gehalten. Aufgrund seines Vorbildcharakters sei auch hier wieder Art. 105 UNC erwähnt. Gemäß Absatz 1 genießen die UN im Hoheitsgebiet jedes Mitgliedstaates die Vorrechte und Immunitäten, die zur Verwirklichung ihrer Ziele erforderlich sind. Die UNC trifft aber keine Aussage darüber, welche Vorrechte und Immunitäten zur Verwirklichung der Ziele der UN erforderlich sind. Vereinzelt finden sich jedoch Konkretisierungen einer Generalklausel im Anhang des Gründungsvertrages, so dass die Konkretisierungen Bestandteil des Gründungsvertrages selbst sind.[98] Der Vorteil der Normierung der Immunitätsregelungen im Gründungsvertrag ist die Bindung aller Mitgliedstaaten der internationalen Organisation.[99]

Ausnahmen der grundsätzlich allgemein gehaltenen Formulierung bestehen hinsichtlich bestimmter Finanzinstitutionen, wie beispielsweise der Internationalen Bank für Wiederaufbau und Entwicklung. Hier finden sich bereits detailliertere und auch mit Blick auf die Immunität von der Gerichtsbarkeit beschränkte Immunitätsklauseln. Hintergrund ist, dass einer internationalen Finanzinstitution im Bereich von Finanz- und Handelsgeschäften mit privaten

---

96 So finden sich Regelungen zur Immunität der NATO bspw. nur im Übereinkommen über den Status der Nordatlantikvertrags-Organisation, der nationalen Vertreter und des internationalen Personals, BGBl II 1958, 118.

97 Siehe bspw. Abkommen zwischen der Bundesrepublik Deutschland und der Liga der Arabischen Staaten über den Sitz des Büros der Liga der Arabischen Staaten in Berlin, BGBl II 2004, 827.

98 Siehe bspw. Artt. XV, XX Abs. 1 S. 2 Übereinkommen zur Gründung einer Europäischen Weltraumorganisation (ESA Konvention) i. V. m. Anlange I, BGBl II 1976, 1862, zuletzt geändert laut Bekanntmachung vom 1. Februar 2011, BGBl 2011, 282; Art. 343 Vertrag über die Arbeitsweise der Europäischen Union i. V. m. Protokoll Nr. 7, BGBl II 1992, 1253, zuletzt geändert durch den Vertrag von Lissabon vom 13. Dezember 2007 zur Änderung des Vertrags über die Europäische Union und des Vertrags zur Gründung der Europäischen Gemeinschaft, BGBl II 2008, 1039, Art. 51 EU-Vertrag.

99 *Bekker*, The Legal Position of Intergovernmental Organizations, S. 123.

Dritten keine Vorteile eingeräumt werden sollen.[100] So bestimmt beispielsweise Art. IX Abschn. 3 des Abkommen über die Internationale Bank für Wiederaufbau und Entwicklung[101], dass Klagen gegen die Bank unter bestimmten Voraussetzungen gerade zulässig sind.

2. *Multilaterale Abkommen*

Häufig findet die in den Gründungsverträgen allgemein gehaltene Formulierung eine Konkretisierung in zwischen den Mitgliedstaaten der internationalen Organisation getroffenen multilateralen Abkommen. Dementsprechend erklärt Art. 105 Abs. 3 UNC auch, dass die Generalversammlung Empfehlungen abgeben kann, um die Anwendung der Absätze 1 und 2 im Einzelnen zu regeln, oder den Mitgliedern der UN zu diesem Zweck Übereinkommen vorschlagen kann. Wieder Vorbildcharakter hat das hierauf beruhende Übereinkommen über die Vorrechte und Immunitäten der UN (*Convention on the Privileges and Immunities of the United Nations*, CPIUN), auf welches beispielsweise auch Art. VIII Abs. 4 WTO-Vertrag Bezug nimmt. Artikel II Abschn. 2 CPIUN bestimmt, dass die Organisation der UN, ihr Vermögen und ihre Guthaben Immunität von der Gerichtsbarkeit genießen. Dieses Abkommen zählt im Vergleich zu dem für alle Mitgliedstaaten der UN verbindlichen Art. 105 UNC nur 162 Vertragsparteien.[102] Hier kommt der Vorteil der umfassenden Bindung aller Mitglieder einer internationalen Organisation bei einer Normierung der Immunitätsklausel im Gründungsvertrag zum Tragen.

Vereinzelt lassen sich Regelungen zu den Privilegien und Immunitäten einer internationalen Organisation nur in einem multilateralen Abkommen finden, so beispielsweise im Rahmen der NATO, in deren Gründungsvertrag sich keine Immunitätsklausel findet. Die Immunität der NATO ist ausschließlich im Übereinkommen über den Status der Nordatlantikvertrags-Organisation, der nationalen Vertreter und des internationalen Personals geregelt.

Eine Besonderheit im Rahmen der multilateralen Abkommen stellt das Abkommen über die Vorrechte und Befreiungen der Sonderorganisationen[103]

---

100 *Bekker*, The Legal Position of Intergovernmental Organizations, S. 127 f.

101 BGBl II 1952, 664, zuletzt geändert laut Bekanntmachung vom 12. Juni 2013, BGBl II 2013, 1039.

102 Siehe zum aktuellen Stand der Ratifikationen unter https://treaties.un.org/Pages/ViewDetails.aspx?src=TREATY&mtdsg_no=III-1&chapter=3&clang=_en, zuletzt ab-gerufen am 18.12.2017.

103 BGBl II 1954, 640.

der UN dar. Hierbei handelt es sich um ein allgemeines Abkommen, welches mehrere internationale Organisationen erfasst. Artikel I § 1 Abs. 2 des Abkommens regelt die Privilegien und Immunitäten aller dort genannten Sonderorganisationen der UN. Im Anhang finden sich zusätzlich spezielle Vorschriften hinsichtlich bestimmter Sonderorganisationen.

3. *Bilaterale Sitzstaatabkommen*

Insbesondere im Verhältnis zu Nicht-Mitgliedstaaten werden regelmäßig spezielle Abkommen geschlossen, die den Status einer internationalen Organisation im jeweiligen Sitzstaat regeln. So bestimmt beispielsweise Art. 5 Abs. 1 Abkommen zwischen der Bundesrepublik Deutschland und der Liga der Arabischen Staaten über den Sitz des Büros der Liga der Arabischen Staaten in Berlin, dass die Liga für Handlungen, die zu ihrem Aufgabenbereich gehören – abgesehen von den genannten Ausnahmen – nicht der deutschen Gerichtsbarkeit unterliegen.

Möglich ist auch der Abschluss eines Sitzstaatabkommens mit einem Mitgliedstaat einer internationalen Organisation, da gegebenenfalls eine weitergehende Konkretisierung der im Gründungsvertrag oder in einem multilateralen Abkommen geregelten Privilegien und Immunitäten im besonderen Verhältnis zum Sitzstaat erforderlich ist.[104] Finden Konferenzen in einem anderen Staat als dem Sitzstaat statt, werden zeitlich begrenzte Abkommen in Form von Konferenzvereinbarungen oder in Form eines Briefwechsels getroffen.[105]

4. *Der Entwurf der ILC: Beziehungen zwischen Staaten und internationalen Organisationen universellen Charakters*

Über drei Jahrzehnte arbeitete die ILC unter den Sonderberichterstattern *El-Erian* und später *Díaz Gonzáles* an einem Entwurf zu den Beziehungen zwischen Staaten und internationalen Organisationen universellen Charakters.[106] Der erste Teil, betreffend die Vertretung von Staaten in ihren Beziehungen zu internationalen Organisationen, trat mangels einer ausreichenden Zahl an Ratifizierungen

---

104 *Bekker*, The Legal Position of Intergovernmental Organizations, S. 136.

105 *Bekker*, The Legal Position of Intergovernmental Organizations, S. 139.

106 Für eine detaillierte Darstellung der Arbeiten der ILC zu diesem Bereich siehe *Lammers*, in: IOLR 10 (2013), 276 ff.; *Bekker*, in: Leiden Journal of International Law Vol. 6 (1993), 3 ff.

nie in Kraft.[107] In ihrer 44. Sitzung im Jahr 1992 stellte die ILC die Arbeiten zum zweiten Teil über den Status und die Immunitäten von internationalen Organisationen ein.[108] Als Grund führte sie vor allem die schleppende Ratifizierung des ersten Teils des Entwurfs an: „The passage of time had failed to bring any sign of increased acceptance of the Convention by States […]“[109]. Aufgrund einer weitgehenden Regelung in bereits bestehenden Abkommen bestehe auch kein dringliches Bedürfnis nach einer Kodifizierung.[110] Mithin blieb der Versuch einer allgemeinen Regelung bisher erfolglos.

5. *Immunität auf Grundlage der* Implied-Powers-Doktrin

Nach dem Prinzip der begrenzten Einzelermächtigung haben internationale Organisationen grundsätzlich nur diejenigen Kompetenzen, die ihnen ausdrücklich verliehen wurden.[111] Eine Ausnahme zu diesem Grundsatz stellt die bereits erwähnte Lehre von den *implied powers* dar. Danach hat eine internationale Organisation zudem diejenigen Kompetenzen, die sie zur effektiven

107 Siehe unter https://treaties.un.org/Pages/ViewDetails.aspx?src=TREATY&mtdsg_no=III-11&chapter=3&lang=en, zuletzt abgerufen am 26.06.2019. Zum Text des Übereinkommens siehe UN Juridical Yearbook 1975, 87.

108 Siehe UN, Report of the Commission to the General Assembly on the work of ist forty-fourth session (Doc. A/47/10), YILC 1992, Vol. II, Part Two, S. 1, 53. Die Generalversammlung der UN stimmte diesem Entschluss zu, siehe UN, Resolution adopted by the General Assembly on 25 November 1992 (A/RES/47/33), Abs. 7, abrufbar unter http://www.un.org/en/ga/search/view_doc.asp?symbol=A/RES/47/33, zuletzt abgerufen am 26.06.2019. Zum Text der Draft articles 1-11 siehe UN, Fourth report on the relations between States and international organizations (second part of the topic), by Mr. Leonardo Díaz González, Special Rapporteur (Doc. A/CN.4/424), YILC 1989, Vol. II, Part One, S. 153 ff., zum Text der Draft articles 12-17 siehe UN, Fifth report on relations between States and international organizations (second part of the topic), by Mr. Leonardo Díaz González, Special Rapporteur (Doc. A/CN.4/438), YILC 1991, Vol. II, Part One, S. 91 ff. und zum Text der Draft articles 18-22 UN, Sixth report on relations between States and international organizations (second part of the topic), by Mr. Leonardo Díaz González, Special Rapporteur (Doc. A/CN.4/439), YILC 1991, Vol. II, Part One, S. 113 ff.

109 UN, Report of the Commission to the General Assembly on the work of ist forty-fourth session (Doc. A/47/10), YILC 1992, Vol. II, Part Two, S. 1, 53.

110 Siehe UN, Report of the Commission to the General Assembly on the work of ist forty-fourth session (Doc. A/47/10), YILC 1992, Vol. II, Part Two, S. 1, 53.

111 *Blokker*, in: Wolfrum (Hrsg.), MEPIL, Vol. VI, S. 18 f., Abs. 1; *Ruffert/Walter*, Institutionalisiertes Völkerrecht, Rn. 197.

Wahrnehmung ihrer geschriebenen Kompetenzen benötigt.[112] Aufgrund des Bezuges zur effektiven Wahrnehmung der geschriebenen Kompetenzen scheint die Annahme der Verleihung von Immunität, die eben auf die effektive Aufgabenerfüllung der Organisation abzielt, auf den ersten Blick ein Anwendungsfall der *Implied-Powers-Doktrin* zu sein. Die Befreiung von der Gerichtsbarkeit ist jedoch keine Befugnis oder Kompetenz im Sinne der *implied powers*, sondern ein Recht der internationalen Organisation. Durch die Vereinbarung einer Immunitätsklausel wird der internationalen Organisation nicht die Gerichtsbarkeit übertragen. Sie hindert die Mitgliedstaaten lediglich in einem bestimmten Umfang an der Ausübung ihrer Gerichtsbarkeit.[113]

6. *Zwischenergebnis*

Die Praxis, einer internationalen Organisation auf Grundlage des Völkervertragsrechts Immunität zu gewähren, ist weit verbreitet und kann als Regelfall erachtet werden. Die Normierung der Immunität einer internationalen Organisation im Gründungsvertrag hat gegenüber einem entsprechenden multilateralen Abkommen den Vorteil, dass eine umfassende Bindung aller Mitgliedstaaten erreicht werden kann. In den meisten Gründungsverträgen findet sich deswegen zumindest eine allgemein formulierte Immunitätsklausel. Drittstaaten werden regelmäßig über den Abschluss von Sitzstaatvereinbarungen an die Befreiung einer internationalen Organisation von der Gerichtsbarkeit gebunden. Der Versuch der Kodifikation universeller Regelungen scheiterte am mangelnden Interesse der Staatengemeinschaft und, angesichts der verbreiteten Vertragspraxis, an der Dringlichkeit einer Normierung. Das Abkommen über die Vorrechte und Befreiungen der Sonderorganisationen der UN stellt in diesem Zusammenhang eine Besonderheit dar, da es sich nicht nur auf eine internationale Organisation bezieht, sondern den Status mehrerer Sonderorganisationen bestimmt. Im Rahmen bestimmter Finanzorganisationen sind Regelungen zur Immunität regelmäßig detaillierter und enger formuliert, um privaten Dritten keinem Nachteil gegenüber der Organisation im Rahmen von Finanz- und Handelsgeschäften auszusetzen.

---

112 *Blokker*, in: Wolfrum (Hrsg.), MEPIL, Vol. VI, S. 19, Abs. 3.
113 Siehe unter Einführung, D. I.

II. Völkergewohnheitsrecht

Ist die Immunität einer internationalen Organisation ausnahmsweise nicht oder nicht wirksam vertraglich geregelt, stellt sich die Frage nach der Existenz einer völkergewohnheitsrechtlichen Regelung. Mangels gründungsvertraglicher Grundlage ist eine etwaige gewohnheitsrechtliche anerkannte Immunität insbesondere auch im Verhältnis zu Nichtmitgliedstaaten einer internationalen Organisation relevant. Aber auch mit Blick auf den Umfang der zu gewährenden Immunität können sich Unterschiede zu den vertraglichen Regelungen ergeben. So besteht die bereits erwähnte Möglichkeit, dass eine später entstandene Regelung des Gewohnheitsrechts eine bestehende vertragliche Regelung modifiziert.[114] Jedenfalls könnte eine gewohnheitsrechtliche Regelung gemäß Art. 31 Abs. 3 WÜV als Auslegungshilfe für eine vertragliche Immunitätsregelung herangezogen werden.[115] Darüber hinaus kann eine gewohnheitsrechtliche Regelung Einfluss auf die Auslegung und Anwendung nationalen Rechts haben.[116]

Ob eine gewohnheitsrechtliche Regelung existiert, die einer internationalen Organisation Immunität vor der nationalen Gerichtsbarkeit gewährt, ist umstritten. In der völkerrechtlichen Literatur, die, wie gesehen, gemäß Art. 38 Abs. 1 lit. d IGH-Statut als Hilfsquelle zur Feststellung von Rechtsnormen herangezogen werden kann, finden sich unterschiedliche Auffassungen hierzu. Mehrfach wird das Bestehen einer gewohnheitsrechtlichen Regelung unter Verweis auf eine teils eher dürftige Anzahl von Beispielen aus der Staatenpraxis bejaht.[117] Ohne nähere Erläuterung reicht einigen Autoren auch ein

---

114 *Wood*, in: IOLR 10 (2013), 287, 290. Siehe zur Möglichkeit der Modifizierung einer vertraglichen Regelung durch eine Norm des Gewohnheitsrechts auch *Crawford*, Brownlie`s Principles of Public International Law, S. 23; *Heintschel von Heinegg*, in: Ipsen (Hrsg.), Völkerrecht (6. Aufl.), § 21, Rn. 3; *Dörr*, in: Ipsen (Hrsg.), Völkerrecht, § 19, Rn. 42.

115 *Wood*, in: IOLR 10 (2013), 287, 290.

116 *Wood*, in: IOLR 10 (2013), 287, 290. In der Bundesrepublik Deutschland sind die Regeln des Völkergewohnheits-rechts bspw. gemäß Art. 25 GG Bestandteil des Bundesrechts und gehen den Gesetzen vor.

117 So bspw. *Seidl-Hohenveldern*, in: Benedek/Isak/Kicker (Hrsg.), Development and Developing International and European Law, 135, 136 der mit Verweis auf die verbreitete Vertragspraxis lediglich ein Beispiel aus der Staatenpraxis anführt; siehe auch *Seidl-Hohenveldern*, in: von Münch (Hrsg.), Staatsrecht – Völkerrecht – Europarecht, 613, 629 mit Verweis auf mehrere nationale Urteile, jedoch auch ohne Darstellung oder Analyse. Ähnlich auch *Bekker*, The Legal Position of Intergovernmental Organizations, S. 640 mit Verweis auf eine Studie der ILC (siehe UN, Preliminary report

Verweis auf eine verbreitete Vertragspraxis.[118] Häufig wird das Bestehen einer gewohnheitsrechtlichen Regelung zwar grundsätzlich angenommen, allerdings mit der Einschränkung, dass sich der genaue Inhalt und Umfang einer solchen Regelung noch nicht bzw. nicht bestimmen lasse.[119] Teilweise wird genau aus diesem Grund die Existenz abgelehnt.[120] Ebenso finden sich Auffassungen, die das Bestehen einer gewohnheitsrechtlichen Regelung mit Blick auf eine mangelnde einheitliche Staatenpraxis verneinen[121] oder auch ohne Begründung ablehnen[122].

Aufgrund dieser Unsicherheiten soll die einschlägige und zugängliche Staatenpraxis einer eigenständigen Analyse unterzogen werden. Dazu müssen zunächst der Begriff und die grundsätzlichen Anforderungen an den Nachweis einer gewohnheitsrechtlichen Regelung umrissen werden.

1. Definition

Gemäß Art. 38 Abs. 1 lit. b IGH-Statut ist das Völkergewohnheitsrecht Ausdruck einer allgemeinen, als Recht anerkannten Übung. Die Formulierung ist insoweit irreführend, als dass das Gewohnheitsrecht nicht tatsächlich Ausdruck einer allgemeinen als Recht anerkannten Übung ist, sondern es sich hierbei um dessen Entstehungsvoraussetzungen handelt.[123] Demnach erfordert die Entstehung von

---

on the second part of the topic of relations between States and internationale organizations, by Mr. Abdullah El-Erian, Special Rapporteur (Doc. A/CN.4/304), YILC 1977, Vol. II, Part One, S. 139, 151 f.), welche vier Beispiele aus der Staatenpraxis anführt, sowie auf *Seidl-Hohenveldern*, Die Immunität internationaler Organisationen in Dienstrechtsstreitigkeiten, S. 42, der wiederum drei Beispiele nennt, siehe ebd., Fn. 34. Nach einer umfangreicheren Analyse von Beispielen aus der Staatenpraxis kommt jedoch ebenso zu diesem Ergebnis *Wenckstern*, Handbuch des Internationalen Zivilverfahrensrecht, Bd. II/1, Rn. 315 ff.

118 So bspw. *Lalive*, in: RdC 84 (1953), 205, 305; *Tauchmann*, Die Immunität internationaler Organisationen gegenüber Zwangsvollstreckungsmaßnahmen, S. 50 f.

119 So bspw. wohl *Amerasinghe*, Principles of the Institutional Law of International Organizations, S. 346 ff.; *Reinisch*, International Organizations Before National Courts, S. 145 ff.; *Delbrück*, in: Dahm/Delbrück/Wolfrum, Völkerrecht, Bd. I/2, S. 220 f.

120 Zu diesem Schluss kommt bspw. *Klabbers*, International Institutional Law, S. 149.

121 So bspw. *Orzan*, in: Virzo/Ingravallo (Hrsg.), Evolutions in the Law of International Organizations, 364, 367 ff.; *Randelzhofer*, in: von Münch (Hrsg.), Staatsrecht – Völkerrecht – Europarecht, 529, 553.

122 So bspw. *Doehring*, Völkerrecht, Rn. 208.

123 Siehe *Crawford*, Brownlie's Principles of Public International Law, S. 23; *Vitzthum*, in: ders./Proelß (Hrsg.), Völkerrecht, S. 51, Rn. 131; *Heintschel von Heinegg*, in: Ipsen (Hrsg.), Völkerrecht, § 17, Rn. 2; *Treves*, in: Wolfrum (Hrsg.), MEPIL, Vol. II, S. 941, Abs. 16.

Völkergewohnheitsrecht ein objektives Element, die Staatenpraxis, und ein subjektives Element, die Rechtsüberzeugung (*opinio iuris sive necessitatis*).[124]

Eine Besonderheit des Völkergewohnheitsrechts ist die Bindung auch nicht beteiligter Akteure. So reicht regelmäßig die stillschweigende Akzeptanz einer gewohnheitsrechtlichen Regelung aus, damit diese ihre Wirkung auch gegenüber dem nicht an ihrer Entstehung beteiligten Staat entfaltet.[125] Das heißt jedoch gerade nicht, dass Völkergewohnheitsrecht grundsätzlich gegen den Willen des Staates entstehen kann. Dieser hat die Möglichkeit sich als *persistent objector* der Entstehung einer Norm kontinuierlich zu widersetzen, so dass die entsprechende Norm ihm gegenüber gerade keine Wirkung entfaltet.[126]

a. *Begriff der Staatenpraxis*

Der Begriff der Staatenpraxis erfasst sowohl das Handeln der Organe der Exekutive, der Legislative und der Judikative sowie das dem Staat zurechenbare Handeln Privater.[127] Von Bedeutung sind hier auch faktische Verhaltensweisen, wenn

124 *Funke*, in: Schöbener (Hrsg.), Völkerrecht, S. 505; *Heintschel von Heinegg*, in: Ipsen (Hrsg.), Völkerrecht (6. Aufl.), § 17, Rn. 2; *Dörr*, in: Ipsen (Hrsg.), Völkerrecht, § 19, Rn. 2; *Kempen*, in: ders./Hillgruber, Völkerrecht, § 14, Rn. 96. Siehe auch *Treves*, in: Wolfrum (Hrsg.), MPEPIL, Vol. II, S. 939, Abs. 8, der die dualistische Theorie des Gewohnheitsrechts als herrschende Ansicht bezeichnet. Der konstitutive Charakter des objektiven Elements wird von den Vertretern des sogenannten *instant customary law* in Zweifel gezogen, siehe hierzu auch *Heintschel von Heinegg*, in: Ipsen (Hrsg.), Völkerrecht (6. Aufl.), § 17, Rn. 5.

125 *Heintschel von Heinegg*, in: Ipsen (Hrsg.), Völkerrecht (6. Aufl.), § 17, Rn. 27; *Dörr*, in: Ipsen (Hrsg.), Völkerrecht, § 19, Rn. 28. Siehe auch *Crawford*, Brownlie's Principles of Public International Law, S 28; *Hobe*, Völkerrecht, S. 220; *Kempen*, in: ders./Hillgruber, Völkerrecht, § 14, Rn. 122.

126 Mit Beispielen aus der Praxis und der internationalen Rechtsprechung *Crawford*, Brownlie's Principles of Public International Law, S 28. Anders ist dies natürlich im Rahmen der Entstehung von partikulärem Völkergewohnheitsrecht, welches nur für die jeweils beteiligten Staaten Wirkung entfaltet und keiner Widersetzung bedarf, siehe zum partikulärem Völkergewohnheitsrecht allgemein *Heintschel von Heinegg*, in: Ipsen (Hrsg.), Völkerrecht (6. Aufl.), § 17, Rn. 44 ff.

127 *Hobe*, Völkerrecht, S. 210; *Kempen*, in: ders./Hillgruber, Völkerrecht, § 14, Rn. 97; *Treves*, in: Wolfrum (Hrsg.), MEPIL, Vol. II, S. 944, Abs. 31. Siehe auch UN, Second report on identification of customary international law, by Michael Wood, Special Rapporteur (Doc. A/CN.4/672), S. 1, 24 ff., abrufbar unter http://legal.un.org/docs/?symbol=A/CN.4/672, zuletzt abgerufen am 26.06.2019; sowie eine exemplarische Auflistung der materiellen Quellen bei *Crawford*, Brownlie's Prinicples of Public International Law, S. 24.

sie, ebenso wie rechtlich relevantes Handeln, einen internationalen Bezug aufweisen.[128] Erforderlich ist jedoch immer eine gewisse Dauer, Einheitlichkeit und Verbreitung der Übung.[129] Die konkreten Voraussetzungen dieser Merkmale lassen sich jedoch nicht abstrakt bestimmen. Der IGH führte in seinem Urteil zum Nordsee-Festlandsockel-Fall hierzu aus:

> „[...] an indispensable requirement would be that within the period in question, short though it might be, State practice, including that of States whose interests are specially affected, should have been both extensive and virtually uniform [...].“[130]

Demnach muss im und für den Einzelfall eine Gesamtbetrachtung der Umstände vorgenommen werden, um die Anforderungen an die Dauer, Einheitlichkeit und Verbreitung einer Übung festzulegen.

b. Begriff der Rechtsüberzeugung

Zur Entstehung einer gewohnheitsrechtlichen Regelung ist es zudem erforderlich, dass der Staat beziehungsweise die Staaten in der Überzeugung handeln, ihr Verhalten sei rechtlich geboten.[131] Dabei ist die *opinio iuris* als „von der Wandelbarkeit des Willens losgelöste Einsicht und damit fixierte Grundposition zu begreifen, dass in den Rechtsbeziehungen der Völkerrechtssubjekte bestimmte Verhaltens-muster einzuhalten sind“[132]. Dies schließt rein politisch motiviertes oder auf Höflichkeit beruhendes Verhalten aus dem Rechtsentstehungsprozess aus.[133]

---

128 *Heintschel von Heinegg*, in: Ipsen (Hrsg.), Völkerrecht (6. Aufl.), § 17, Rn. 6; *Kempen*, in: ders./Hillgruber, Völkerrecht, § 14, Rn. 103. Siehe auch *Dörr*, in: Ipsen (Hrsg.), Völkerrecht, § 19, Rn. 10.

129 *Heintschel von Heinegg*, in: Ipsen (Hrsg.), Völkerrecht (6. Aufl.), § 17, Rn. 7. Siehe auch *Crawford*, Brownlie`s Principles of Public International Law, S. 24 f.; *Funke*, in: Schöbener (Hrsg.), Völkerrecht, S. 506; *Kempen*, in: ders./Hillgruber, Völkerrecht, § 14, Rn. 109 ff.

130 *ICJ*, ICJ Reports 1969, 3, Abs. 74.

131 *Funke*, in: Schöbener (Hrsg.), Völkerrecht, S. 506; *Treves*, in: Wolfrum (Hrsg.), MEPIL, Vol. II, S. 939, Abs. 8; *Vitzthum*, in: ders./Proelß (Hrsg.), Völkerrecht, S. 51, Rn. 131.

132 *Heintschel von Heinegg*, in: Ipsen (Hrsg.), Völkerrecht (6. Aufl.), § 17, Rn. 14.

133 Siehe hierzu auch die Ausführungen des IGH, *ICJ*, ICJ Reports 1969, 3, Abs. 77: „The frequency, or even habitual character of the acts is not in itself enough. There are many international acts, e.g., in the field of ceremonial and protocol, which are performed almost invariably, but which are motivated only by considerations of courtesy, convenience or tradition, and not by any sense of legal duty.“

2. *Anforderungen an den Nachweis einer gewohnheitsrechtlichen Regelung*

Der Nachweis einer gewohnheitsrechtlichen Regelung erfordert eine Untersuchung und Zusammenstellung der als Übung zu qualifizierenden Akte.[134]

a. *Nachweis der Staatenpraxis*

Zunächst muss eine Auswahl derjenigen Handlungen vorgenommen werden, die zur Bildung von Gewohnheitsrecht beitragen, um diese in einem zweiten Schritt zu bewerten. Erforderlich ist dabei stets ein internationaler Bezug des Aktes.[135]

Im Rahmen der Befreiung von der Gerichtsbarkeit kommen insbesondere nationale Gerichtsentscheidungen als staatliche Übung in Betracht.[136] Als Handlungen der Judikative sind diese grundsätzlich geeignet, einen Beitrag zur Bildung von Gewohnheitsrecht zu leisten.[137] Zu berücksichtigen ist dabei aber, ob sich ein Gericht lediglich zur Existenz einer gewohnheitsrechtlich basierten Immunität internationaler Organisationen äußert oder die Frage tatsächlich entscheidungserheblich ist. Handelt es sich um eine bloße Meinungsäußerung, die nicht Grundlage der gerichtlichen Entscheidung ist, kann dies nicht als Staatenpraxis im Sinne des Art. 38 Abs. 1 lit. b IGH-Statut gewertet werden.[138] Ein sogenanntes *obiter dictum* kann jedoch als Hilfsquelle im Sinne von Art. 38 Abs. 1 lit. d IGH-Statut zur Feststellung völkerrechtlicher Normen Berücksichtigung finden.

Im Zusammenhang mit der Immunität von der nationalen Gerichtsbarkeit sind ebenso etwaige nationale Gesetze von Bedeutung.[139] Als Legislativakte sind

---

134 *Heintschel von Heinegg*, in: Ipsen (Hrsg.), Völkerrecht (6. Aufl.), § 17, Rn. 33; *Kempen*, in: ders./Hillgruber, § 14, Rn. 127.

135 *Heintschel von Heinegg*, in: Ipsen (Hrsg.), Völkerrecht (6. Aufl.), § 17, Rn. 6; *Kempen*, in: ders./Hillgruber, Völkerrecht, § 14, Rn. 103.

136 Siehe auch *ICJ*, ICJ Reports 2012, 99, Abs. 55.

137 Siehe unter Kapitel 1, B. II. 1. a. Siehe auch UN, Second report on identification of customary international law, by Michael Wood, Special Rapporteur (Doc. A/CN.4/672), S. 1, 25.

138 *Moremen*, in: North Carolina Journal of International Law and Commercial Regulation 32 (2006), 259, 289 mit Verweis auf *Bravo*, in: RdC 192 (1985), 233, 285: „Il est en effect indispensable, pour ne pas surévaluer certaines prises de position qui risquent de produire des réaction de chaîne, de séparer soigneusement les opinions qui sont vraiment à la base de la décision du cas d'espèce, de ce que les Anglais qualifient d'obiter dicta, c'est-à-dire des affirmations qui ne sont pas indispensables à l'économie de l'arrêt."

139 Siehe auch *ICJ*, ICJ Reports 2012, 99, Abs. 55.

auch diese grundsätzlich geeignet, einen Beitrag zur Bildung von Gewohnheitsrecht zu leisten.[140]

Inwiefern die verbreitete Vertragspraxis auf dem Gebiet der Immunität internationaler Organisationen als Nachweis einer gewohnheitsrechtlichen Regelung herangezogen werden kann, wird in einem eigenen Abschnitt erörtert.[141]

Im Rahmen der Bewertung der Staatenpraxis sind Dauer, Einheitlichkeit und Verbreitung der Übung zu berücksichtigen. Wie bereits erwähnt, muss eine Gesamtbetrachtung der Umstände vorgenommen werden, um die Anforderungen an diese Merkmale zu bestimmen.[142] Keines dieser Elemente lässt sich abstrakt bestimmen. Es lassen sich jedoch folgende Grundsätze festhalten. Die Dauer einer Übung muss im Verhältnis zur Einheitlichkeit und Verbreitung derselben bewertet werden.[143] Die notwendige Anzahl und Identität der beteiligten Staaten variiert dabei je nach der Reichweite der Regelung, also danach, ob es sich um universelles, allgemeines oder regionales Gewohnheitsrecht handelt.[144] Hierbei kommt der Praxis besonders betroffener Staaten mehr Bedeutung zu.[145] Im Rahmen der vorliegenden Arbeit sind dies insbesondere Sitzstaaten internationaler Organisationen. Um als einheitlich bewertet zu werden, ist keine vollständige Übereinstimmung der Staatenpraxis erforderlich.[146] Ausreichend ist das übereinstimmende Verhalten einer repräsentativen Anzahl von Staaten.[147] Einzelne Abweichungen sprechen somit grundsätzlich nicht gegen die Entstehung einer gewohnheits-rechtlichen Regelung. Das Element der Einheitlichkeit

---

140 Siehe unter Kapitel 1, B. II. 1. a. Siehe auch UN, Second report on identification of customary international law, by Michael Wood, Special Rapporteur (Doc. A/CN.4/672), S. 1, 24.

141 Siehe hierzu sogleich unter Kapitel 1, B. II. 2. c.

142 Siehe unter Kapitel 1, B. II. 1. a.

143 *Crawford*, Brownlie`s Principles of Public International Law, S. 24. Siehe auch *ICJ*, ICJ Reports 1969, 3, Abs. 74.

144 *Kempen*, in: ders./Hillgruber, Völkerrecht, § 14, Rn. 117. Siehe auch *Treves*, in: Wolfrum (Hrsg.), MPEPIL, Vol. II, S. 945, Abs. 40.

145 *Vitzthum*, in: ders./Proelß (Hrsg.), Völkerrecht, S. 51, Rn. 133; *Heintschel von Heinegg*, in: Ipsen (Hrsg.), Völkerrecht (6. Aufl.), § 17, Rn. 11; *Kempen*, in: ders./Hillgruber, Völkerrecht, § 14, Rn. 121. Siehe auch *ICJ*, ICJ Reports 1969, 3, Abs. 74.

146 *Treves*, in: Wolfrum (Hrsg.), MPEPIL, Vol. II, S. 945, Abs. 35; *Crawford*, Brownlie`s Principles of Public International Law, S. 25; *Heintschel von Heinegg*, in: Ipsen (Hrsg.), Völkerrecht (6. Aufl.), § 17, Rn. 10; *Kempen*, in: ders./Hillgruber, Völkerrecht, § 14, Rn. 111. Siehe auch *ICJ*, ICJ Reports 1969, 3, Abs. 74.

147 *Heintschel von Heinegg*, in: Ipsen (Hrsg.), Völkerrecht (6. Aufl.), § 17, Rn. 10.

bezieht sich sowohl auf das Verhalten der Staaten untereinander als auch auf das Verhalten eines einzelnen Staates.[148]

b. *Nachweis einer Rechtsüberzeugung*

Zum Nachweis einer Rechtsüberzeugung kann zunächst die Übung selbst herangezogen werden.[149] Maßgeblich ist, ob die Begleitumstände, die Dauer, die Einheitlichkeit und die Verbreitung einen Rückschluss auf eine mit dem Verhalten einhergehende *opinio iuris* zulassen.[150] Der Rückgriff auf die Übung selbst bietet sich lediglich bei verbreiteter, einheitlicher Praxis an. Im Übrigen besteht aber die Möglichkeit, soweit vorhanden, auf weitere Rechtsbekundungen der beteiligten Staaten zurückzugreifen, die eine entsprechende Rechtsüberzeugung zum Ausdruck bringen.[151]

Schwierigkeiten kann insbesondere auch der Nachweis der Rechtsüberzeugung nationaler Gerichte bereiten. So besteht die Möglichkeit, dass ein Gericht tatsächlich überzeugt ist, völkerrechtlich zu einem bestimmten Verhalten verpflichtet zu sein. Es besteht jedoch auch die Möglichkeit, dass ein Gericht letztlich auf Grundlage nationalen Rechts, sei es auch umgesetzten Völkerrechts, und somit gegebenenfalls unter Einfluss nationaler Rechtsauffassungen, urteilt.[152] Entscheidet ein Gericht aber letztlich auf nationaler Grundlage, so beeinträchtigt dies die Aussagekraft des Urteils bezüglich der Rechtsüberzeugung und muss im Rahmen der Analyse der Staatenpraxis berücksichtigt werden.[153]

c. *Rolle der Vertragspraxis im Rahmen des Nachweises einer gewohnheitsrechtlichen Regelung*

Mit Blick auf die Immunität internationaler Organisationen drängt sich die Frage auf, ob die zahlreichen vertraglichen Regelungen[154] zur Immunität

148 *Kempen*, in: ders./Hillgruber, Völkerrecht, § 14, Rn. 111

149 *Kempen*, in: ders./Hillgruber, Völkerrecht, § 17, Rn. 34.

150 *Heintschel von Heinegg*, in: Ipsen (Hrsg.), Völkerrecht (6. Aufl.), § 17, Rn. 34; *Kempen*, in: ders./Hillgruber, Völkerrecht, § 14, Rn. 127.

151 *Heintschel von Heinegg*, in: Ipsen (Hrsg.), Völkerrecht (6. Aufl.), § 17, Rn. 35.

152 *Moremen*, in: North Carolina Journal of International Law and Commercial Regulation 32 (2006), 259, 291.

153 *Moremen*, in: North Carolina Journal of International Law and Commercial Regulation 32 (2006), 259, 291.

154 Siehe hierzu bspw. UN, Legislative texts and treaty provisions concerning the legal status, privileges and immunities of international organizations, Vol. I (ST/LEG/SER.B/10), United Nations Legislative Series 10 (1959), S. 1, 181 ff. sowie UN, Legislative texts and treaty provisions concerning the legal status, privileges and immunities

internationaler Organisationen als Nachweis für die Existenz einer gewohnheitsrechtlichen Regelung herangezogen werden können.[155] Diese Problematik ist von zwei anderen Fragen zu trennen. Sie ist einerseits zu unterscheiden von der Frage, ob eine vertragliche Normierung der Immunität lediglich deklaratorisch für das Bestehen einer gewohnheits-rechtlichen Regelung ist, es sich also um eine Kodifizierung bereits bestehenden Gewohnheitsrechts handelt. Andererseits ist sie von der Frage zu trennen, ob sich unabhängig von dem bestehenden Vertragsrecht eine gewohnheitsrechtliche Regelung entwickelt hat. Im ersten Fall ist, sofern der Vertrag nicht selbst den Beweis für die Existenz einer gewohnheitsrechtlichen Regelung führt, ein außervertraglicher Nachweis des Bestehens einer solchen Regelung erforderlich. Ebenso ist im Fall einer vom Vertrag unabhängigen Entwicklung ein außervertraglicher Nachweis einer gewohnheitsrechtlichen Regelung erforderlich. Die außervertragliche Praxis wird erst in einem nächsten Schritt untersucht.[156]

aa. Völkerrechtliche Verträge als Quelle des Gewohnheitsrechts

Völkergewohnheitsrecht und Völkervertragsrecht sind grundsätzlich zwei verschiedene Völkerrechtsquellen, die nebeneinander bestehen, sich aber auch gegenseitig in ihrer Existenz beeinflussen können.[157] Verträge können Gewohnheitsrecht konkretisieren und, sofern es sich nicht um eine Norm des *ius cogens* handelt, davon abweichen oder Gewohnheitsrecht ausschließen.[158] Ein völkerrechtlicher Vertrag kann demgegenüber durch abweichendes

---

of international organizations, Vol. II (ST/LEG/SER.B/11), United Nations Legislative Series 11 (1961), S. 1, 99 ff..

155 Ohne nähere Erläuterung z. B. angenommen von *Lalive*, in: RdC 84 (1953), 291, 305; *Delbrück*, in: Dahm/Delbrück/Wolfrum, Völkerrecht, Bd. I/2, S. 221; wohl auch *Epping*, in: Ipsen (Hrsg.), Völkerrecht, § 8 Rn. 79, der zunächst die Geltung einer gewohnheitsrechtlichen Immunität bejaht und sodann davon spricht, dass „sich eine von den Verträgen losgelöste Staatenpraxis kaum feststellen lässt". Diskutiert wird diese Möglichkeit auch bei *Reinisch*, International Organizations Before National Courts, S. 147 sowie *Amerasinghe*, Principles of the Institutional Law of International Organizations, S. 344 f.

156 Siehe hierzu sogleich unter Kapitel 1, B. II. 3.

157 *Kempen*, in: ders./Hillgruber, § 14, Rn. 132. Siehe auch *Crawford*, Brownlie´s Principles of Public International Law, S. 20.

158 Siehe *Vitzthum*, in: ders./Proelß (Hrsg.), Völkerrecht, S. 51, Rn. 132; *Heintschel von Heinegg*, in: Ipsen (Hrsg.), Völkerrecht (6. Aufl.), § 21, Rn. 2; *Dörr*, in: Ipsen (Hrsg.), Völkerrecht, § 23, Rn. 1.

Völkergewohnheitsrecht modifiziert werden.[159] Fraglich ist aber, ob eine bestimmte Vertragspraxis zur Entstehung von Gewohnheitsrecht beitragen kann.

Der IGH erkannte diese Möglichkeit in seinem Urteil im Nordsee-Festlandsockel-Fall grundsätzlich an:

> „[...] it clearly involves treating that Article as a norm-creating provision which has constituted the foundation of, or has generated a rule which, while only conventional or contractual in its origin, has since passed into the general corpus of international law, and is now accepted as such by the opinio juris, so as to have become binding even for countries which have never, and do not, become parties to the Convention. There is no doubt that this process is a perfectly possible one and does from time to time occur [...].“[160]

Er lässt jedoch offen, inwiefern und unter welchen Voraussetzungen eine Vertragspraxis dem Nachweis von Gewohnheitsrecht dienen kann.

bb. Vertragsabschluss und vertragsgemäßes Handeln als Staatenpraxis

Zunächst ist zu klären, ob die Eingehung einer völkervertraglichen Verpflichtung oder das Handeln in Übereinstimmung mit einer solchen Verpflichtung, vorbehaltlich einer gewissen Dauer, Einheitlichkeit und Verbreitung, überhaupt als Staatenpraxis im Sinne des Art. 38 Abs. 1 lit. b IGH-Statut gewertet werden kann.

Dem wird entgegengehalten, dass ein Handeln in Übereinstimmung mit einer vertraglichen Regelung regelmäßig zur Erfüllung dieser erfolge und somit grundsätzlich keine Übung im Sinne des Art. 38 Abs. 1 lit. b IGH-Statut darstelle.[161] Das Vorliegen einer Übung wird auch mit Blick auf die vorgelagerte Eingehung einer vertraglichen Verpflichtung verneint, deren Notwendigkeit eben gegen eine solche Annahme spräche.[162] Diese Einwände werden zwar im Zusammenhang mit der Qualifizierung einer Vertragspraxis als Übung erhoben, beziehen sich jedoch vielmehr auf die Frage nach dem Hintergrund des staatlichen Handelns und sind dem nachfolgend zu erörternden Element der Rechtsüberzeugung zuzuordnen.

---

159 *Crawford*, Brownlie´s Principles of Public International Law, S. 23; *Heintschel von Heinegg*, in: Ipsen (Hrsg.), Völkerrecht (6. Aufl.), § 21 Rn. 2 f.; *Hobe*, Völkerrecht, S. 221; *Dörr*, in: Ipsen (Hrsg.), Völkerrecht, § 19, Rn. 42.

160 *ICJ*, ICJ Reports 1969, 3, Abs. 41.

161 So bspw. vertreten von *Kempen*, in: ders./Hillgruber, Völkerrecht, § 14, Rn. 135.

162 So bspw. vertreten von *Heintschel von Heinegg*, in: Ipsen (Hrsg.), Völkerrecht (6. Aufl.), § 17, Rn. 22, anders *Dörr*, in Ipsen (Hrsg.), Völkerrecht, § 19, Rn. 34.

Wie bereits erläutert, erfasst der Begriff der Übung das rechtlich relevante Handeln der Staatsorgane sowie das dem Staat zurechenbare Handeln Privater, vorausgesetzt es besteht ein internationaler Bezug.[163] Beim Abschluss eines völkerrechtlichen Vertrages sind die jeweils für die völkerrechtliche Vertretung zuständigen Organe des Staates beteiligt.[164] Dementsprechend wird der Staat verpflichtet, in Übereinstimmung mit einer vertraglichen Regelung zu handeln. Da hier Verträge auf dem Gebiet des Völkerrechts betroffen sind, ist auch das Merkmal des internationalen Bezugs zu bejahen. Rechtlich relevant ist sowohl der Abschluss eines Vertrages als auch das dem Staat zurechenbare Handeln in Überein-stimmung mit einer vertraglichen Regelung. Eine gewisse Dauer, Einheitlichkeit und Verbreitung vorausgesetzt, lässt sich deswegen sowohl der Vertragsschluss selbst als auch das vertragskonforme Handeln grundsätzlich unter den Begriff der Staatenpraxis subsumieren. Auch *Wood* kommt im Rahmen seiner Arbeiten zur *Identification of customary international law* als Sonderberichterstatter der ILC zu diesem Ergebnis:

> „Negotiating, concluding and entering into, ratifying and implementing bilateral or multilateral treaties (and putting forward objections and reservations to them) are another form of practice."[165]

cc. Nachweis einer Rechtsüberzeugung im Rahmen der Vertragspraxis

Schwierigkeiten bereitet jedoch das subjektive Element, die Rechtsüberzeugung. Regelmäßig erfolgt der Nachweis einer *opinio iuris* über den Rückgriff auf die Übung selbst, und wenn sich ein solcher mangels verbreiteter einheitlicher Übung nicht anbietet, unter Rückgriff auf etwaige Rechtsbekundungen der handelnden Staaten.[166]

Handelt ein Staat aber in Übereinstimmung mit einer vertraglichen Regelung, lässt sich nur schwer eine damit verbundene Überzeugung nachweisen, dass dieses Handeln auch unabhängig von der vertraglichen Verpflichtung rechtlich

---

163 Siehe unter Kapitel 1, B. II. 1. a.

164 Siehe *Heintschel von Heinegg*, in: Ipsen (Hrsg.), Völkerrecht, § 13, Rn. 1; *Kempen*, in: ders./Hillgruber, Völkerrecht, § 13, Rn. 12; *Knauff*, in: Schöbener (Hrsg.), Völkerrecht, S. 548, 550.

165 UN, Second report on identification of customary international law, by Michael Wood, Special Rapporteur (Doc. A/CN.4/672), S. 1, 26 mit zahlreichen Beispielen aus der internationalen Rechtsprechung.

166 Siehe unter Kapitel 1, B. II. 2. b.

geboten ist und nicht nur aufgrund der vertraglichen Verpflichtung erfolgt.[167] Die Übung selbst lässt in diesem Fall jedenfalls keinen Rückschluss auf eine etwaige Rechtsüberzeugung zu. Auch der IGH verneinte im Urteil zum Nordsee-Festlandsockel-Fall das Bestehen einer gewohnheitsrechtlichen Regelung, da mehr als die Hälfte der betroffenen Staaten Vertragsparteien eines entsprechenden Abkommens waren und mutmaßlich in dessen Anwendung handelten.[168]

Der IGH erkannte indes aber an, dass schon eine verbreitete und repräsentative Beteiligung an einem völkerrechtlichen Vertrag unter bestimmten Voraussetzungen ausreichend sein kann, um eine Norm des Völkergewohnheitsrechts entstehen zu lassen:

> „With respect to the other elements usually regarded as necessary before a conventional rule can be considered to have become a general rule of international law, it might be that, even without the passage of any considerable period of time, a very widespread and representative participation in the convention might suffice of itself, provided it included that of States whose interests were specially affected."[169]

In Bezug hierauf ergeben sich jedoch ähnliche Schwierigkeiten. Der wiederholte Abschluss völkerrechtlicher Verträge mit gleichlautenden inhaltlichen Regelungen beziehungsweise eine verbreitete und repräsentative Beteiligung an einem völkerrechtlichen Vertrag kann zwar als Ausdruck einer Überzeugung verstanden werden, dass dieses Verhalten auch unabhängig vom Vertrag rechtlich geboten ist.[170] Ebenso besteht aber die Möglichkeit, dass die vertragsschließenden Staaten gerade die Notwendigkeit der vertraglichen Normierung sehen und eine Bindung nur aufgrund eines Vertragsschlusses wollen.[171]

Doehring schlägt in diesem Zusammenhang vor, auf das bei Eingehung der Verpflichtung verfolgte Interesse der Staaten abzustellen.[172] Er unterscheidet zur Ermittlung der Interessenlage danach, ob die Staaten mit der Eingehung einer vertraglichen Verpflichtung „generalisieren"[173] oder „spezialisieren"[174]

---

167 Ähnlich auch *Kempen*, in: ders./Hillgruber, Völkerrecht, § 14, Rn. 135, der aus diesem Grund jedoch das Vorliegen einer Übung verneint. Siehe auch UN, Third report on identification of customary international law, by Michael Wood, Special Rapporteur (Doc. A/CN.4/682), S. 1, 28.

168 Siehe *ICJ*, ICJ Reports 1969, 3, Abs. 76.

169 *ICJ*, ICJ Reports 1969, 3, Abs. 73.

170 *Delbrück*, in: Dahm/Delbrück/Wolfrum, Völkerrecht, Bd. I/1, S. 52.

171 *Delbrück*, in: Dahm/Delbrück/Wolfrum, Völkerrecht, Bd. I/1, S. 52.

172 Siehe *Doehring*, Völkerrecht, Rn. 317.

173 *Doehring*, Völkerrecht, Rn. 317.

174 *Doehring*, Völkerrecht, Rn. 317.

wollen.[175] Demnach sei die entscheidende Frage, ob eine gewohnheitsrechtliche Geltung im Interesse aller Staaten liegt oder ob „eine Vermutung für ein gesamtes Interesse der Staatengemeinschaft nicht angenommen werden kann“[176].[177] Zur Verdeutlichung führt *Doehring* verschiedene Beispiele an. So hätte an der Einhaltung des Gewaltverbotes offensichtlich jeder Staat ein Interesse, da auch jeder Staat Gefahr liefe, unter dessen Nichtbeachtung zu leiden.[178] Dem stellt *Doehring* die trotz zahlreicher vertraglicher Vereinbarungen nicht gewollte gewohnheitsrechtliche Geltung von Meistbegünstigungsklauseln in Handelsverträgen gegenüber.[179] Es könne nicht angenommen werden, dass ein Staat jedem anderen Staat bestimmte Vergünstigungen unabhängig von etwaigen eigenen Vorteilen gewähren möchte.[180]

Gegen den Ansatz *Doehrings* spricht jedenfalls, dass das Abstellen auf den in diesem Sinne vermuteten Willen der Staaten nicht von der bisher geltenden Definition und den Anforderungen an den Nachweis einer gewohnheitsrechtlichen Regelung gedeckt ist.[181] Unabhängig davon hilft die Anwendung der Theorie *Doehrings* auf die Vertragspraxis zur Immunität internationaler Organisationen nicht weiter.[182] Mitgliedstaaten einer internationalen Organisation gewähren dieser Immunität, weil sie ihr bestimmte Aufgaben übertragen und deswegen ein Interesse an der effektiven Erfüllung dieser Aufgaben haben.[183] Eine Vermutung dahingehend, dass ein Staat ein Interesse daran hat, jeder internationalen Organisation Immunität zu gewähren, unabhängig davon, ob er Mitgliedstaat ist und von ihr profitiert, kann deswegen nicht angenommen werden bzw. eine solche Vermutung ist nicht evident. Die Vermutung bestünde allenfalls mit Blick auf Mitgliedstaaten einer internationalen Organisation. Das Verhältnis der Mitgliedstaaten zur Organisation ist aber regelmäßig gerade vertraglich geregelt.

---

175 Siehe *Doehring*, Völkerrecht, Rn. 317.

176 *Doehring*, Völkerrecht, Rn. 318 f.

177 Siehe *Doehring*, Völkerrecht, Rn. 318 f..

178 *Doehring*, Völkerrecht, Rn. 318 mit Verweis auf *Randelzhofer*, in: Simma u. a. (Hrsg.), The Charter of the United Nations, Vol. I (2. Aufl.), Art. 2 (4), Rn. 61 ff. Siehe *ICJ*, ICJ Reports 1986, 14, Abs. 34 zur gewohnheitsrechtlichen Geltung des Gewaltverbots.

179 Siehe *Doehring*, Völkerrecht, Rn. 319.

180 *Doehring*, Völkerrecht, Rn. 319 mit Verweis auf *Ustor*, in: Bernhardt (Hrsg.), EPIL, Vol. III, S. 472.

181 Siehe hierzu unter Kapitel 1, B. II. 1. und 2.

182 Auch wenn *Doehring* eine Anwendung seines Ansatzes auf multilaterale Verträge, die ein organisatorisches Regime errichten, nicht ausschließt, siehe *Doehring*, in: ZaöRV 1976, 77, 85.

183 Siehe unter Kapitel 1, A.

Eine Rechtsüberzeugung lässt sich folglich nur unter Zuhilfenahme außervertraglicher Rechtsbekundungen nachweisen. *Wood* führt hierzu dementsprechend und zutreffend aus:

> „[…] such juridical consciousness must exist outside of the treaty, not just within: for a treaty to serve as evidence of opinio iuris, States (and international organizations), whether parties or not, must be shown to regard the rule(s) enumerated in the treaty as binding on them as rules of law regardless of the treaty."[184]

dd. Zwischenergebnis

Isoliert betrachtet hat also auch eine Vielzahl übereinstimmender völkerrechtlicher Vertragsbestimmungen oder das Handeln in Übereinstimmung mit einer völkervertraglichen Regelung keine Aussagekraft. Zwar handelt es sich sowohl beim Abschluss völkerrechtlicher Verträge als auch beim Handeln in Übereinstimmung mit einer vertraglichen Regelung grundsätzlich um Verhalten, das sich unter den Begriff der Übung im Sinne des Art. 38 Abs. 1 lit. b IGH-Statut subsumieren lässt, jedoch lässt sich eine entsprechende Rechtsüberzeugung hier nur unter Rückgriff auf unabhängige Rechtsbekundungen nachweisen. Die Vertragspraxis allein kann folglich nicht zum Nachweis einer gewohnheitsrechtlichen Regelung herangezogen werden, sondern ist immer im Zusammenhang mit der außervertraglichen Praxis sowie den jeweiligen Umständen zu betrachten.

3. *Analyse der außervertraglichen Staatenpraxis*

Angesichts der zahlreichen vertraglichen Regelungen ist der Umfang der relevanten außervertraglichen Staatenpraxis von vornherein beschränkt. Aufgrund des Untersuchungsgegenstandes, der Befreiung internationaler Organisationen von der nationalen Gerichtsbarkeit, handelt es sich dabei vornehmlich um nationale Gerichtsentscheidungen.

Dem Nachweis einer gewohnheitsrechtlichen Regelung dient grundsätzlich die Gewährung von Immunität trotz Fehlens einer völkervertraglichen Grundlage. Bei der Gewährung auf nationaler Grundlage ist aber fraglich, ob das jeweilige Gericht überzeugt ist, auch völkerrechtlich verpflichtet zu sein. Treten keine

---

184 UN, Second report on identification of customary international law, by Michael Wood, Special Rapporteur (Doc. A/CN.4/672), S. 1, 62. Siehe auch UN, Third report on identification of customary international law, by Michael Wood, Special Rapporteur (Doc. A/CN.4/682), S. 1, 18 f., abrufbar unter http://legal.un.org/docs/?symbol=A/CN.4/682, zuletzt abgerufen am 26.06.2019.

weiteren Umstände hinzu, die eine entsprechende Annahme unterstützen, kann eine solche Entscheidung ausnahmsweise nicht dem Nachweis einer gewohnheits-rechtlichen Regelung dienen. Ein nationales Gesetz für sich genommen kann hingegen als Legislativakt Ausdruck einer entsprechenden Staatenpraxis sein. Entscheidend ist aber der Inhalt der Rechtsvorschrift. Zudem kann unter Umständen auch die Versagung von Immunität dem Nachweis einer gewohnheitsrechtlichen Regelung dienen, wenn die Versagung beispielsweise in Anwendung einer Ausnahme einer etwaigen gewohnheitsrechtlichen Norm geschieht. Äußerungen eines nationalen Gerichts zur Existenz einer gewohnheitsrechtlichen Regelung im Rahmen von Entscheidungen, deren Grundlage allein völkervertragliche Immunitätsregelungen sind, können allenfalls als Hilfsquelle im Sinne des Art. 38 Abs. 1 lit. d IGH-Statut herangezogen werden. Die Versagung von Immunität mangels völkervertraglicher Grundlage seitens des nationalen Gerichts ist grundsätzlich als gegenläufige Praxis zu werten. Im Rahmen der Analyse ist außerdem zu beachten, in welchem Verhältnis der Staat zu der jeweiligen internationalen Organisation steht, um etwaige Unterschiede im Verhältnis zu Mitglied- und/oder Sitzstaaten oder zu sonstigen Drittstaaten zu erkennen.

a. Belgien

Das höchste ordentliche Gericht Belgiens, der *Cour de Cassation*, bestätigte in einer Entscheidung aus dem Jahr 2001 ein unterinstanzliches Urteil, das der Liga der Arabischen Staaten mangels innerstaatlicher Wirksamkeit einer Sitzstaatvereinbarung keine Immunität gewährte.[185] Der Gerichtshof sprach sich ausdrücklich gegen die Existenz einer gewohnheitsrechtlichen Regelung aus:

> „Attendu qu'il n'existe pas de principe général du droit international public, au sens de l'article 38, 1, c, du Statut de la Cour internationale de justice signé à San Francisco le 26 juin 1945 et approuvé par la loi du 14 décembre 1945, qui consacre l'immunité de juridiction des organisations internationales à l'égard des Etats qui les ont créées ou reconnues […].“[186]

Im Dezember 2009 beschäftigte sich der Gerichtshof im Rahmen dreier Arbeitsrechtsstreitigkeiten erneut mit der Immunität internationaler Organisationen.[187]

---

185 Siehe *Court of Cassation* (Belgien), in: ILDC 42 (BE 2001).

186 *Court of Cassation* (Belgien), in: ILDC 42 (BE 2001), Abs. 24; siehe für den französischen Wortlaut unter http://jure.juridat.just.fgov.be/pdfapp/download_blob?idpdf=F-20010312-8, *Cour de Cassation*, 12 mars 2001, N° S. 99.0103.F/13.

187 Siehe *Court of Cassation* (Belgien), ILDC 1573 (BE 2009); *Court of Cassation* (Belgien), ILDC 1576 (BE 2009); *Court of Cassation* (Belgien), ILDC 1625 (BE 2009).

In allen drei Entscheidungen gewährte der Gerichtshof keine Immunität, stützte dies jedoch nicht auf das Fehlen einer entsprechenden Grundlage.[188] Fraglich ist aber, ob das Vorhandensein einer gewohnheitsrechtlichen Regelung trotzdem entscheidungserheblich war.

In seinem Urteil zur Klage einer ehemaligen Arbeitnehmerin gegen die Westeuropäische Union (WEU) äußerte sich der Gerichtshof wie folgt:

> „Le fait pour les Etats d'accorder généralment l'immunité de juridiction aux oragnisations internationales en vertu des instruments constitutifs de celles-ci ou d'accords additionnels constitue une pratique de longue date [...]. Si des mesures qui reflètent de principes de droit international généralement reconnus en matière d'immunité des organisations internationales [...].“[189]

Der Gerichtshof scheint hier zumindest ein allgemeines Prinzip betreffend die Immunität internationaler Organisationen anzuerkennen.[190] Allerdings ist schon nicht klar, ob er sich dabei nicht vielmehr auf die verbreitete Vertragspraxis bezieht. Zu beachten ist auch, dass hier eine vertragliche Grundlage existierte und auch deswegen nicht deutlich wird, ob der Gerichtshof eine Immunität auch unabhängig davon anerkennt.[191] Belgien war Sitz- und Mitgliedstaat der WEU.[192]

Die Entscheidung im Fall *General Secretariat of the ACP Group v Lutchmaya*[193] vom selben Tag spricht zunächst wiederum für die Annahme, dass der Gerichtshof auch unabhängig vom Vorhandensein einer vertraglichen Regelung eine Immunität internationaler Organisationen anerkennt. Der Gerichtshof prüfte die Verhältnismäßigkeit der „mesures qui reflètent des principes de droit international généralement reconnus en matière d'immunité des organisations internationales“[194], obwohl eine entsprechende vertragliche Regelung in der

---

188 Siehe *Court of Cassation* (Belgien), ILDC 1625 (BE 2009), Abs. 47 f.; *Court of Cassation* (Belgien), ILDC 1573 (BE 2009), Abs. 44 ff.; *Court of Cassation* (Belgien), ILDC 1576 (BE 2009), Abs. 29 ff.

189 *Court of Cassation* (Belgien), ILDC 1625 (BE 2009), Abs. 47 f.

190 So z. B angenommen von *Orzan*, in: Virzo/Ingravallo (Hrsg.), Evolutions in the law of International Organizations, 364, 368 f.

191 Die Befreiung der Gerichtsbarkeit der WEU war geregelt in Art. 4 des Übereinkommens über den Status der Westeuropäischen Union, der nationalen Vertreter und des internationalen Personals, BGBl II 1959, 705.

192 Zur Mitgliedschaft Belgiens siehe unter https://treaties.un.org/Pages/showDetails.aspx?objid=0800000280163604, zuletzt abgerufen am 26.06.2019; zum Sitz in Belgien siehe unter http://www.weu.int, zuletzt abgerufen am 26.06.2019.

193 *Court of Cassation* (Belgien), ILDC 1573 (BE 2009).

194 *Court of Cassation* (Belgien), ILDC 1573 (BE 2009), Abs. 45.

Sitzstaatsvereinbarung mit der Gruppe der afrikanischen, karibischen und pazifischen Staaten (AKP-Gruppe) im entscheidenden Zeitpunkt der Vollstreckung noch nicht in Kraft war.[195]

Auch in der Entscheidung *Secrétariat du group des États d'Afrique, des Caraïbes et du Pacifique v. B. D.*[196] spricht der Gerichtshof von „principes de droit international généralement reconnus en matière d'immunité des organisations internationales"[197].[198] Allerdings konnte sich das Sekretariat der AKP-Gruppe in diesem Fall wiederum auf ein wirksames Abkommen berufen.[199]

Fraglich ist, ob die Entscheidung im Fall *Secrétariat Général du group des États d'Afrique, des Caraïbes et du Pacifique v. L. M.-A.*, in der keine vertragliche Grundlage existierte, der Gerichtshof sich aber dennoch mit der Verhältnismäßigkeit der Befreiung internationaler Organisationen von der Gerichtsbarkeit beschäftigte, als Abkehr von seiner Rechtsprechung aus dem Jahr 2001 verstanden werden muss. Festhalten lässt sich zunächst, dass der Gerichtshof ausdrücklich jedenfalls nur in seiner Entscheidung von 2001 von „principe général du droit international public, au sens de l'article 38, 1, c, du Statut de la Cour internationale de justice"[200] spricht. Er beschäftigt sich auch nur in dieser Entscheidung explizit mit der Frage nach der Existenz einer gewohnheitsrechtlich garantierten Immunität internationaler Organisationen. Hinzu kommt, dass alle drei jüngeren Entscheidungen Ausführungen zu einer vertraglichen Grundlage enthalten. Das spricht auch dafür, dass der Gerichtshof das Vorhandensein einer vertraglichen Regelung als erforderlich erachtet. Vor diesem Hintergrund können die trotz des Fehlens einer vertraglichen Grundlage vorgenommenen Ausführungen des Gerichtshofs zur Verhältnismäßigkeit der Immunität im Fall *Secrétariat Général du group des États d'Afrique, des Caraïbes et du Pacifique v. L. M.-A* ebenso wie die Ausführungen in den Fällen *Union de l'Europe Occidentale contre S. M.*, und *Secrétariat du group des États d'Afrique, des Caraïbes et du Pacifique v. B. D.* lediglich als *obiter dictum* verstanden werden.

Insgesamt finden sich also drei Entscheidungen, die sich *obiter dictum* mit der Verhältnismäßigkeit der Immunität internationaler Organisationen beschäftigen

---

195 Siehe *Court of Cassation* (Belgien), ILDC 1573 (BE 2009), Abs. 39.

196 *Court of Cassation* (Belgien), ILDC 1576 (BE 2009).

197 *Court of Cassation* (Belgien), ILDC 1576 (BE 2009), Abs. 26.

198 Siehe *Court of Cassation* (Belgien), ILDC 1576 (BE 2009), Abs. 26.

199 Siehe *Court of Cassation* (Belgien), ILDC 1576 (BE 2009), Abs. 30.

200 *Court of Cassation* (Belgien), in: ILDC 42 (BE 2001), Abs. 24; siehe für den französischen Wortlaut unter http://jure.juridat.just.fgov.be/pdfapp/download_blob?idpdf=F-20010312-8, *Cour de Cassation*, 12 mars 2001, N° S. 99.0103.F/13.

und denen im besten Fall keine klare Aussage zu entnehmen ist und ein Urteil, welches jedenfalls als gegenläufige Praxis qualifiziert werden muss. Deswegen kann die belgische Praxis im Ergebnis nicht als Nachweis für das Bestehen einer gewohnheitsrechtlichen Regelung herangezogen werden.

b. China

Der *Supreme People's Court of the People's Republic of China*, das höchste Gericht Chinas, äußerte sich in einem Urteil aus dem Jahr 2007 grundlegend zum Umgang mit Parteien in Zivilprozessen, die Immunität genießen.[201] Zwar traf er in seiner Entscheidung keine ausdrücklich Aussage zur Immunität internationaler Organisationen, er scheint jedoch Immunitäten und Privilegien nur auf vertraglicher Grundlage anzunehmen, wenn er von der Notwendigkeit spricht, die entsprechenden relevanten internationalen Verträge durchzusetzen.[202] Da sich das Urteil jedoch nicht ausdrücklich auf internationale Organisationen bezieht und es sich zudem lediglich um ein *obiter dictum* handelt, ist der Entscheidung für die vorliegende Analyse keine Bedeutung beizumessen.

c. Deutschland

In einem nicht veröffentlichen Urteil aus dem Jahr 1960[203] verneinte das Landesarbeitsgericht Rheinland-Pfalz die deutsche Gerichtsbarkeit im Rahmen eines Streits zwischen einem Arbeitnehmer und der Vierten Alliierten Taktischen Luftflotte (*Fourth Allied Tactical Air Force*, 4ATAF).[204] Die 4ATAF ist eine ehemalige Einheit der NATO mit Hauptquartier auf der *Ramstein Air Base*.[205] Das Gericht nahm an, dass die einzelnen Mitgliedstaaten der NATO Teile ihrer Souveränität übertragen hätten und die Organisation deswegen selbst Träger ausländischer Souveränitätsrechte sei.[206] Da der Urteilstext nicht vorliegt, wird nicht klar, inwiefern das Übereinkommen über den Status der Nordatlantikvertrags-Organisation, der nationalen Vertreter und des internationalen Personals hier eine Rolle gespielt hat. Festhalten lässt sich jedenfalls, dass das Landesarbeitsgericht

201 *Supreme People's Court* (China), ILDC 2756 (CN 2007).
202 Siehe *Supreme People's Court* (China), ILDC 2756 (CN 2007), Abs. 2.
203 *LAG Rheinland-Pfalz*, in: RGDIP 75 (1971), 712, 723, Fn. 31.
204 Siehe *LAG Rheinland-Pfalz*, in: RGDIP 75 (1971), 712, 723, Fn. 31.
205 Siehe unter https://www.ac.nato.int/history, zuletzt abgerufen am 26.06.2019.
206 Siehe *LAG Rheinland-Pfalz*, in: RGDIP 75 (1971), 712, 723, Fn. 31.

von einer von den Mitgliedstaaten abgeleiteten Immunität ausging. Die Bundesrepublik Deutschland ist Mitgliedstaat der NATO.[207]

Ähnlich sah dies das Amtsgericht Bonn 1961, als es über den Erlass eines Pfändungs- und Überweisungsbeschlusses gegen die WEU zu entscheiden hatte:

> „Abgesehen von dem erwähnten, zur Zeit noch nicht ratifizierten Abkommen folgt aber bereits aus dem Wesen der WEU als überstaatlicher Organisation, daß sie weder im gegenwärtigen Zeitpunkt der deutschen Gerichtsbarkeit unterliegen noch sich für die Zukunft der Zwangsgewalt der Bundesrepublik Deutschland unterwerfen kann. [...] Nach alledem war so zu entscheiden, als handele es sich bei der Drittschuldnerin um einen ausländischen Staat."[208]

Das Gericht gewährte der WEU, trotz vermeintlichen Fehlens einer wirksamen vertraglichen Grundlage, Immunität, die es auf die Rechtsnatur der Organisation als überstaatlich stützte.[209] Es nahm hier folglich eine von den Mitgliedstaaten abgeleitete Immunität der WEU an. Die Bundesrepublik Deutschland war Mitgliedstaat der WEU.[210]

Das Bundesarbeitsgericht bestätigte im Jahr 1973 eine Entscheidung des Hessischen Landesarbeitsgerichts, welches eine Klage gegen einen Abteilungsleiter der Europäischen Weltraumforschungsorganisation (*European Space Research Organisation*, ESRO) als unzulässig abgewiesen hatte.[211] Zum Vorbringen des Klägers, die Regelungen zur Immunität der Bediensteten der ESRO seien verfassungswidrig, äußerte sich das Gericht wie folgt:

> „[Die Nichtigkeit der Verordnung über die Gewährung von Vorrechten und Befreiungen der Europäischen Weltraumforschungsorganisation] ist bereits deshalb ausgeschlossen, weil die Verordnung eine allgemeine Regel des Völkerrechts wiedergibt, die gemäß Art. 25 GG Bestandteil des Bundesrechts bildet."[212]

---

207 Siehe Gesetz zum Beitritt der Bundesrepublik Deutschland zum Brüsseler Vertrag und zum Nordatlantikvertrag, BGBl II 1955, 256.

208 *AG Bonn*, in: MDR 1962, 315.

209 Irrtümlicherweise ging das Gericht von einer fehlenden Ratifikation durch die Bundesrepublik Deutschland aus. Zum Zeitpunkt der Klageerhebung war das Abkommen jedoch bereits in Kraft, siehe Bekanntmachung über das Inkrafttreten des Übereinkommens über den Status der Westeuropäischen Union, der nationalen Vertreter und des internationalen Personals, BGBl II 1959, 1268.

210 Siehe Gesetz zum Beitritt der Bundesrepublik Deutschland zum Brüsseler Vertrag und zum Nordatlantikvertrag, BGBl II 1955, 256.

211 Siehe *BAG*, in: IPRspr. 1973, 347.

212 *BAG*, in: IPRspr. 1973, 347, 349.

Zur Begründung verwies das Gericht auf eine Notwendigkeit der Ausweitung der bereits anerkannten Regelungen über die Befreiung von Mitgliedern diplomatischer Vertretungen auf Personen, die bei den UN, den Sonderorganisationen oder bei supranationalen Organisationen tätig sind.[213] Bestätigung finde dies auch in den entsprechenden Regelungen des Abkommens über die Vorrechte und Befreiungen der Sonderorganisationen der UN sowie in dem Protokoll über die Gewährung von Vorrechten und Befreiungen an die Europäische Weltraumforschungsorganisation, dem zahlreiche europäische Staaten angehörten.[214] Das Landesarbeitsgericht stützte, bestätigt durch das Bundesarbeitsgericht, die Immunität des Abteilungsleiters auf eben jenes Protokoll, welches durch die Verordnung über die Gewährung von Vorrechten und Befreiungen an die ESRO[215] in das deutsche Recht Eingang gefunden habe.[216] Im Ergebnis war eine gewohnheitsrechtliche Regelung zwar nicht Grundlage der Immunitätsgewährung, jedoch entscheidungserheblich. Das Gericht ging davon aus, dass die Rechtswirksamkeit der Verordnung aufgrund ihrer gewohnheits-rechtlichen Geltung nicht an sonstigen Normen des Grundgesetzes scheitern könne.[217] Die Bundesrepublik Deutschland war Gründungsmitglied der ESRO und beherbergt – nun unter der Europäischen Weltraumorganisation (*European Space Agency*, ESA) – ein Operationszentrum.[218]

Das Bundesverfassungsgericht ließ die Frage nach einer gewohnheitsrechtlichen Regelung der Immunität der Europäischen Organisation zur Sicherung der Luftfahrt (Eurocontrol) in seinem Eurocontrol II-Beschluss von 1981 bewusst offen,[219] ebenso wie zuvor der Verwaltungsgerichtshof Baden-Württemberg, der jedoch die Existenz einer gewohnheitsrechtlichen Regel bezweifelte.[220] Beide Gerichte hielten die Frage nach dem Bestehen einer gewohnheitsrechtlichen

213 Siehe *BAG*, a. a. O, 349 f.

214 *BAG*, a. a. O, 349 f.

215 BGBl II 1963, 1353.

216 Siehe *BAG*, in: IPRspr. 1973, 347, 348 f.

217 Siehe *BAG*, in: IPRspr. 1973, 347, 350.

218 Zur Mitgliedschaft Deutschlands siehe Gesetz zu dem Übereinkommen vom 14. Juni 1962 zur Gründung einer Europäischen Weltraumforschungs-Organisation, BGBl II 1963, 1539; zum Sitz des Operationszentrums in Deutschland siehe Abkommen über das Europäische Operationszentrum für Weltraumforschung, BGBl II 1969, 93 und zur Fusion der ESRO mit der ESA siehe Übereinkommen zur Gründung einer Europäischen Weltraumorganisation.

219 Siehe *BVerfG*, BVerfGE 59, 63, 93.

220 Siehe *VGH Baden-Württemberg*, in: DVBl 95 (1980), 127, 128.

Regelung aufgrund vorhandener vertraglicher Regelungen nicht für entscheidungserheblich.[221] Die Bundesrepublik Deutschland ist Gründungsmitglied der Europäischen Organisation zur Sicherung der Luftfahrt und unterhält eine Kontrollzentrale in Karlsruhe.[222]

Der bayrische Verwaltungsgerichtshof verneinte in einem Beschluss aus dem Jahr 1989 die Immunität der Europäischen Schule in München.[223] Er erkannte zwar an, dass es sich um eine zwischenstaatliche Organisation handele, welche auf der Grundlage von § 173 VwGO i. V. m. § 20 Abs. 2 GVG von der deutschen Gerichtsbarkeit ausgenommen sei, soweit sie nach den allgemeinen Regeln des Völkerrechts oder aufgrund völkerrechtlicher Vereinbarungen davon befreit seien.[224] Im Ergebnis sah er jedoch in Ermangelung einer solchen Regelung die Eröffnung des Verwaltungsrechtswegs für gegeben.[225] Träger der Europäischen Schulen sind die EU-Mitgliedstaaten.[226]

Abweichend von dieser Rechtsprechung billigte der bayrische Verwaltungsgerichtshof in einem Urteil aus dem Jahr 1995 der Europäischen Schule München aufgrund ihrer Völkerrechtspersönlichkeit grundsätzlich Immunität zu, verneinte eine Befreiung von der Gerichtsbarkeit aber im konkreten Fall:

> „Als Untergliederung eines Völkerrechtssubjekts steht der Beklagten grundsätzlich Befreiung (Immunität) von der deutschen Gerichtsbarkeit zu. […]. [Die Immunität von den nationalen Gerichten des Sitzstaates kraft Völkergewohnheitsrecht] ergibt sich aus dem Charakter der Völkerrechtspersönlichkeit, der Autonomie der internationalen Organisation, dem nahezu identischen Regelungsgehalt der jeweils bestehenden ausdrücklichen Abkommen und der dazu analogen Interessenlage."[227]

Der Gerichtshof nahm hier eine gewohnheitsrechtlich garantierte Immunität internationaler Organisationen an, welche im konkreten Fall aufgrund einer Handlung *ultra vires* jedoch nicht zum Tragen käme. Neben der Völkerrechtspersönlichkeit und der rechtlichen Eigenständigkeit internationaler Organisationen

---

221 Siehe *BVerfG*, BVerfGE 59, 63, 93; *VGH Baden-Württemberg*, in: DVBl 95 (1980), 127, 128.

222 Siehe Gesetz zu dem Internationalen Übereinkommen vom 13. Dezember 1960 über Zusammenarbeit zur Sicherung der Luftfahrt „EUROCONTROL", BGBl II 1962, 2273.

223 Siehe *VGH Bayern*, in: BayVBl. 1990, 469, 470.

224 Siehe *VGH Bayern*, in: BayVBl. 1990, 469.

225 Siehe *VGH Bayern*, in: BayVBl. 1990, 469, 470.

226 Siehe Protokoll über die Gründung Europäischer Schulen, BGBl II 1969, 1302 i. V. m. Satzung der Europäischen Schule, BGBl II 1965, 1042.

227 *Bayerischer VGH*, Urteil vom 15.03.1995 – 7 B92.2689, 7 B 92.2690, 7 B 92.2692, 7 B 92.2693, 7 B 92.2743, juris, Rn. 17, 19.

verwies er zum Beleg einer solchen Regelung auf eine verbreitete Vertragspraxis. Eine Beschwerde der Europäischen Schule gegen die Nichtzulassung der Revision wurde im weiteren Verfahrensgang mangels Vorliegens von Revisionszulassungsgründen zurückgewiesen.[228]

Insgesamt ist in der deutschen Rechtsprechungspraxis eine Tendenz erkennbar, die Immunität internationaler Organisationen auch ohne entsprechende vertragliche Grundlage anzuerkennen. Es fällt auf, dass die Gerichte in den zwei früheren Urteilen in diesem Zusammenhang von einer abgeleiteten Staatenimmunität ausgehen. Einzig der bayrische Verwaltungsgerichtshof sprach sich in seinem Urteil von 1989 ausdrücklich gegen eine gewohnheitsrechtlich basierte Immunität aus, revidierte diese Annahme jedoch in seiner Entscheidung aus dem Jahr 1995. Höchstrichterliche Rechtsprechung zu dieser Frage ist aufgrund der zurückhaltenden Äußerungen des Bundesverfassungsgerichts in seinem Eurocontrol II-Beschluss nicht verfügbar. Das Urteil des Bundesarbeitsgerichts von 1973 bezieht sich ausdrücklich nur auf die Immunität des Personals einer internationalen Organisation, was auch den Vergleich zur diplomatischen Immunität erklärt. Trotz dieser Einschränkungen ist bis zu diesem Zeitpunkt davon auszugehen, dass die Praxis der Bundesrepublik Deutschland insoweit für die Annahme einer gewohnheitsrechtlichen Regelung zur Immunität internationaler Organisationen spricht.

d. Frankreich

Der *Conseil d'État*, als oberstes Verwaltungsgericht, verneinte 1931 seine Zuständigkeit in einem Fall, der den auf dem Friedensvertrag von Versailles[229] beruhenden Wiedergutmachungsausschuss betraf.[230] Hauptgeschäftsstelle des Ausschusses, zu deren Delegierten auch Frankreich gehörte, war Paris.[231] Der *Conseil d'État* begründete seinen Beschluss damit, dass sich die Entscheidung nach Völkerrecht richte.[232] Er ging folglich von einer sachlichen internationalen Unzuständigkeit aus.[233]

Ähnlich äußerte sich das *Tribunal civil de Versailles* im Jahr 1945 in einer Entscheidung betreffend das Internationale Büro für Maß und Gewicht (*Bureau*

228 Siehe *BVerwG*, Beschluss vom 09.10.1995 – 6 B 51/95, juris.
229 Reichsgesetzblatt 1919, 700
230 Siehe *Conseil d'Etat* (Frankreich), in: 6 AD 33.
231 Siehe §§ 2, 5 Anlage II zum Friedensvertrag von Versailles.
232 Siehe *Conseil d'Etat* (Frankreich), in: 6 AD 33.
233 Siehe zur Abgrenzung von der Immunität unter Einführung, D. I.

international des poids et mesures, BIPM).[234] Es verneinte seine Zuständigkeit aufgrund des internationalen Charakters des Rechtsstreits.[235] Dieser verhindere die Anwendbarkeit französischer Normen.[236] Eine ausdrückliche Äußerung zur etwaigen Immunität des BIPM traf das Gericht jedoch nicht. Vielmehr ging es auch von einer sachlichen internationalen Unzuständigkeit aus. Frankreich ist seit 1875 Sitz- und Mitgliedstaat des BIPM.[237]

Dagegen gewährte der *Cour de Cassation*, das höchste ordentliche Gericht Frankreichs, der Organisation für europäische wirtschaftliche Zusammenarbeit im Jahr 1954 mangels Ratifizierung eines entsprechenden Abkommens keine Immunität.[238] Frankreich war sowohl Mitglied als auch Sitzstaat der Organisation für europäische wirtschaftliche Zusammenarbeit.[239]

In einer Entscheidung aus dem Jahr 1991 sah das *Tribunal de commerce de Paris* etwaige vertragliche Grundlagen im konkreten Fall, der die Wirtschaftsgemeinschaft der westafrikanischen Staaten betraf, als nicht einschlägig an.[240] Zwar führte es aus, dass für die betroffenen Maßnahmen aufgrund ihres wirtschaftlichen Charakters ohnehin keine Immunität gewährt werden könne,[241] was als Anwendbarkeit der auch gewohnheitsrechtlich geltenden Regelungen der Staatenimmunität verstanden werden könnte. Jedoch nahm das Gericht keinen ausdrücklichen Vergleich vor und zudem war diese Aussage nicht Entscheidungsgrundlage. Der *Cour d'appel de Paris* bestätigte die Entscheidung des *Tribunal de commerce de Paris*, da keine für Frankreich verbindliche vertragliche Grundlage existiere und der Nachweis einer gewohnheitsrechtlich geltenden Regelung nicht erbracht wurde.[242] Im Ergebnis gewährten beide Instanzen mangels vertraglicher Grundlage keine Immunität, so dass die Entscheidungen nicht als Praxis für eine gewohnheitsrechtliche Immunität internationaler

---

234 Siehe *Tribunal Civil of Versailles* (Frankreich), in: 12 AD 281, 282.

235 Siehe *Tribunal Civil of Versailles* (Frankreich), in: 12 AD 281, 282.

236 *Tribunal Civil of Versailles* (Frankreich), in: 12 AD 281, 282.

237 Siehe Internationale Meterkonvention, Reichsgesetzblatt 1876, 191.

238 Siehe *Cour de Cassation* (Frankreich), in: RCDIP 1954, 612, 614 f.

239 Siehe unter http://www.oecd.org/berlin/dieoecd/dieorganisationfureuropaischewirtschaftlichezusammenarbeitoeec.htm, zuletzt abgerufen am 26.06.2019. Die Organisation für europäische wirtschaftliche Zusammenarbeit war der Vorgänger der Organisation für wirtschaftliche Zusammenarbeit und Entwicklung (*Organisation for Economic Co-operation and Development*, OECD).

240 Siehe *Tribunal de commerce de Paris* (Frankreich), in: JDI 1992, 692, 698.

241 *Tribunal de commerce de Paris* (Frankreich), in: JDI 1992, 692, 698 f.

242 Siehe *Cour d'appel de Paris* (Frankreich), JDI 1993, 535, 357 f.

Organisationen gewertet werden können. Die Entscheidung des *Cour d'appel de Paris* muss darüber hinaus als gegenläufige Praxis gewertet werden.

Im April 2005 entschied der *Cour de Cassation*, dass die Vollstreckung eines Urteils gegen die Westafrikanische Zentralbank (*Banque centrale des Etats de l'Afrique de l'Ouest*, BCEAO) möglich sei.[243] Er führte hierzu aus:

> „Attendu qu'après avoir exactement rappelé qu'est prohibée la révision au fond de la décision étrangère, l'arrêt retient que la reconnaissance par la France d'une immunité diplomatique intéressant les locaux de la banque sur le territoire national et la personne de ses représentants n'implique pas pour autant que la BCEAO bénéficie d'une immunité de juridiction […]."[244]

Der Gerichtshof erkannte folglich keine Immunität der BCEAO auf gewohnheitsrechtlicher Grundlage an.

Selbst wenn man die Entscheidung des *Conseil d'Etat* und des *Tribunal civil de Versailles* als Anerkennung einer gewohnheitsrechtlichen Immunität interpretiert, geht neben dem *Tribunal de Commerce de Paris* und dem *Cour d'appel de Paris* auch das höchste ordentliche Gericht in einer weitaus jüngeren Entscheidung von 2005 nicht von der Existenz einer gewohnheitsrechtlichen Regelung zur Immunität internationaler Organisationen aus. Die Praxis Frankreichs spricht insgesamt gegen die Annahme einer solchen gewohnheitsrechtlichen Regelung.[245]

e. Griechenland

Der *Council of State*, das oberste Verwaltungsgericht Griechenlands, hatte in einer Entscheidung aus dem Jahr 2007 über die Immunität des *Mediterranean Agronomic Institute of Chania* (MAICH) zu befinden.[246] Das Gericht sah den Umfang der Immunität internationaler Organisationen in Übereinstimmung mit dem Prinzip der Staatenimmunität grundsätzlich auf *acta iure imperii* beschränkt, stütze die Immunität im Ergebnis aber auf eine vertragliche Grundlage.[247]

---

243 Siehe *Cour de Cassation* (Frankreich), 19.04.2005, 02-16844, abrufbar unter https://www.legifrance.gouv.fr/affichJuriJudi.do?oldAction=rechJuriJudi&idTexte=JURITEXT000007489951&fastReqId=159268058&fastPos=1, zuletzt abgerufen am 26.06.2019.

244 *Cour de Cassation* (Frankreich), 19.04.2005, 02-16844.

245 So geht auch wohl der *Conseil d'état* von der Erforderlichkeit einer vertraglichen Vereinbarung aus, siehe Conseil d'état, L'implantation des organisations internationales sur le territoire de français, Étude adoptée par l'Assemblée générale du Conseil d'État le 19 juillet 2007, S. 29. Siehe auch *Bastid Burdeau*, in: Reinisch (Hrsg.), The Privileges and Immunities of International Organizations in Domestic Courts, S. 107 f.

246 Siehe *Council of State* (Griechenland), ILDC 1597 (GR 2007).

247 Siehe *Council of State* (Griechenland), ILDC 1597 (GR 2007), Abs. 4.

Dass sich das Gericht einer gewohnheitsrechtlich anerkannten Regelung zur Auslegung der vertraglichen Grundlage bediente, spricht für die Annahme einer gewohnheitsrechtlich geltenden Regelung. Griechenland ist Sitz- und Mitgliedstaat des MAICH.[248]

f. Israel

Ein israelisches Gericht hatte 2007 über eine Berufung zu entscheiden, die den Umfang der Immunität der Organisation der UN zur Überwachung des Waffenstillstands (*United Nations Truce Supervision Organization*, UNTSO) betraf.[249] Die UNTSO ist eine Friedensmission der UN mit Hauptquartier in Jerusalem.[250] In seinen Ausführungen trennte das Gericht zwischen der Staatenimmunität auf gewohnheitsrechtlicher Grundlage sowie der Immunität der UN auf vertraglicher Grundlage.[251] Das Gericht sah lediglich die vertraglichen Regelungen als maßgeblich an und definierte den Umfang der Immunität auf dieser Grundlage.[252] Dies spricht gegen die Annahme einer gewohnheitsrechtlichen Regelung für internationale Organisationen.

g. Italien

In früheren Urteilen erkennen die italienischen Gerichte die Immunität internationaler Organisationen auf gewohnheitsrechtlicher Grundlage regelmäßig an.[253] Zum Teil nahmen sie dabei eine mit der Völkerrechtspersönlichkeit einhergehende Immunität an.[254]

So entschied der *Corte Suprema di Cassazione*, das höchste ordentliche Gericht Italiens, im Jahr 1931, dass die Völkerrechtspersönlichkeit des *International Institute of Agriculture* (IIA) die Anwendbarkeit nationalen Rechts und

---

248 Siehe unter http://www.maich.gr/en/about, zuletzt abgerufen am 26.06.2019.

249 Siehe Malhawas v United Nations Truce Supervision Organization and Attorney General (intervening), Appeal Decision, PLA 3093/07, 15th August 2007, District Court, ILDC 1070 (IL 2007).

250 Siehe unter http://untso.unmissions.org, zuletzt abgerufen am 26.06.2019.

251 Siehe *District Court* (Israel), ILDC 1070 (IL 2007), Abs. 11.

252 Siehe *District Court* (Israel), ILDC 1070 (IL 2007), Abs. 10.

253 Siehe bspw. *Tribunal of Florence* (Italien), in: 22 ILR 758; *Court of Cassation* (Italien), in: 22 ILR 756; *Court of Cassation* (Italien), in: 87 ILR 1; *Court of Cassation* (Italien), in: 87 ILR 21.

254 Siehe bspw. *Court of Cassation* (Italien), in: 5 ILR 413; *Tribunal of Florence* (Italien), in: 22 ILR 758.

damit eine Einmischung der Staaten in Angelegenheiten der Organisation ausschließe.[255] Italien war Gründungsmitglied und Sitzstaat des IIA.[256]

Auch 23 Jahre später hielt das *Tribunale di Firenze*, ein erstinstanzliches Gericht, die Frage nach der Völkerrechtspersönlichkeit der Alliierten Streitkräfte Südeuropas (*Allied Forces Southern Europe*, AFSOUTH), einem ehemaligen Kommandobereich der NATO mit Sitz im Mitgliedstaat Italien,[257] für maßgeblich mit Blick auf die Möglichkeit der Ausübung der italienischen Gerichtsgewalt.[258] Im Ergebnis verneinte das Gericht seine Gerichtsbarkeit aufgrund der Völkerrechtspersönlichkeit der AFSOUTH.[259] Im darauffolgenden Jahr bestätigte der *Corte d'Appello di Firenze* die Entscheidung.[260]

Weitaus häufiger als eine mit der Völkerrechtspersönlichkeit einhergehende Immunität nahmen die italienischen Gerichte in der früheren Rechtsprechung jedoch eine abgeleitete Staatenimmunität an.[261]

So sprach der *Corte Suprema di Cassazione* in einem Urteil im Jahr 1954 von der Souveränität der NATO im Zusammenhang mit einer Klage gegen das Hauptquartier Südeuropa.[262] Dementsprechend unterschied der Gerichtshof auch zwischen *acta iure imperii* und *acta iure gestionis* und gewährte im Ergebnis auf Grund des Privatrechtscharakters des Streits keine Immunität.[263]

---

255 *Court of Cassation* (Italien), in: 5 ILR 413, 415.

256 Siehe das Übereinkommen zur Gründung des IIA, abrufbar unter https://www.loc.gov/law/help/us-treaties/bevans/m-ust000001-0436.pdf, zuletzt abgerufen am 26.06.2019.

257 Siehe unter https://www.jfcnaples.nato.int/page6322744/brief-overview, zuletzt abgerufen am 26.06.2019.

258 Siehe *Tribunal of Florence* (Italien), in: 22 ILR 758 ff.

259 Siehe *Tribunal of Florence* (Italien), in: 22 ILR 758.

260 *Court of Appeals of Florence* (Italien), in: Vorking/Hakuta (Hrsg.), Lawsuits against international organizations, S. 14 f.

261 Siehe bspw. *Court of Cassation* (Italien), in: 22 ILR 756; *Court of Cassation* (Italien), in: 77 ILR 572; *Court of Cassation* (Italien), in: 87 ILR 1.

262 Siehe *Court of Cassation* (Italien), in: 22 ILR 756 f.: „The North Atlantic Treaty Organization – which is a union of various States […] The North Atlantic Treaty Organization is, therefore, a subject of international law, and it is autonomous with respect to each and all of the member countries. Therefore none of the members – one of which is Italy – may interfere with the activities of the North Atlantic Treaty Organization; the member States cannot exercise judicial functions with regard to any public law activity of the North Atlantic Treaty Organization connected with its organizations or with regard to acts performed on the basis of its sovereignty."

263 Siehe *Court of Cassation* (Italien), in: 22 ILR 756 f.

Auch in einem Urteil aus dem Jahr 1969 erkannte ein erstinstanzliches Gericht eine gewohnheitsrechtliche Immunität internationaler Organisationen im Rahmen von *acta iure imperii* grundsätzlich an.[264] Im Ergebnis stützte das Gericht die Immunität der FAO aber auf eine entsprechende Regelung in der Sitzstaatsvereinbarung zwischen der Organisation und Italien, die jedoch nach Ansicht des Gerichts Gewohnheitsrecht widerspiegele.[265] Italien ist Mitglied der FAO.[266]

Ähnlich äußerte sich der *Corte Suprema di Cassazione* im Jahr 1975 in einer Entscheidung zum Umfang der Immunität des Zwischenstaatlichen Komitees für Europäische Auswanderung.[267] Der Gerichtshof sah den Umfang der in der Sitzstaatvereinbarung gewährten Immunität in Einklang mit einer gewohnheitsrechtlichen Regelung begrenzt auf *acta iure imperii*.[268] Auch hier ist zu beachten, dass eine vertragliche Regelung existierte, zu deren Auslegung sich das Gericht aber auf eine gewohnheitsrechtliche Regelung bezog.

Sieben Jahre später lehnte der Gerichtshof im Einklang hierzu die Immunität der FAO im Rahmen einer mietrechtlichen Klage ab, da es sich bei dem Abschluss eines Mietvertrages nicht um eine hoheitliche Maßnahme der FAO handele.[269]

Ähnlich äußerte sich der Gerichtshof 1985 auch in einer Entscheidung[270] betreffend eine Klage gegen das *Istituto Italo Latino Americano*. Stehe die Völkerrechtspersönlichkeit fest, so sei unabhängig von der Existenz einer vertraglichen Regelung die Immunität aufgrund der gewohnheits-rechtlichen Regelung *par in parem non habet jurisdictionem* gegeben.[271]

In jüngeren Urteilen weicht der *Corte Suprema di Cassazione* jedoch ausdrücklich von seiner bisherigen Rechtsprechung ab.

In einem Urteil aus dem Jahr 2005 stellte er fest, dass nicht sicher sei, ob die gewohnheitsrechtliche Regelung *par in parem non habet jurisdictionem* auf internationale Organisationen anwendbar sei.[272] Die Existenz und der Umfang der Immunität internationaler Organisationen ergäben sich allein aus einer etwaigen

---

264 Siehe *Rome Court of first instance* (Italien), in: UN Juridical Yearbook 1969, 238 f.

265 Siehe *Rome Court of first instance* (Italien), in: UN Juridical Yearbook 1969, 238 f.

266 Siehe unter http://www.fao.org/legal/home/fao-members/en/, zuletzt abgerufen am 26.06.2019.

267 Siehe *Court of Cassation* (Italien), in: 77 ILR 572.

268 Siehe *Court of Cassation* (Italien), in: 77 ILR 572 ff.

269 Siehe *Court of Cassation* (Italien), in: 87 ILR 1, 9.

270 *Court of Cassation* (Italien), in: 87 ILR 21.

271 *Court of Cassation* (Italien), in: 87 ILR 21, 26.

272 Siehe *Court of Cassation* (Italien), ILDC 297 (IT 2005), Abs. 9.

vertraglichen Regelung.[273] Deswegen gewährte der Gerichtshof dem Europäischen Hochschulinstitut (*European University Institute*, EUI) im Ergebnis nur auf Grundlage entsprechender vertraglicher Regelungen im Gründungsvertrag und in der Sitzstaatvereinbarung Immunität.[274]

Zwei Jahre später bestätigte der *Corte Suprema di Cassazione* seine neue Rechtsprechung in Bezug auf das Institut für Pflanzengenetische Ressourcen (*International Plant Genetic Resources Institute*, IPGRI[275]).[276] Im Ergebnis gewährte der Gerichtshof dem IPGRI jedoch trotz Vorhandenseins einer vertraglichen Grundlage aus anderen Gründen keine Immunität.[277] Italien war nicht nur Sitz-, sondern auch Mitgliedstaat des IPGRI.[278]

Gehen die italienischen Gerichte in der früheren Rechtsprechung noch von einer abgeleiteten Staatenimmunität bzw. einer mit der Rechtspersönlichkeit einhergehenden Immunität internationaler Organisationen aus, weicht die jüngere höchstrichterliche Rechtsprechung ausdrücklich davon ab und erwägt eine Gewährung von Immunität nur auf Basis des Vertragsrechts. Die Praxis Italiens kann folglich nicht mehr für die Annahme einer Immunität internationaler Organisationen auf gewohnheitsrechtlicher Grundlage herangezogen werden.

h. Kanada

Der kanadische *Supreme Court*, das höchste kanadische Gericht, sprach sich in einem Urteil[279] von 2013 ausdrücklich gegen die Existenz einer gewohnheitsrechtlichen Regelung aus:

---

273 *Court of Cassation* (Italien), ILDC 297 (IT 2005), Abs. 9.

274 Siehe *Court of Cassation* (Italien), ILDC 297 (IT 2005), Abs. 11 ff.

275 Das IPGRI ist heute bekannt unter dem Namen Bioversity International, siehe unter http://www.bioversityinternational.org/about-us/who-we-are/history/, zuletzt abgerufen am 26.06.2019.

276 Siehe *Court of Cassation* (Italien), ILDC 827 (IT 2007), Abs. 6.3.

277 Siehe *Court of Cassation* (Italien), ILDC 827 (IT 2007), Abs. 6.4 ff.

278 Zur Mitgliedschaft Italiens siehe Agreement on the establishment of the International Plant Genetic Resources Institute, abrufbar unter https://library.cgiar.org/bitstream/handle/10947/145/ipgri003eng.pdf?sequence=1, zuletzt abgerufen am 26.06.2019; zum Sitz in Italien siehe Agreement between the Italian Republic and the International Plant Genetic Resources Institute (IPGRI) regarding the headquarters seat of IPGRI, abrufbar unter http://library.cgiar.org/bitstream/handle/10947/128/ipgri012ita.pdf?sequence=1, zuletzt abgerufen am 26.06.2019.

279 *Supreme Court of Canada* (Kanada), 2013 SCC 66, [2013] 3 S.C.R. 866.

> „In the case of international organizations, unlike that of states, the prevailing view at present is that no rule of customary law confers immunity on them. […] Such immunities and privileges are created through a complex interplay of international agreements and the national law of the host state.“[280]

Um den Umfang der Immunität zu bestimmen, bezog sich der Gerichtshof in seinen weiteren Ausführungen ausschließlich auf eine Auslegung der vorhandenen vertraglichen und innerstaatlichen Regelungen zur Immunität.[281] Die Entscheidung betraf die Nordwestatlantische Fischereiorganisation, dessen Sitz- und Mitgliedstaat Kanada ist.[282]

Die Ausgestaltung des *Foreign Missions and International Organizations Act*[283] (FMIOA) unterstützt diese Ansicht, indem es der Regierung überlassen bleibt, bestimmte internationale Organisationen auf Grundlage des FMIOA zu berechtigen:

> „The Governor in Council may, by order, provide that […] an international organization shall, to the extent specified in the order, have the privileges and immunities set out in Articles II and III of the Convention on the Privileges and Immunities of the United Nations, set out in Schedule III […]. “[284]

In der kanadischen Praxis lassen sich keine Anhaltspunkte für die Anerkennung einer auf Gewohnheitsrecht basierten Immunität finden.

i. Kenia

Der *Appeal Court*, das höchste Gericht Kenias, gab 1999 einer Berufung statt, die die Immunität der *Eastern and Southern Africa Trade and Development Bank* für wirtschaftliche Tätigkeiten zum Gegenstand hatte.[285] Der Gerichtshof billigte der Bank zwar auf völkervertraglicher Grundlage sowie auf Grundlage des *Privileges and Immunities Act*[286] grundsätzlich Immunität zu, führte jedoch aus, dass die Gewährung absoluter Immunität im Widerspruch zum gegenwärtig geltenden

---

280 *Supreme Court of Canada* (Kanada), 2013 SCC 66, [2013] 3 S.C.R. 866, Abs. 29.

281 Siehe *Supreme Court of Canada* (Kanada), 2013 SCC 66, [2013] 3 S.C.R. 866, Abs. 31 ff.

282 Siehe Convention on future multilateral co-operation in the Northwest Atlantic fisheries, UNTS Vol. 1135 (1979), 369.

283 Abrufbar unter http://laws-lois.justice.gc.ca/PDF/F-29.4.pdf, zuletzt abgerufen am 26.06.2019.

284 § 5 Abs. 1 FMIOA.

285 Siehe *Court of Appeal* (Kenia), ILDC 1283 (KE 1999).

286 Abrufbar unter http://kenyalaw.org/kl/fileadmin/pdfdownloads/Acts/Privilegesand-ImmunitiesActCap179.pdf, zuletzt abgerufen am 26.06.2019.

Völkerrecht stehe.[287] In seiner Erläuterung stellt der Gerichtshof auf die Entwicklung der Staatenimmunität von einer absoluten hin zu einer eingeschränkten ab.[288] Das Gericht stützte die Immunität zwar auf eine vertragliche Grundlage, bediente sich aber einer Norm des Gewohnheitsrechts zur Bestimmung des Umfangs. Es scheint davon auszugehen, dass der völkergewohnheitsrechtliche Grundsatz der Staatenimmunität auf internationale Organisationen anwendbar ist. Kenia ist Mitglied der *Eastern and Southern Africa Trade and Development Bank*, welche auch ein Büro in Nairobi unterhält.[289] Das Urteil spricht folglich für die Annahme einer gewohnheitsrechtlichen Regelung, da deren Existenz mit entscheidungserheblich war.

Der bereits erwähnte *Privileges and Immunities Act* erfordert demgegenüber eine gesonderte Anordnung, um Geltung für eine internationale Organisation zu erlangen.[290] Dies spricht wiederum gegen eine allgemeine Anerkennung der Immunität internationaler Organisationen. Die Praxis Kenias kann deswegen als uneinheitliche Praxis nicht dem Nachweis einer entsprechenden Regelung dienen.

j. Malaysia

Ein malaysisches Gericht griff in einer Entscheidung aus dem Jahr 1987, mangels geltender vertraglicher Regelung, auf die gewohnheitsrechtlich geltenden Regelungen zur Staatenimmunität zurück und verneinte die Immunität des Internationalen Zinnrates (*International Tin Council*, ITC) im konkreten Fall, da er wirtschaftlich und nicht hoheitlich handelte.[291] Das Gericht wandte also die Regelungen zur Staatenimmunität auf internationale Organisationen an, so dass es eine Geltung gewohnheitsrechtlicher Regelungen für internationale Organisationen annimmt. Malaysia war Mitgliedstaat des ITC.[292]

---

287 Siehe *Court of Appeal* (Kenia), ILDC 1283 (KE 1999), Abs. 49 ff.

288 Siehe *Court of Appeal* (Kenia), ILDC 1283 (KE 1999), Abs. 55.

289 Siehe unter http://www.ptabank.org/index.php/bank-profile#.V4jvpUuQBvY, zuletzt abegrufen am 18.12.2017.

290 Siehe Section 9: „[…] This section shall apply to an organization which the Minister may, by order, declare to be an organization of which Kenya, or the Government, an one or more foreign sovereign powers, or the government or governments thereof are members. […] The Minister may, by order […] provide that an organization to which this section applies […] shall, to the extent specified in the order, have the immunities and privileges set out in Part I of the Fourth Schedule […]."

291 Siehe *High Court* (Malaysia), in: 80 ILR 24, 29 f.

292 Siehe unter https://treaties.un.org/Pages/showDetails.aspx?objid=0800000280127e51, zuletzt abgerufen am 26.06.2019.

k. Mexiko

Im Jahr 1954 verneinte der *Suprema Corte de Justicia de la Nación*, das höchste Gericht Mexikos, die Zuständigkeit eines Schiedsgerichts, welches zuvor die Wirtschaftskommission für Lateinamerika[293] der UN zu einer Zahlung an einen Angestellten verurteilt hatte.[294] Zur Begründung führte der Gerichtshof an, dass sich die Kommission nicht der Gerichtsbarkeit des Schiedsgerichts unterworfen habe und im vorliegenden Fall Immunität auf völkerrechtlicher Grundlage genieße.[295] Mexiko ist Sitz- und Mitgliedstaat der ECLAC.[296] Aus der von den UN veröffentlichten Zusammenfassung geht jedoch nicht hervor, ob sich der Gerichtshof auf eine völkergewohnheitsrechtliche Grundlage bezieht, sodass das Urteil nicht als Nachweis einer entsprechenden Regelung herangezogen werden kann.

l. Niederlande

In einem Urteil von 1984 entschied das Bezirksgericht *Rechtbank Maastricht*, dass Eurocontrol auf Grundlage einer gewohnheitsrechtlichen Regelung Immunität besitze.[297] Das Gericht gewährte trotz Fehlens einer ausdrücklichen vertraglichen Grundlage Immunität, da die Mitgliedstaaten einen Teil ihrer Souveränität auf Eurocontrol übertragen hätten.[298] Das Gericht nahm demnach eine abgeleitete Staatenimmunität an. Die Niederlande sind Eurocontrol-Gründungsmitglied und beherbergen eine Kontrollzentrale in Maastricht.[299]

---

293 Heute bekannt unter dem Namen Wirtschaftskommission für Lateinamerika und die Karibik (*Economic Commission for Latin America and the Caribbean*, ECLAC), siehe unter http://www.cepal.org/en/about, zuletzt abgerufen am 26.06.2019.

294 Siehe *Supreme Court* (Mexiko), in: UN, Annual Report of the Secretary General 1954, 105 f.

295 Siehe *Supreme Court* (Mexiko), in: UN, Annual Report of the Secretary General 1954, 105 f.

296 Zur Mitgliedschaft Mexikos siehe unter http://www.cepal.org/en/estados-miembros, zuletzt abgerufen am 26.06.2019; zum Sitz in Mexiko siehe unter http://www.cepal.org/en/about, zuletzt abgerufen am 26.06.2019.

297 Siehe *District Court of Maastricht* (Niederlande), in: NYIL 13 (1985), 464, 470.

298 Siehe *District Court of Maastricht* (Niederlande), in: NYIL 13 (1985), 464, 470.

299 Zur Mitgliedschaft der Niederlande siehe unter https://treaties.un.org/Pages/showDetails.aspx?objid=080000028012ec57, zuletzt abgerufen am 26.06.2019; zur Kontrollzentrale in den Niederlanden siehe unter https://www.eurocontrol.int/muac, zuletzt abgerufen am 26.06.2019.

Auch der *Hoge Raad der Nederlanden*, das höchste ordentliche Gericht, gewährte im darauffolgenden Jahr dem *Iran-United States Claims Tribunal* mangels entsprechender vertraglicher Regelung auf Grundlage des Gewohnheitsrechts Immunität.[300] Im Gegensatz zur *Rechtbank Maastricht* trennte der *Hoge Raad der Nederlanden* in diesem Urteil zwischen der Staatenimmunität und der Immunität internationaler Organisationen.[301] Er ging folglich von einer eigenständigen gewohnheitsrechtlichen Regelung aus, die seiner Ansicht nach jedenfalls den Sitzstaat einer internationalen Organisation bindet.[302] Das *Iran-United States Claims Tribunal* hat seinen Sitz in den Niederlanden.

Bestätigt hat der *Hoge Raad de Nederlanden* diese Rechtsprechung 2007 in einer Entscheidung, die die Europäische Atomgemeinschaft (EURATOM) betraf.[303] Die Niederlande sind Sitz- und Mitgliedstaat von EURATOM.[304]

Die niederländische Staatenpraxis spricht folglich für die Annahme einer gewohnheitsrechtlichen Grundlage für die Immunität internationaler Organisationen, zumindest in deren Sitz- oder Mitgliedstaat.[305]

m. Österreich

In einem Beschluss von 2004 wies der Verfassungsgerichtshof in Österreich eine Beschwerde, mit der die Aufhebung einer Entscheidung der Schiedsinstanz für Naturalrestitution begehrt wurde, ab.[306] Der Gerichtshof stützte dies allerdings nicht auf die in der Stellungnahme des Bundeskanzleramt-Verfassungsdienstes angeführten Argumente zur Existenz einer gewohnheitsrechtlich geltenden Immunität zwischenstaatlicher Einrichtungen.[307] Er stellte vielmehr

---

300 Siehe *Supreme Court* (Niederlande), ILDC 1759 (NL 1985), Abs. 3.3.4.

301 Siehe *Supreme Court* (Niederlande), ILDC 1759 (NL 1985), Abs. 3.3.1.

302 Siehe *Supreme Court* (Niederlande), ILDC 1759 (NL 1985), Abs. 3.3.4.

303 Siehe *Supreme Court* (Niederlande), ILDC 838 (NL 2007), Abs. 24.

304 Zur Mitgliedschaft der Niederlande siehe unter https://treaties.un.org/Pages/showDetails.aspx?objid=080000028014143e, zuletzt abgerufen am 26.06.2019; zum Sitz in den Niederlanden siehe Agreement between the Kingdom of the Netherlands and the European Atomic Energy Comunity (EURATOM) regarding the installation at Petten of an Establishment of the Joint Nuclear Research Centre, UNTS Vol. 462 (1963), 280.

305 Siehe auch *van Alebeek/Nollkaemper*, in: Reinisch (Hrsg.), The Privileges and Immunities of International Organizations in Domestic Courts, S. 188.

306 *Constitutional Court* (Österreich), ILDC 140 (AT 2004).

307 Der Gerichtshof zitiert die entsprechenden Passagen der Stellungnahme in seinem Urteil, siehe *Constitutional Court* (Österreich), ILDC 140 (AT 2004), Abschn. III. Abs. 1.: „Es bedarf daher im vorliegenden Fall an sich keiner weiteren Untersuchung […], weil die allgemeinen Regeln des Völkerrechts […] in Bezug auf die

auf die Rechtsnatur der angefochten Entscheidung ab, der nicht die erforderliche Bescheidqualität im Sinne von Art. 144 Abs. 1 S. 1 B-VG zukomme und sah deswegen die Prozessvoraussetzungen nicht als erfüllt an.[308] Das Urteil kann somit nicht dem Nachweis einer gewohnheitsrechtlichen Regelung dienen. Die Schiedsinstanz beruht auf einem Vertrag zwischen den Vereinigten Staaten von Amerika und Österreich und hat ihren Sitz in Wien.[309]

n. *Russische Föderation*

Gemäß Art. 401 Nr. 3 des *Civil Procedure Code*[310] unterliegen internationale Organisationen in Russland, innerhalb der durch völkerrechtlichen Vertrag oder nationales Recht gesetzten Grenzen, der nationalen Gerichtsbarkeit. Der Umfang der Immunität einer internationalen Organisation ergibt sich demnach aus dem jeweiligen Vertragswerk oder bestimmt sich nach entsprechendem nationalen Recht.

Diese Auslegung wird unterstützt durch die höchstrichterliche Rechtsprechung. So urteilte das höchste Gericht Russlands, dass die *Eurasian Development Bank*, welche in ihrem Gründungsstaat Russland eine Niederlassung unterhält,[311] nur insoweit Immunität genieße, wie ihr durch den Gründungsvertrag eingeräumt worden sei.[312] Die Praxis Russlands spricht folglich gegen die Existenz einer gewohnheitsrechtlich basierten Immunität internationaler Organisationen.

Schiedsinstanz als zwischenstaatliche Einrichtung zum Tragen kommen. Die österreichischen Staatsorgane haben die transformierten Regeln des Völkerrechts nach Maßgabe ihrer Zuständigkeit einzuhalten und zu vollziehen […] und damit die Immunität der Schiedsinstanz gegenüber österreichischen Behörden und Gerichten zu respektieren."

308 *Constitutional Court* (Österreich), ILDC 140 (AT 2004), Abschn. III, Abs. 2.

309 Siehe Agreement between the Austrian Federal Government and the Government of the United States of America concerning the settlement of issues of compensation and restitution for victims of national socialism, UNTS Vol. 2170 (2001), 279.

310 Abrufbar unter http://www.wipo.int/edocs/lexdocs/laws/en/ru/ru081en.pdf, zuletzt abgerufen am 26.06.2019.

311 Zur Mitgliedschaft Russlands siehe unter https://treaties.un.org/Pages/showDetails.aspx?objid=08000002803ccb6b, zuletzt abgerufen am 26.06.2019; zur Niederlassung in Russland siehe unter https://eabr.org/en/contacts/, zuletzt abgerufen am 26.06.2019.

312 *Supreme Court* (Russische Föderation), ILDC 1559 (RU 2010), Abs. 7.

o. Schweiz

Das Bundesgericht, das oberste schweizerische Gericht, sprach sich 1992 in einer Entscheidung ausdrücklich gegen die Existenz einer gewohnheitsrechtlichen Regelung zur Immunität internationaler Organisationen aus.[313] Da internationalen Organisationen keine umfassende Völkerrechtspersönlichkeit zukomme, erfordere die Immunität stets eine vertragliche Grundlage.[314] Hier existierte eine entsprechende Sitzstaatvereinbarung, so dass das Gericht der Europäischen Organisation für Kernforschung (CERN) im Ergebnis Immunität gewährte.[315] Die Schweiz ist nicht nur Sitz-, sondern auch Mitgliedstaat von CERN.[316]

Abweichend äußerte sich das *Tribunal des prud'hommes* in Genf, ein schweizerisches Arbeitsgericht, 1993 in einer Entscheidung zur Immunität der ständigen Vertretung der Liga der arabischen Staaten bei den UN.[317] Das Gericht gewährte trotz Fehlens einer Sitzstaatvereinbarung Immunität.[318] Internationalen Organisationen komme auf Grundlage des Gewohnheitsrechts eine absolute Immunität zu.[319] Das Gericht führte weiter aus, dass ein Staat, auch wenn er nicht Mitglied einer internationalen Organisation sei, aber diplomatische Beziehungen zu ihr aufnehme oder eine Vertretung oder Aktivität der Organisation auf dem eigenen Territorium dulde, ihr Immunität gewähren müsse.[320] Das Bundesgericht ließ die Frage nach einer gewohnheitsrechtlichen Immunität im weiteren Verfahrensverlauf bewusst offen.[321] Das Gericht verneinte die Existenz nicht, stützte die Immunität im Ergebnis aber auf einen internen einseitigen Rechtsakt seitens der Schweiz.[322]

Zwar gewährte das Genfer *Tribunal des prud'hommes* der ständigen Vertretung der Liga der Arabischen Staaten trotz Fehlens einer Sitzstaatvereinbarung Immunität. Die höchstrichterliche Rechtsprechung steht der Anerkennung der Immunität internationaler Organisationen auf gewohnheitsrechtlicher Grundlage jedoch kritisch gegenüber. Eine allgemeine Anerkennung der Immunität

---

313 Siehe *Schweizerisches Bundesgericht* (Schweiz), BGE 118, Band Ib 562.

314 *Schweizerisches Bundesgericht* (Schweiz), BGE 118, Band Ib 562, 564.

315 Siehe *Schweizerisches Bundesgericht* (Schweiz), BGE 118, Band Ib 562, 566 ff.

316 Zur Mitgliedschaft der Schweiz siehe unter https://treaties.un.org/Pages/showDetails.aspx?objid=080000028014bbfd, zuletzt abgerufen am 26.06.2019.

317 Siehe *Labour Court of Geneva* (Schweiz), in: 116 ILR 643.

318 Siehe *Labour Court of Geneva* (Schweiz), in: 116 ILR 643, 644 ff.

319 Siehe *Labour Court of Geneva* (Schweiz), in: 116 ILR 643, 647.

320 Siehe *Labour Court of Geneva* (Schweiz), in: 116 ILR 643, 648.

321 Siehe *Schweizerisches Bundesgericht* (Schweiz), in: IPRax 19 (1999), 257, 259.

322 Siehe *Schweizerisches Bundesgericht* (Schweiz), in: IPRax 19 (1999), 257, 259.

internationaler Organisationen lässt sich in der Rechtsprechungspraxis der Schweiz deswegen nicht ausmachen.

p. Vereinigtes Königreich

Der *Court of Appeal*, das zweithöchste englische Gericht, hatte 1940 über die Zulässigkeit einer Klage gegen das *Intergovernmental Committee on Refugees* zu entscheiden.[323] Es gewährte dem Komitee Immunität und verneinte die Zulässigkeit mit folgender Begründung:

> „[...] in so far as the agreement was alleged to have been made with the Inter-Governmental Committee, which would naturally be taken to be a committee of representatives of sovereign States, it was an action against sovereign States and was bound to fail."[324]

Das Gericht verstand eine internationale Organisation als Zusammenschluss souveräner Staaten und ging deswegen von einer abgeleiteten Staatenimmunität aus. Großbritannien war Mitglied und Sitzstaat des Komitees.[325]

Im Gegensatz dazu sprach sich der *Commercial Court*, eine Untergliederung des *High Courts of Justice*, welcher in Großbritannien zu den obersten Gerichten zählt, in einem jüngeren Urteil von 1986 gegen eine abgeleitete Immunität des ITC aus:

> „[...] international organisations such as the I.T.C. [International Tin Council] have never so far as I know been recognised at common law as entitled to sovereign status. They are accordingly entitled to no sovereign or diplomatic immunity in this country save where such immunity is granted by legislative instrument, and then only to the extent of such grant."[326]

Im Ergebnis gewährte das Gericht trotz einer entsprechenden Regelung in der Sitzstaatvereinbarung keine Immunität, da es eine Vereinbarung der Organisation mit der betroffenen Bank, die im Streitfall eine Unterwerfung unter die englische Gerichtsbarkeit vorsah, als Immunitätsverzicht interpretierte. Das Vereinigte Königreich war auch Mitgliedstaat des ITC.[327]

Auch hier geht das weitaus ältere Urteil von einer abgeleiteten Staatenimmunität aus, während das jüngere Urteil eine solche ablehnt.

---

323 Siehe *Court of Appeal* (Vereinigtes Königreich), in: 11 AD 205.

324 *Court of Appeal* (Vereinigtes Königreich), in: 11 AD 205, 206.

325 Siehe *Court of Appeal* (Vereinigtes Königreich), in: 11 AD 205 f.

326 *High Court* (Vereinigtes Königreich), in: WLR 1987 (Vol. 1), 641, 647 f.

327 Siehe unter https://treaties.un.org/Pages/showDetails.aspx?objid=080000028002b213, zuletzt abgerufen am 26.06.2019.

Der *International Organizations Act 1968*[328] unterstützt letztere Ansicht, da er internationale Organisationen, zu deren Mitgliedstaaten das Vereinigte Königreich gehört, nicht grundsätzlich von der nationalen Gerichtsbarkeit befreit.[329] Die Entscheidung darüber, wer in den Genuss der dort normierten Privilegien und Immunitäten gelangt, behält sich die Regierung vor:

> „This section shall apply to any organisation declared by Order in Council to be an organisation of which […] the United Kingdom, or her Majesty's Government in the United Kingdom […] are members. […] Her Majesty may by Order in Council made under this subsection specify an organisation to which this section applies and make any one or more of the following provisions in respect of the organisation so specified […] that is to say […] provide that the organisation shall, to such extent as may be specified in the Order, have the privileges and immunities set out in Part I of Schedule 1 to the Act […]"[330]

Insgesamt kann die Praxis des Vereinigten Königreichs, da sie jedenfalls nicht einheitlich ist, nicht für den Nachweis einer allgemein anerkannten Immunität internationaler Organisationen herangezogen werden.

q. Vereinigte Staaten

In einem Fall aus dem Jahr 1978 hatte der *District of Columbia Court of Appeals*, das oberste Gericht im *District of Columbia*, über die Zulässigkeit einer Klage gegen die Internationale Fernmelde-satellitenorganisation (*International Telecommunications Satellite Organization*, INTELSAT) zu entscheiden.[331] Zwar gewährte das Gericht Immunität, obwohl zum Zeitpunkt der streitigen Entlassung eines Arbeitnehmers keine geschriebene Grundlage existierte.[332] Das Gericht stellte für die Beurteilung aber auf den Zeitpunkt der Klageerhebung ab.[333] Zum Zeitpunkt der Klageerhebung genoss die INTELSAT aufgrund des *United States International Organizations Immunities Act*[334] (IOIA) Befreiung

328 Abrufbar unter http://www.legislation.gov.uk/ukpga/1968/48, zuletzt abgerufen am 26.06.2019.

329 So auch *Sarooshi/Tzanakopoulos*, in: Reinisch (Hrsg.), The Privileges and Immunities International Organizations in Domestic Courts, S. 290.

330 Section 1 International Organisations Act 1968.

331 Siehe *Court of Appeals for the District of Columbia* (Vereinigte Staaten), in: 63 ILR 191.

332 Siehe *Court of Appeals for the District of Columbia* (Vereinigte Staaten), in: 63 ILR 191, 193.

333 Siehe *Court of Appeals for the District of Columbia* (Vereinigte Staaten), in: 63 ILR 191, 193.

334 Abrufbar unter http://uscode.house.gov/statviewer.htm?volume=59&page=669, zuletzt abgerufen am 26.06.2019.

von der Gerichtsbarkeit.[335] Die Vereinigten Staaten von Amerika sind sowohl Sitz- als auch Mitgliedstaat der Organisation.[336]

1983 äußerte sich der *United States Court of Appeals, District of Columbia Circuit*, das Bundesberufungsgericht des *District of Columbia*, in einer Entscheidung, die die Internationale Bank für Wiederaufbau und Entwicklung (*International Bank for Reconstruction an Development*, IBRD) betraf, wie folgt:

> „One of the most important protections granted to international organizations is immunity from suits by employees of the organization in actions arising out of the employment relationship. Courts of several nationalities have traditionally recognized this immunity, and it is now an accepted doctrine of customary international law."[337]

Das Gericht nutzte diese Ausführungen zwar lediglich zur Interpretation des Umfangs eines Immunitätsverzichts der IBRD, die grundsätzlich auf Grundlage des IOIA Immunität genoss.[338] Dennoch kommt ihnen Entscheidungsrelevanz zu, da es sich aufgrund der Anwendung als Interpretationshilfe nicht nur um ein *obiter dictum* handelt. Im Ergebnis verneinte das Gericht die Anwendbarkeit des Verzichts auf den konkreten Fall.[339] Die Vereinigten Staaten sind Sitz- und Mitgliedstaat der IBRD.[340]

In einem Urteil aus dem Jahr 1988 verneinte der *Supreme Court of the State of New York County*, das höchste Gericht im Bundesstaat New York, die Immunität des ITC.[341] Mangels Staatsqualität falle dieser nicht unter den *Foreign Sovereign Immunities Act* und mangels Mitgliedschaft der Vereinigten Staaten auch nicht unter den *International Organizations Immunities Act*.[342] Da lediglich

---

335 Siehe *Court of Appeals for the District of Columbia* (Vereinigte Staaten), in: 63 ILR 191, 193.

336 Zur Mitgliedschaft der Vereinigten Staaten siehe unter https://treaties.un.org/Pages/showDetails.aspx?objid=08000002800e8e08, zuletzt abgerufen am 26.06.2019; zum Sitz in den Vereinigten Staaten siehe Headquarters Agreement between the United States of America and the International Telecommunications Satellite Organization, UNTS Vol. 1229 (1981), 67.

337 *Court of Appeals for the District of Columbia Circuit* (Vereinigte Staaten), in: 99 ILR 92, 97.

338 Siehe *Court of Appeals for the District of Columbia Circuit* (Vereinigte Staaten), in: 99 ILR 92, 95 ff.

339 Siehe *Court of Appeals for the District of Columbia Circuit* (Vereinigte Staaten), in: 99 ILR 92, 101 f.

340 Siehe unter http://www.worldbank.org/en/about/leadership/members, zuletzt abgerufen am 26.06.2019.

341 Siehe *Supreme Court of the State of New York* (Vereinigte Staaten), in: 80 ILR 31, 33 f.

342 Siehe *Supreme Court of the State of New York* (Vereinigte Staaten), in: 80 ILR 31, 33 f.

Handelsgeschäfte betroffen seien, finde zudem die *Act of State Doctrine* keine Anwendung.[343] Folglich gewährte der Gerichtshof mangels entsprechender Grundlage hier keine Immunität.

Anders entschied 1994 der *United States District Court im District of Delaware*, ein US-amerikanisches Bundesgericht, in einem Urteil betreffend Eurocontrol.[344] Das Gericht qualifizierte Eurocontrol als juristische Person, die von mehreren unabhängigen souveränen Staaten gehalten wird und deswegen unter den *Foreign Sovereign Immunities Act* falle.[345] Dieser Entscheidung kommt für die vorliegende Fragestellung jedoch keine Aussagekraft zu, da der *District Court of Delaware* insoweit von Eurocontrol als einem Staatsunternehmen und nicht als internationale Organisation ausgeht.

Gegen die Annahme einer gewohnheitsrechtlichen Immunität spricht jedenfalls der Wortlaut des IOIA, da dieser nicht unmittelbar für jede Organisation gilt, zu deren Mitgliedstaaten die Vereinigten Staaten zählen:

> „For the purposes of this title, the term 'international organization' means a public international organization in which the United States participates pursuant to any treaty or under the authority of any Act of Congress authorizing such participation or making an appropriation for such participation, and which shall have been designated by the President through appropriate Executive order as being entitled to enjoy the privileges, exemptions, and immunities herein provided. [...]"[346]

Die zitierte Passage zeigt, dass der Präsident lediglich ermächtigt wird, bestimmte internationale Organisationen zu benennen, die auf Grundlage des IOIA berechtigt werden sollen. Dieser Umstand spricht gegen die Überzeugung, dass internationale Organisationen in ihren Mitgliedstaaten auch ohne geschriebene Regelung Immunität genießen. Im Ergebnis ist die US-amerikanische Praxis zumindest als uneinheitlich zu werten und kann nicht dem Nachweis einer gewohnheitsrechtlichen Regelung dienen.[347]

---

343 Siehe *Supreme Court of the State of New York* (Vereinigte Staaten), in: 80 ILR 31, 34.

344 Siehe *District Court for the District of Delaware* (Vereinigte Staaten), in: 107 ILR 318.

345 Siehe *District Court for the District of Delaware* (Vereinigte Staaten), in: 107 ILR 318, 327.

346 Title I Section 1 IOIA.

347 So auch *Brower*, in: Reinisch (Hrsg.), The Privileges and Immunities of International Organizations in Domestic Courts, S. 306, jedoch auch mit dem Hinweis, dass us-amerikanische Gerichte zur Bestimmung des Umfangs einer vertraglich geregelten Immunität vereinzelt auf etwaige gewohnheitsrechtliche Regelungen zurückgreifen.

r. Bewertung

Die Untersuchung der Staatenpraxis hat gezeigt, dass das Vorliegen einer gewohnheitsrechtlichen Norm, die internationalen Organisationen Immunität verleiht, keinesfalls sicher ist.[348] Die Praxis Kenias, der Schweiz, des Vereinigten Königreichs und der Vereinigten Staaten ist uneinheitlich und lässt keine Tendenz erkennen. Für die Annahme einer gewohnheitsrechtlichen Regelung, jedenfalls bezüglich der Mitgliedstaaten einer internationalen Organisation, spricht die Praxis Malaysias, der Niederlande, sowie in der Tendenz auch die Praxis Deutschlands und Griechenlands. Gegen die Annahme einer gewohnheitsrechtlichen Regelung spricht jedoch die Praxis Frankreichs, Israels, Kanadas und Russlands, in der Tendenz auch die Praxis Belgiens und Italiens. Insgesamt ist also von einer uneinheitlichen Staatenpraxis auszugehen.

Auffällig ist, dass die Gerichte vorwiegend in älteren Entscheidungen von einer gewohnheitsrechtlich anerkannten Immunität ausgehen. Häufig wird dabei jedoch eine von den Staaten abgeleitete Immunität angenommen.[349] Anknüpfungspunkt ist dabei stets eine etwaige Souveränität[350] internationaler Organisationen.[351] Fraglich ist deswegen, ob eine internationale Organisation souverän ist.[352] Spricht man von der ‚Übertragung' von Hoheitsrechten auf eine internationale Organisation, scheint die Annahme einer abgeleiteten Souveränität auf den ersten Blick nicht abwegig.[353] So könnte man annehmen, dass eine internationale Organisation im Rahmen der Wahrnehmung der ihr übertragenen,

348 Zu diesem Ergebnis kommt auch *Wood*, in: IOLR 10 (2013), 287, 312 f., der als Sonderberichterstatter der ILC mit der Identifizierung von Völkergewohnheitsrecht befasst war.

349 Siehe zur gewohnheitsrechtlich anerkannten Staatenimmunität unter Einführung, D. II.

350 Souveränität kann erfasst werden als „höchste Gewalt nach innen und Unabhängigkeit nach außen"; nach heutigem Verständnis ist die höchste Gewalt nach innen durch das Verfassungsrecht und im gewissen Umfang auch durch das Völkerrecht sowie die Unabhängigkeit nach außen durch das Völkerrecht begrenzt, *Randelzhofer*, in: Isensee/Kirchhof (Hrsg.), Handbuch des Staatsrechts, Bd. II, § 17 Rn. 23. Siehe allgemein zu den unklaren Konturen des Souveränitätsbegriffes auch *ders.* a. a. O., § 17 Rn. 1 ff.; *Besson*, in: Wolfrum (Hrsg.), MEPIL, Vol. IX, S. 374 ff., Abs. 56 ff.

351 So z. B. angenommen von *LAG Rheinland-Pfalz*, in: RGDIP 75 (1971), 712, 723, Fn. 31; *AG Bonn*, in: MDR 1962, 315; *Court of Cassation* (Italien), in: 22 ILR 756; *Court of Cassation* (Italien), in: 77 ILR 572; *Court of Cassation* (Italien), in: 87 ILR 1.

352 Siehe zur Frage, ob die Staatenimmunität zwingend an den Souveränitätsbegriff geknüpft ist sogleich unter Kapitel 1, C. II. 2. a. Da die nationalen Gerichte hier jedenfalls davon ausgehen, kann eine Beantwortung der Frage an dieser Stelle dahinstehen.

353 Siehe auch *Reinisch*, International Organizations Before National Courts, S. 245.

ehemals staatlichen Aufgaben, staatliche Souveränität besitzt. Die Übertragung hoheitlicher Aufgaben auf eine internationale Organisation führt aber gerade nicht dazu, dass der Staat seine Souveränität auf diesem Gebiet an die Organisationen abgibt.[354] Vielmehr kann der Staat aufgrund seiner Souveränität bestimmte Aufgaben und Befugnisse auf eine internationale Organisation übertragen, die diese dann als eigene Kompetenzen wahrnimmt. Deswegen ist die Organisation aber nicht, auch nicht im Rahmen der ihr übertragenen Hoheitsbefugnisse, souverän, denn letztlich ist jede Handlung zumindest mittelbar auf den Willen der Mitgliedstaaten zurückzuführen. Von ihrem Willen hängt die Existenz der Organisation insgesamt ab.[355] Eine internationale Organisation ist folglich nicht souverän und besitzt dementsprechend auch keine abgeleitete Staatenimmunität.[356] Daran anlehnend ist die im späteren Verlauf der Bearbeitung zu erörternde Frage zu beurteilen, ob eine Einschränkung der Immunität internationaler Organisationen unter Zuhilfenahme der Unterscheidung zwischen *acta iure imperii* und *acta iure gestionis* möglich ist.[357]

Ebenso ist die teilweise von den Gerichten angenommene Immunität kraft Völkerrechtspersönlichkeit angreifbar. Dieser Ansatz wird vereinzelt auch in der älteren Literatur vertreten.[358] Die Immunität sei Bedingung der Ausübung der

---

354 *Funke*, in: Schöbener (Hrsg.), Völkerrecht, S. 393. Ähnlich auch *Seidl-Hohenveldern/Loibl*, Das Recht der internationalen Organisationen, Rn. 308: „In der Praxis aber stattet ein Staat für die Dauer seiner Mitgliedschaft bei einer internationalen Organisation diese mit Rechten und Pflichten aus, die nur den Teilen einer Souveränität entsprechen, die auf das Sachgebiet der Organisation Bezug haben. Ein solcher Souveränitätssplitter ist aber wesensmäßig etwas anderes als ein prozentualer Anteil an der allmussfassenden Souveränität des betreffenden Staatens." Siehe allgemein zum Konzept der Übertragung von Hoheitsrechten *Schiffbauer*, in: AöR 141 (2016), 551 ff.

355 *Hillgruber*, in: Kempen/Hillgruber, Völkerrecht, § 6, Rn. 53. Mit Blick auf das Konzept der Übertragung von Hoheitsrechten können die Mitgliedstaaten die Hoheitsrechte in diesem Sinne „rückübertragen", siehe hierzu *Schiffbauer*, in: AöR 141 (2016), 551, 573 ff.

356 Siehe auch *Bröhmer*, in: ders. (Hrsg.), Der Grundrechtsschutz in Europa, 85, 86; ähnlich auch *Seidl-Hohenveldern/Loibl*, Das Recht der internationalen Organisationen, Rn. 0308: „In der Praxis aber stattet ein Staat für die Dauer seiner Mitgliedschaft bei einer internationalen Organisation diese mit Rechten und Pflichten aus, die nur den Teilen einer Souveränität entsprechen, die auf das Sachgebiet der Organisation Bezug haben. Ein solcher Souveränitätssplitter ist aber wesensmäßig etwas anderes als ein prozentualer Anteil an der allumfassenden Souveränität des betreffenden Staates."

357 Siehe hierzu sogleich unter Kapitel 1, C. II. 2. a.

358 Siehe bspw. *Lalive*, in: RdC 84 (1953), 291, 314, der von „les attributs naturels et indispensables" spricht. So auch *Vandersanden*, in: Bernhardt (Hrsg.), EPIL, Vol. I.,

Rechtspersönlichkeit.[359] Diese Ansicht verkennt, dass sich die jeweiligen Rechte und Pflichten einer internationalen Organisation in Abwesenheit einer vertraglichen Regelung nur aus anderen Rechtsquellen ergeben können.[360] Ob diese Rechtsquellen eine solche Immunität internationaler Organisationen kennen, ist jedoch gerade fraglich. Die Fähigkeit, Träger von Rechten und Pflichten zu sein, bestimmt nicht deren Inhalt, dies wäre ein Zirkelschluss. Allein aus der Anerkennung der Rechtspersönlichkeit kann sich die Immunität folglich nicht ergeben.

Selbst wenn man entgegen des Ergebnisses der Untersuchung das Vorliegen einer gewohnheitsrechtlichen Norm annähme, ließe sich deren Inhalt unter Zuhilfenahme der erreichbaren Staatenpraxis nicht bestimmen. So wäre keineswegs klar, wie ein entsprechender Satz des Gewohnheitsrechts, auch angesichts der großen Vielfalt internationaler Organisationen, formuliert werden würde. Klar wäre mit Blick auf die Untersuchung nur, dass diese Norm lediglich für Mitgliedstaaten Geltung beanspruchen könnte. Die Beziehung zu den Mitgliedstaaten ist jedoch regelmäßig vertraglich festgehalten. Relevant wäre eine gewohnheitsrechtliche Regelung aber gerade im Verhältnis zu Nicht-Mitgliedstaaten und mit Blick auf einen von der vertraglich gewährten Immunität abweichenden Umfang.

4. *Zwischenergebnis*

Die Analyse der außervertraglichen Staatenpraxis hat gezeigt, dass die Annahme einer gewohnheitsrechtlichen Regelung über die Immunität internationaler Organisationen zumindest zweifelhaft ist. Zwar sind entsprechende Tendenzen erkennbar, diese stoßen jedoch auch auf gegenläufige Staatenpraxis. Vielfach lässt sich die Praxis der Staatengemeinschaft weder für das Vorliegen einer solchen Regelung noch dagegen anführen. So scheint sich auch aus der verbreiteten Vertragspraxis nicht die Überzeugung entwickelt zu haben, dass die Gewährung von Immunität auch unabhängig von der vertraglichen Normierung geboten ist. Deswegen kann auch die Berücksichtigung der verbreiteten Vertragspraxis zu keinem anderen Ergebnis führen.

S. 27; *Harders*, in: Wolfrum (Hrsg.), Handbuch UN, S. 249, Rn. 5, 6. Ähnlich auch *Jenks*, International Immunities, S. 33 f., der allerdings auf die Duldung einer internationalen Organisation auf dem eigenen Territorium abstellt.

359 *Lalive*, in: RdC 84 (1953), 291, 314.

360 Siehe *Dominicé*, in: RdC 187 (1984), 145, 167; *Reinisch*, International Organizations Before National Courts, S. 248.

Weder die Vielzahl übereinstimmender Vertragsbestimmungen noch die außervertragliche Praxis noch ein Zusammenspiel dieser Aspekte lassen folglich den Rückschluss auf die Existenz einer gewohnheitsrechtlichen Regelung zu. Im weiteren Verlauf der Bearbeitung kann demnach nicht von der Existenz einer völkergewohnheitsrechtlichen Regelung zur Immunität internationaler Organisationen ausgegangen werden.

III. Der Grundsatz *pacta sunt servanda* als Grenze für die Ausübung der Gerichtsbarkeit durch die Vertragsstaaten?

Fehlt eine ausdrückliche vertragliche Regelung, ist eine Verpflichtung der Mitgliedstaaten über den in Art. 26 WÜV normierten Grundsatz[361] *pacta sunt servanda* denkbar. Demnach bindet ein in Kraft getretener Vertrag die Vertragsparteien und ist von ihnen nach Treu und Glauben zu erfüllen. Die Pflicht, den Vertrag einzuhalten, umfasst dabei aber nicht nur die geschriebenen, ausdrücklich normierten Regelungen. Die Erfüllung nach Treu und Glauben gebietet darüber hinaus, bewusstes, den Vertragszweck gefährdendes Verhalten zu unterlassen.[362] So entschied der IGH im *Nicaragua-Urteil* beispielsweise, dass der abrupte Abbruch von Handelsbeziehungen, auch ohne ausdrückliche Verpflichtung zur Aufrechterhaltung, dem Sinn und Zweck des *Treaty of Friendship, Commerce and Navigation*[363] zuwiderlaufe und somit einen Verstoß gegen den Grundsatz *pacta sunt servanda* darstelle.[364]

Fraglich ist also, ob die Ausübung der Gerichtsbarkeit eines Mitgliedstaates über eine internationale Organisation die Erreichung der Ziele des Gründungsvertrages gefährdet. Ziel eines Gründungsvertrages einer internationalen

---

361 Der Grundsatz *pacta sunt servanda* wird überwiegend als allgemeiner Rechtsgrundsatz begriffen, so bspw. *Aust*, in: Wolfrum (Hrsg.), MEPIL, Vol. VIII, S. 15, Abs. 1; *Crawford*, Brownlie`s Principles of Public International Law, S. 377.

362 *Schmalenbach*, in: Dörr/Schmalenbach (Hrsg.), The Vienna Convention on the Law of Treaties, Art. 26, Rn. 49; *Villiger*, Vienna Convention on the Law of Treaties, Art. 26, Rn. 8. Siehe hierzu auch UN, Report of the International Law Commission on the work of its eighteenth session (Doc. A/CN.4/191), YILC 1966, Vol. II, 172, 211: "Some members felt that there would be advantage in also stating that a party must abstain from acts calculated to frustrate the object and purpose of the treaty. The Commission, however, considered that this was clearly implicit in the obligation to perform the treaty in good faith and preferred to state the pacta sunt servanda rule in as simple form as possible."

363 UNTS Vol. 367 (1960), 3.

364 Siehe *ICJ*, ICJ Reports 1986, 14, Abs. 276.

Organisation ist regelmäßig die Erfüllung bestimmter, ihr übertragener Aufgaben. Voraussetzung zur Erfüllung dieser Aufgaben ist selbstverständlich die Funktionsfähigkeit der Organisation. Wie bereits dargestellt, ist Schutzrichtung der Gewährung von Immunität die Erhaltung eben jener Funktionsfähigkeit. Mit Blick auf die Gründe der Befreiung von der Gerichtsbarkeit ist die Gefährdung des Vertragszwecks durch ein entsprechendes Verhalten eines Mitgliedstaates also grundsätzlich denkbar.[365] Zu beachten ist jedoch, dass keine pauschale Aussage dahingehend getroffen werden kann, dass ein Mitgliedstaat bei Fehlen einer vertraglichen Regelung immer über den Grundsatz *pacta sunt servanda* an der Ausübung seiner Gerichtsbarkeit gehindert ist. Entscheidend ist, ob die Funktionsfähigkeit der konkreten Organisation im konkreten Fall durch die Ausübung der Gerichtsbarkeit gefährdet ist und der Mitgliedstaat entgegen Treu und Glaube die Erreichung des Vertragszwecks behindert.

IV. Zwischenergebnis

Völkerrechtsquelle der Immunität internationaler Organisationen ist bis dato lediglich das Völkervertragsrecht.[366] Die Analyse der außervertraglichen Staatenpraxis hat gezeigt, dass die Existenz einer gewohnheitsrechtlich geltenden Regelung zur Immunität internationaler Organisationen nicht angenommen werden kann. Auch die Berücksichtigung der verbreiteten Vertragspraxis führt zu keinem anderen Ergebnis, da sie lediglich unterstützend herangezogen werden kann und isoliert betrachtet keine Aussagekraft hat. Dies wird unterstützt durch den Umstand, dass der Entwurf einer allgemein verbindlichen Kodifizierung von Regelungen zur Beziehung zwischen Staaten und internationalen Organisationen durch die ILC an einer entsprechenden Dringlichkeit und am mangelnden Interesse der Staatengemeinschaft scheiterte.

Die Befreiung von der nationalen Gerichtsbarkeit der Mitgliedstaaten ist regelmäßig im Gründungsvertrag der internationalen Organisation normiert. Die oftmals sehr allgemein formulierten Klauseln finden häufig eine Konkretisierung in entsprechenden zusätzlichen multilateralen Abkommen zwischen den Mitgliedstaaten der internationalen Organisation. Zum Teil ist die Befreiung von der Gerichtsbarkeit jedoch auch nur im Gründungsvertrag der internationalen Organisation oder nur in einem multilateralen Abkommen zwischen den

---

365 Ähnlich auch *Amerasinghe,* Principles of the Institutional Law of International Organizations, S. 347 f.

366 Etwaige nationale Regelungen sind für die vorliegende Bearbeitung nur im Rahmen der Analyse der Staatenpraxis relevant.

Mitgliedstaaten der Organisation geregelt. Drittstaaten sind, auch in Ermangelung einer gewohnheitsrechtlichen Regelung, lediglich über etwaige Sitzstaatvereinbarungen an die Immunität internationaler Organisationen gebunden.

Ausgangpunkt der Ausführungen zum Umfang der Immunität internationaler Organisationen sind deswegen lediglich vertragliche Regelungen. Ungeachtet dessen hat die Untersuchung gezeigt, dass im konkreten Einzelfall ein Mitgliedstaat eine internationale Organisation trotz Fehlens einer vertraglichen Regelung über den allgemeinen Rechtsgrundsatz *pacta sunt servanda* gebunden sein kann. Denn es besteht die Möglichkeit, dass die Ausübung der Gerichtsbarkeit durch einen Mitgliedstaat in bestimmten Fällen die Erreichung des Vertragszweckes gefährdet.

C. Umfang der Immunität

Da lediglich das Völkervertragsrecht als Quelle der Immunität internationaler Organisationen in Betracht kommt, kann sich die Bestimmung des Umfangs der Immunität nur an den vertraglichen Regelungen orientieren. Auch hier sind Art. 105 UNC sowie das Übereinkommen über die Vorrechte und Immunitäten der UN aufgrund ihrer bereits erwähnten Vorbildfunktion Ausgangspunkt der Darstellung. Die folgenden Ausführungen können aber lediglich Grundsätze des Immunitätsumfangs aufzeigen, da im Einzelfall stets eine Auslegung der konkreten vertraglichen Regelung der entsprechenden internationalen Organisation erforderlich ist.[367]

I. Bestimmung des Umfangs der Immunität internationaler Organisationen am Beispiel der Charta der Vereinten Nationen in Verbindung mit dem Übereinkommen über die Vorrechte und Immunitäten der Vereinten Nationen

Gemäß Art. II Abschn. 2 CPIUN genießen die UN, soweit sie nicht im Einzelfall darauf verzichten, Immunität von der Gerichtsbarkeit ihrer Mitgliedstaaten. Dieser Artikel ist eine auf Art. 105 Abs. 3 UNC beruhende Konkretisierung des bereits erwähnten Art. 105 Abs. 1 UNC.[368] Dieser besagt, dass die UN im

367 Siehe auch *Reinisch*, in: Cogan/Hurd/Johnstone (Hrsg.), The Oxford Handbook of International Organizations, S. 1055.

368 Art. 105 Abs. 3 UNC bestimmt, dass die Generalversammlung den Mitgliedstaaten Übereinkommen zur Anwendung von Absatz 1 und 2 vorschlagen kann. Die Präambel des CPIUN nimmt ausdrücklich Bezug auf Art. 105 UNC.

Hoheitsgebiet ihrer Mitgliedstaaten die Vorrechte und Immunitäten genießen, die zur Verwirklichung ihrer Ziele erforderlich sind. Auch aufgrund der Formulierung des Art. II Abschn. 2 CPIUN, wonach die UN „immunity from every form of legal process" besitzen, wird der Umfang der Immunität der UN oft als absolut verstanden.[369] Fraglich ist, ob dieses Verständnis von Art. 105 Abs. 1 UNC (noch) gedeckt ist und in welchem Umfang die UN deswegen Immunität genießen.

1. Auslegung von Art. 105 Abs. 1 UNC

Gemäß Art. 31 Abs. 1 WÜV ist ein Vertrag nach Treu und Glauben in Übereinstimmung mit der gewöhnlichen, seinen Bestimmungen in ihrem Zusammenhang zukommenden Bedeutung und im Lichte seines Zieles und Zweckes auszulegen.[370] Maßgeblich sind neben dem Wortlaut folglich die Systematik sowie die teleologische Auslegung des Vertrages. Zu beachten ist, dass, anders als beispielsweise die Auslegungsmethoden im deutschen Recht, die in Art. 31 WÜV normierten Regeln in keiner Rangordnung zueinander stehen.[371]

Der nach Art. 111 UNC authentische Text von Art. 105 Abs. 1 UNC in der englischen Sprache lautet: „The Organization shall enjoy in the territory of each of its Members such privileges and immunities as are necessary for the fulfilment of its purposes."[372] Zunächst lässt sich festhalten, dass der Formulierung *as are necessary for the fulfilment of its purposes* ein funktionaler Ansatz zugrunde liegt.

---

369 So bspw. *Reinisch*, in: ders. (Hrsg.), The Conventions on the Privileges and Immunities of the United Nations and its specialized Agencies, S. 86 ff., Rn. 72 ff. mit verschiedenen Nachweisen aus der Gerichtspraxis; *Ziegler*, in: Simma u. a. (Hrsg.) The Charter of the United Nations, Vol. II, Art. 105, Rn. 18. Siehe auch *Reinisch/Weber*, in: IOLR 59 (2004), 59, 60 mit dem Hinweis, das dies auch dem Selbstverständnis der UN entspricht.

370 Eine gewohnheitsrechtliche Geltung von Art. 31 WÜV ist mittlerweile allgemein anerkannt, siehe *Dörr*, in: ders./Schmalenbach (Hrsg.), The Vienna Convention on the Law of Treaties, Art. 31, Rn. 6.

371 Siehe UN, Report of the International Law Commission on the work of its eighteenth session (Doc. A/CN.4/191), YILC 1966, Vol. II, S. 172, 220: "Thus, article 27 is entitled 'General rule of interpretation' in the singular, not 'General rules' in the plural, because the Commission desired to emphasize that the process of interpretation is a unity and that the provisions of the article form a single, closely integrated rule."

372 Ebenso heißt es in der authentischen spanischen Fassung „privilegios e inmunidades necesarios para la realización de sus propósitos" und in der authentischen französischen Fassung „privilèges et immunités qui lui sont nécessaires pour atteindre ses buts".

Vor dem Hintergrund des Wortlautes lässt sich außerdem festhalten, dass sich die Funktionalität nicht lediglich auf den Grund der Verleihung von Vorrechten und Immunitäten bezieht. Die Formulierung *such privileges and immunities* bezieht sich eindeutig auch auf den Umfang der Vorrechte und Immunitäten.[373]

Der Wortlaut kann dennoch auf zwei unterschiedliche Weisen verstanden werden.[374] Zum einen besteht die Möglichkeit, dass die Funktionalität einer internationalen Organisation die Auswahl der zu verleihenden Privilegien und Immunitäten bestimmt, so dass fraglich ist, welche Art von Privilegien und Immunitäten eine internationale Organisation benötigt, um ihren Zweck erfüllen zu können.[375] Zum anderen kann sich die Funktionalität auch auf den Umfang der Gewährung der jeweiligen Immunitäten und Privilegien beziehen, so dass fraglich ist, in welchem Umfang eine internationale Organisation beispielsweise die Befreiung von der nationalen Gerichtsbarkeit benötigt, um ihren Zweck erfüllen zu können. Diese unterschiedlichen Auffassungen des Wortlauts schließen sich jedoch nicht aus, sondern lassen sich in Einklang bringen. Legt man ersteres Verständnis zu Grunde, so kann dies nämlich nicht dazu führen, dass einer internationalen Organisation beispielsweise die Befreiung von der Gerichtsbarkeit zur Erhaltung ihrer Funktionsfähigkeit in einem Umfang verliehen wird, der über das zur Funktionsfähigkeit erforderliche Maß hinausgeht. Der Wortlaut begrenzt folglich die Privilegien und Immunitäten auf diejenigen, die eine internationale Organisation zur Zweckerfüllung benötigt und ist gleichzeitig eine Schranke für den Umfang der einzelnen Gewährungen.

Dieses Verständnis, welches die Erreichung der Ziele der UN berücksichtigt, steht auch eindeutig im Einklang mit dem Sinn und Zweck der UNC. Der Schutz der Ziele der UN kann nicht dem Sinn und Zweck der UNC zuwiderlaufen. Vielmehr bedingt und fördert der Schutz der Ziele der UN den Sinn und Zweck der UNC.

Die Systematik des Artikels und des Abschnittes sowie der UNC samt Präambel selbst lassen keine von der gewöhnlichen Bedeutung des Wortlautes abweichende Interpretation von Art. 105 Abs. 1 UNC zu. So spricht auch Art. 105 Abs. 2 UNC davon, dass Vertreter der Mitgliedstaaten und Bedienstete

---

373 Siehe auch *Reinisch*, Internationale Organizations Before National Courts, S. 335.

374 Siehe *Reinisch*, Internationale Organizations Before National Courts, S. 331.

375 Siehe hierzu auch UN, Report of the Rapporteur of Committee IV/2 (Doc. 933, IV/2/42 (2)), UNCIO 13 (1945), S. 703, 705: „The terms privileges and immunities indicate in a general way all that could be considered necessary to the realization of the purposes of the Organization […]: exemption from tax, immunity from jurisdiction […].“

der UN ebenfalls die Vorrechte und Immunitäten genießen, derer sie bedürfen, um ihre Funktionen wahrzunehmen:

> „Representatives of the Members of the United Nations and officials of the Organization shall similarly enjoy such privileges and immunities as are necessary for the independent exercise of their functions in connexion with the Organization."

Dass die Immunität der Repräsentanten der Mitgliedstaaten und der Bediensteten der UN funktional begrenzt ist, ist anerkannt.[376] Die UNC selbst stellt also auf einen funktionalen Immunitätsbegriff ab.[377]

2. Einbeziehung von Art. II Abschn. 2 CPIUN

Zu klären bleibt das Verhältnis von Art. 105 Abs. 1 UNC zum CPIUN, das ausdrücklich „immunity from every form of legal process" verleiht.

Gemäß Art. 31 Abs. 2 WÜV sind vom Zusammenhang nicht nur der gesamte Vertragswortlaut, sondern auch sich auf den Vertrag beziehende Übereinkünfte zwischen allen Vertragsparteien, die anlässlich des Vertragsschlusses getroffen wurden (lit. a) sowie jede Urkunde, die von einer oder mehreren Vertragsparteien anlässlich des Vertragsabschlusses abgefasst und von den anderen Vertragsparteien als eine sich auf den Vertrag beziehende Urkunde angenommen wurde (lit. b), erfasst. Die Heranziehung des CPIUN über Art. 31 Abs. 2 WÜV scheidet jedoch aus, da nicht alle Mitgliedstaaten der UN Vertragspartei des Abkommen sind und dieses auch nicht im Sinne von Art. 31 Abs. 2 lit. b WÜV angenommen haben.[378]

In Betracht käme noch eine Heranziehung des CPIUN zur Auslegung als „subsequent agreement between the parties regarding the interpretation of the treaty or the application of its provisions" im Sinne von Art. 31 Abs. 3 lit. a WÜV. Dies scheitert jedoch schon am Vorrang der UNC (Art. 103 UNC). Denn eine Übereinkunft im Sinne von Art. 31 Abs. 3 lit. a WÜV kann nur eine

---

376 Siehe bspw. *ICJ*, ICJ Reports 1999, 62, Abs. 51 f.; *Möldner*, in: Wolfrum (Hrsg.), MEPIL, Vol. VI, S. 51 f., Abs. 26; *Ruffert/Walter*, Institutionalisiertes Völkerrecht, Rn. 392; *Ziegler*, in: Simma u. a. (Hrsg.), The Charter of the United Nations, Vol. II, Art. 105, Rn. 30.

377 Siehe auch *Reinisch*, in: Cogan/Hurd/Johnstone (Hrsg.), The Oxford Handbook of International Organizations, S. 1055.

378 Siehe zum aktuellen Stand der Ratifikationen unter https://treaties.un.org/Pages/ViewDetails.aspx?src=TREATY&mtdsg_no=III-1&chapter=3&clang=_en, zuletzt abgerufen am 26.06.2019.

gleichrangige sein.[379] Weicht die Auslegung im Sinne der Norm mit niedrigerem Rang von der Auslegung der höherrangigen Norm ab, stehen die Normen also im Konflikt zueinander, so geht letztere vor.[380] Zudem ist wohl auch im Rahmen von Art. 31 Abs. 3 lit. a WÜV eine Beteiligung oder zumindest Akzeptanz aller Vertragsstaaten erforderlich.[381]

Zu klären bleibt noch, ob sich etwas anderes aus einer späteren Übung bei der Anwendung des Vertrages im Sinne von Art. 31 Abs. 3 lit. b WÜV ergibt. Nationale Gerichte gehen teilweise von einer absoluten Immunität der UN aus.[382] Hier ist jedoch fraglich, ob dies überhaupt als Anwendung von Art. 105 UNC im Sinne von Art. 31 Abs. 3 lit. b WÜV verstanden werden kann. Da die nationalen Gerichte den absoluten Umfang der Immunität der UN nicht unmittelbar auf Art. 105 Abs. 1 UNC stützen, sondern regelmäßig auf die Formulierung des CPIUN, scheidet dies aus.[383]

Das CPIUN kann folglich nicht zur Auslegung von Art. 105 Abs. 1 UNC herangezogen werden. Vielmehr gilt es, das CPIUN im Lichte von Art. 105 Abs. 1 UNC zu interpretieren und nicht umgekehrt. Wie bereits eingangs erwähnt, handelt es sich bei dem Übereinkommen ausweislich des Absatzes 3 um eine Konkretisierung von Art. 105 Abs. 1 und 2 UNC. Als Konkretisierung kann das Übereinkommen aber, unabhängig von den obigen Ausführungen, nicht über

---

379 *Dörr*, in: ders./Schmalenbach (Hrsg.), Vienna Convention on the Law of Treatis, Art. 31, Rn. 73.

380 *Dörr*, in: ders./Schmalenbach (Hrsg.), Vienna Convention on the Law of Treatis, Art. 31, Rn. 73.

381 Siehe *Villiger*, Vienna Convention on the Law of Treaties, Art. 31, Rn. 16. Siehe auch *Dörr*, in: ders./Schmalenbach (Hrsg.), The Vienna Convention on the Law of Treaties, Art. 31, Rn. 72, der auf einen diesbezüglichen etwaigen Unterschied zu Art. 31 Abs. 2 lit. a WÜV nicht eingeht.

382 Jüngstes Beispiel ist das Urteil in dem Fall *Stichting Mothers of Srebrenica*, in dem der *Hoge Raad der Nederlanden* den UN eine absolute Immunität zuspricht, siehe *Supreme Court* (Niederlande), ILDC 1760 (NL 2012), Abs. 4.2. Auch die us-amerikanischen Gerichte neigen dazu den UN eine absolute Immunität zuzuerkennen, siehe hierzu die Beispiele bei *Reinisch*, in: ders. (Hrsg.), The Conventions on the Privileges and Immunities of the United Nations and its specialized Agencies, S. 86 ff., Rn. 72 ff.

383 So stütze auch der *Hoge Raad der Nederlanden* die absolute Immunität auf eine Auslegung von Art. II Section 2 CPIUN und sprach den UN eine absolute Immunität zu, siehe *Supreme Court* (Niederlande), ILDC 1760 (NL 2012), Abs. 4.2. Ebenso die us-amerikanischen Gerichte in den von angeführten Beispielen, siehe *Reinisch*, in: ders. (Hrsg.), The Conventions on the Privileges and Immunities of the United Nations and its specialized Agencies, S. 86 ff., Rn. 72 ff.

das von Art. 105 Abs. 1 UNC Vorgegebene hinausgehen.[384] Eine Konkretisierung ist *lex specialis* und kann die entsprechende Grundregel lediglich innerhalb ihrer Grenzen ausfüllen.[385] Die UN genießen demnach Befreiung von ‚jeglicher' Gerichtsbarkeit ihrer Mitgliedstaaten (Art. II Abschn. 2 CPIUN) in dem Umfang, in dem ihre Aufgabenerfüllung dies im Sinne von Art. 105 Abs. 1 UNC erfordert.[386] Nichts anderes kann für internationale Organisationen gelten, die ihre Immunitätsbestimmungen nach dem Vorbild der UN formuliert haben.

3. Zwischenergebnis

Die Auslegung von Art. 105 Abs. 1 UNC auch unter Berücksichtigung von Art. II Abschn. 2 CPIUN, hat gezeigt, dass der Immunität der UN ein funktionales Verständnis zugrunde liegt. Die Immunität der UN ist nicht als absolute Immunität normiert. Zu klären bleibt jedoch, ob die Erhaltung der Funktionsfähigkeit einer internationalen Organisation eine vollumfängliche Befreiung von der nationalen Gerichtsbarkeit erfordert.

Sinn und Zweck der Immunität internationaler Organisationen dürfte regelmäßig auch absolut formulierte Immunitätsklauseln auf den zur Zielerreichung erforderlichen Umfang begrenzen. Letztlich müsste jedoch durch Auslegung ermittelt werden, ob im Einzelfall Umstände gegen eine entsprechende Interpretation sprechen.

II. Reichweite einer funktional begrenzten Immunität internationaler Organisationen

Die Staaten gewähren einer internationalen Organisation Immunität, um deren Funktionsfähigkeit zu sichern.[387] Klar ist, dass eine vollumfängliche Befreiung von der nationalen Gerichtsbarkeit diesem Ziel jedenfalls gerecht wird. Fraglich ist aber, ob eine vollumfängliche Befreiung auch erforderlich ist, um die Funktionsfähigkeit einer internationalen Organisation zu sichern, und an welchen Kriterien sich eine etwaige Beschränkung orientieren kann.

---

384 *Peters*, in: SZIER 2011, 397, 408.

385 In Bezug auf das Verhältnis von Art. 105 Abs. 1 UNC zu Art. II Abschn. 2 CPIUN, *Peters*, in: SZIER 2011, 397, 408.

386 *Peters*, in: SZIER 2011, 397, 408 f.

387 Siehe unter Kapitel 2, B.

1. *Funktionale Immunität als absolute Immunität?*

In der Literatur und Praxis gibt es Stimmen, die trotz der Anerkennung des funktionalen Ansatzes grundsätzlich von einer absoluten Immunität ausgehen.[388] Für dieses Verständnis spricht der Umstand, dass eine internationale Organisation grundsätzlich nur im Rahmen ihrer Funktionen handeln kann, da sie regelmäßig die Rechts- und Geschäftsfähigkeit besitzt, die zur Wahrnehmung ihrer Aufgaben und zur Verwirklichung ihrer Ziele erforderlich ist.[389] Nach dieser traditionellen Sicht ist deswegen die funktional begrenzte Immunität internationaler Organisation als absolute Immunität zu verstehen.[390]

Dem lässt sich zunächst entgegenhalten, dass von einer absoluten Immunität grundsätzlich jede Handlung, also auch *Ultra-vires-Handlungen* einer internationalen Organisation erfasst wären. *Ultra-vires-Handlungen* sind aber keinesfalls erforderlich, um die Funktionsfähigkeit einer internationalen Organisation aufrecht zu erhalten.[391] Allenfalls könnte man eine Begrenzung der absoluten Immunität auf Handlungen *intra vires* annehmen,[392] was aber schon dem Wortsinn absoluter Immunität widerspräche.

Auch ein Blick auf die Staatenimmunität spricht gegen eine vollumfängliche Befreiung internationaler Organisationen von der nationalen Gerichtsbarkeit. So ist das Argument, dass letztlich jede Handlung einer internationalen Organisation der Erhaltung der Funktionsfähigkeit dient, ebenso auf Staaten übertragbar. Auch rein wirtschaftliche Tätigkeiten kommen mittelbar der Erfüllung hoheitlicher Aufgaben zugute. Für wirtschaftliche Tätigkeiten genießen Staaten aber regelmäßig gerade keine Immunität.[393] Von der Staatenimmunität werden

---

388 So bspw. *Bröhmer*, in: ders. (Hrsg.), Der Grundrechtsschutz in Europa, 85, 87; *Seidl-Hohenveldern/Loibl*, Das Recht der internationalen Organisationen, Rn. 1907 f.; wohl auch *Rensmann*, in: AVR 36 (1998), 305, 315. Siehe auch *Schweizerisches Bundesgericht* (Schweiz), BGE 136 III 379, S. 386, Abs. 4.3.1 als Beispiele aus der Praxis.

389 Siehe unter Einführung, C. II.

390 Siehe *Bröhmer*, in: ders. (Hrsg.), Der Grundrechtsschutz in Europa, 85, 87; *Seidl-Hohenveldern/Loibl*, Das Recht der internationalen Organisationen, Rn. 1907 f. Siehe auch *Reinisch*, in: Klabbers/Wallendahl, Research Handbook on the Law of International Organizations, S. 139.

391 Siehe auch *Peters* in SZIER 2011, 397, 409.

392 So bspw. angenommen von *Rensmann*, in: AVR 36 (1998), 305, 315 f., der die Diskussion um die Reichweite der Immunität auf die Frage reduziert, ob die internationale Organisation mit der streitbefangenen Handlung ihren Kompetenzbereich verlassen hat.

393 Siehe unter Einführung, D. II.

letztlich auch nur die Tätigkeiten eines Staates geschützt, die in unmittelbarem Zusammenhang mit der Erfüllung der Staatsfunktionen stehen. Ebenso wenig, wie jede Tätigkeit des Staates unmittelbar der Erfüllung hoheitlicher Aufgaben dient, dient jede Tätigkeit einer internationalen Organisation unmittelbar den Zielen der Organisation.

Der Vertragstext der UNC unterstützt dieses Ergebnis. Denn Art. 104 UNC verleiht den UN die Rechtsfähigkeit, die sie zur Wahrnehmung ihrer Aufgaben und zur Verwirklichung ihrer Ziele benötigt: „as are necessary for the exercise of its functions and the fulfilment of its purposes". Art. 105 Abs. 1 UNC spricht hingegen nur von denjenigen Privilegien und Immunitäten, die die UN zur Verwirklichung ihrer Ziele benötigen: „as are necessary for the fulfilment of its purposes". Dieser Unterschied spricht auch dafür, dass eine internationale Organisation Aufgaben wahrnehmen kann und muss, die nicht im direkten Zusammenhang mit den Zielen der Organisation stehen.

2. *Kriterien zur Bestimmung des Umfangs der funktional begrenzten Immunität internationaler Organisationen*

Zunächst bietet sich ein Vergleich der Immunität internationaler Organisationen mit der Staatenimmunität an, um eine Übertragbarkeit der Regelungen zu prüfen.[394]

a. *Anwendbarkeit der Regelungen zur Staatenimmunität: Trennung zwischen* acta iure imperii *und* acta iure gestionis

Im Rahmen der Staatenimmunität wird unterschieden zwischen hoheitlichem Handeln, für das Staaten Immunität genießen, und nicht hoheitlichem Handeln, welches der Beurteilung der Gerichte fremder Staaten unterliegt.[395] Die Staatenimmunität schützt also das hoheitliche Handeln des betreffenden Staates. Die Immunität internationaler Organisationen schützt hingegen die Funktionsfähigkeit der internationalen Organisation. Anknüpfungspunkt für eine

---

394 Die Immunität im Diplomaten- und Konsularrecht hat zwar, ebenso wie die der internationalen Organisationen, eine funktionale Schutzrichtung. Insofern lässt sich eine Parallele zwischen den beiden Rechtsinstituten ziehen. Die Vergleichbarkeit beschränkt sich im Ergebnis aber auf die Vertreter der Mitglieder und die Bediensteten einer internationalen Organisation und bezieht sich nicht auf die Organisation selbst, siehe hierzu ausführlich *Reinisch*, International Organizations Before National Courts, S. 361 ff.

395 Siehe unter Einführung, D. II.

Übertragbarkeit kann mit Blick auf die unterschiedliche Schutzrichtung der Immunitätsregelungen deswegen nur sein, dass der Schutz hoheitlichen Handelns der Staaten letztlich auch der Erhaltung der Funktionsfähigkeit eines Staates dient, vergleichbar mit der Funktionsfähigkeit internationaler Organisationen.[396] Fraglich ist aber dennoch, ob auf Ebene der internationalen Organisation zwischen hoheitlichem und nicht hoheitlichem Handeln unterschieden werden kann.

Entscheidend für die Beantwortung der Frage ist zunächst, ob die Trennung zwischen *acta iure imperii* und *acta iure gestionis* an die Souveränität der Staaten geknüpft ist. Ursprünglich war der Begriff der absoluten Staatenimmunität jedenfalls an die Souveränität der Staaten geknüpft. Der Begriff der Souveränität erfasst neben der höchsten Gewalt nach innen auch die durch das Völkerrecht begrenzte Unabhängigkeit eines Staates nach außen.[397] Die Immunität eines Staates befreit diesen von der Gerichtsbarkeit eines fremden Staates, gewährleistet also dessen Unabhängigkeit gegenüber einem anderen Staat.[398] Die Gewährleistung der Unabhängigkeit eines Staates gegenüber einem anderen Staat schützt folglich dessen Souveränität. Aber auch die Entwicklung der Staatenimmunität hin zu einer restriktiven, die nicht hoheitliches Handeln aus dem Schutzbereich ausnimmt, hat an dem Anknüpfungspunkt der Souveränität nichts geändert. Die Einschränkung der Staatenimmunität ist lediglich Ausfluss der Erkenntnis, dass zum Schutz der Souveränität der Staaten kein absoluter Immunitätsschutz erforderlich ist.[399] Die Staatenimmunität schützt aber weiterhin das souveräne Handeln der Staaten als *acta iure imperii*.[400] Die Staatenimmunität ist demnach nach wie vor an die Souveränität des Staates gebunden.

---

396 Eine Anwendung der Regelungen zur Staatenimmunität wird teilweise mit dem Hinweis auf die unterschiedliche Schutzrichtung der Staatenimmunität und der Immunität internationaler Organisationen von vornherein abgelehnt, siehe bspw. *Amerasinghe*, Principles of the Institutional Law of International Organizations, S. 322; *Ruffert/Walter*, Institutionalisiertes Völkerrecht, Rn. 183.

397 *Randelzhofer*, in: Isensee/Kirchhof (Hrsg.), Handbuch des Staatsrechts, Bd. II, § 17 Rn. 23.

398 *Reinisch*, International Organizations Before National Courts, S. 349; *Crawford*, Brownlie's Principles of Internationale Law, S. 488.

399 *Reinisch*, International Organizations Before National Courts, S. 349; *Crawford*, Brownlie's Principles of International Law, S. 488. Siehe auch *Gaillard/Pingel-Lenuzza*, in: ICLQ 51 (2002), 1, 5.

400 *Reinisch*, International Organizations Before National Courts, S. 349; *Crawford*, Brownlie's Principles of International Law, S. 488. Siehe auch *Peters*, in: SZIER 2011, 397,

Aufgrund der Anknüpfung der Unterscheidung an das souveräne Handeln der Staaten ist eine Trennung zwischen *acta iure imperii* und *acta iure gestionis* auf Ebene der internationalen Organisation nicht möglich. Denn es wurde bereits festgestellt, dass internationale Organisationen nicht souverän sind.[401]

Eine Unterscheidung wäre aufgrund der Anknüpfung an die Souveränität stets nur unter Rückgriff auf die Abgrenzung zwischen hoheitlichem und nicht hoheitlichem Handeln auf staatlicher Ebene möglich. Denkbar wäre, einer internationalen Organisation immer dann Immunität für ihr Handeln zu gewähren, wenn auch ein Staat für die gleiche Handlung Immunität genießen würde, es sich also auf staatlicher Ebene um einen *acta iure imperii* handeln würde. Diesem erforderlichen Rückgriff steht aber entgegen, dass die Immunität internationaler Organisationen ein eigenständiges Rechtsinstitut ist, welches völkervertraglich, unabhängig von der Staatenimmunität, geregelt ist. Ein solcher Rückgriff auf die Ebene der Staaten ist folglich dogmatisch nicht möglich.

Damit ist eine Unterscheidung im Sinne der Staatenimmunität zwischen *acta iure imperii* und *acta iure gestionis* auf Ebene der internationalen Organisation aufgrund der Anknüpfung an die Souveränität der Staaten nicht möglich. Daneben scheitert ein Rückgriff auf die staatliche Ebene zur Unterscheidung zwischen *acta iure imperii* und *acta iure gestionis* an der Eigenständigkeit des Rechtsinstituts der Immunität internationaler Organisationen.

Unabhängig von den bereits angeführten Argumenten wäre ein Rückgriff auf eine Unterscheidung zwischen *acta iure imperii* und *acta iure gestionis* im Sinne der Staatenimmunität für internationale Organisationen nicht praktikabel. Bedenkt man beispielsweise, dass die kommerzielle Tätigkeit eines Staates regelmäßig als *acta iure gestionis* von der Immunität ausgenommen ist,[402] führt

---

417, die von der staatlichen Immunität als „Korrelat" der staatlichen Souveränität spricht.

401 Siehe unter Kapitel 1, B. II. 3. r. Auch unter Zugrundelegung eines, zum Teil in der Literatur vertretenen modernen Souveränitätsbegriffs scheidet eine Beschränkung der Immunität internationaler Organisationen im Sinne der Staatenimmunität aus. Denn die Unterscheidung auf Ebene der Staaten ist jedenfalls an das herkömmliche Verständnis von Souveränität geknüpft. Im Ergebnis würde auf Ebene der internationalen Organisation so nur scheinbar zwischen *acta iure imperii* und *acta iure gestionis* im Sinne der Staatenimmunität unterschieden. Siehe zur Souveränität oder „Quasi-Souveränität" internationaler Organisationen bspw. *Reinisch*, International Organizations Before National Court, S. 350 ff.

402 Dies gilt unabhängig davon, ob eine Unterscheidung zwischen hoheitlich und nicht hoheitlich anhand abstrakter Kriterien oder anhand konkreter Fallgruppen vorgenommen wird, siehe unter Einführung, D. II.

die Anwendung der Regelungen zur Staatenimmunität auf schwerpunktmäßig wirtschaftlich tätige internationale Organisationen zu unbefriedigenden Ergebnissen.[403] So bestünde die Möglichkeit, dass selbst Tätigkeiten, die in einem direkten Zusammenhang zum Ziel der internationalen Organisation stehen, nicht von der Immunität erfasst wären.[404]

Wenn man jedoch berücksichtigt, dass der Schutz hoheitlicher Tätigkeiten im Sinne der Staatenimmunität der nach außen unabhängigen Erfüllung der Staatsfunktionen dient, schließt dieses Ergebnis nicht grundsätzlich aus, dass auf Ebene der internationalen Organisation anhand anderer Kriterien eine vergleichbare Trennung zur Einschränkung der Immunität vorgenommen werden kann.[405] Will man allerdings dennoch begrifflich zwischen hoheitlichem und nicht hoheitlichem Handeln unterscheiden, müssen diese Begriffe jedenfalls mit einem anderen Inhalt gefüllt werden als ihnen im Rahmen der Staatenimmunität zukommt.

b. *Autonome Bestimmung des Umfangs der funktionalen Immunität internationaler Organisationen:* functional necessity

Die Schwierigkeit geeignete Kriterien zur Einschränkung der Immunität internationaler Organisationen zu finden, liegt unter anderem in der auf die Funktionen einer Organisation beschränkten Rechtsfähigkeit. Aufgrund dessen steht jede Handlung, die nicht als *ultra-vires-Handlung* zu qualifizieren ist, in einem gewissen Zusammenhang zur Funktion einer internationalen Organisation. Deswegen würde auch ein Abstellen auf den Zweck einer Handlung im Rahmen der Abgrenzung anhand abstrakter Kriterien die Gefahr eines übertriebenen Schutzes der internationalen Organisationen bergen. Die gleiche Gefahr besteht

---

403 Gegen die Übertragbarkeit aufgrund eines notwendigen anderen materiellen Umfangs der Immunität internationaler Organisationen auch *Bekker*, The Legal Position of Intergovernmental Organizations, S. 158 f.; *Rensmann*, in: AöR 336 (1998), 305, 314.

404 Kritisch, trotz Annahme einer zumindest „quasi-souveränen" Ausübung von Hoheitsgewalt durch internationale Organisationen deswegen auch *Reinisch*, International Organizations Before National Courts, S. 359 ff. Siehe auch *Kunz-Hallstein*, in: Jochum/Fritzmeyer/Kau (Hrsg.), Grenzüberschreitendes Recht, 597, 602, der als Beispiel den Abschluss eines Mietvertrages über amtlich genutzte Räumlichkeiten anführt.

405 So im Ergebnis wohl *Peters*, in: SZIER 2011, 397, 415 ff., die sich, unter Bezugnahme auf internationale Organisationen als Träger öffentlicher Gewalt, die „Hoheitsbefugnisse in einem modernen Sinne" ausüben, grundsätzlich für einen Gleichlauf der Staatenimmunität und der Immunität internationaler Organisationen ausspricht.

zwar auch im Rahmen der Staatenimmunität, aufgrund der zahlreichen unterschiedlichen Organisationszwecke bietet sich jedoch bezüglich der Immunität internationaler Organisationen auch ein Abstellen auf die Natur der Handlung nicht an. Dieser Umstand steht ohnehin der Einheitlichkeit abstrakter Kriterien entgegen. Will man beispielsweise, unabhängig von dem materiellen Inhalt der Begriffe im Sinne der Staatenimmunität, zwischen hoheitlichem und nicht hoheitlichem Handeln einer internationalen Organisation unterscheiden, ließe sich überhaupt nicht einheitlich bestimmen, was jeweils von den abstrakten Kriterien erfasst sein soll.[406] Die Funktionen einer internationalen Organisation variieren von Organisation zu Organisation, die Funktion eines Staates ist jedoch insofern stets die gleiche. Aus demselben Grund ist auch das Abstellen auf Fallgruppen im Sinne eines Kriterienkataloges nicht möglich.

Eine Bestimmung des Umfangs der Immunität internationaler Organisationen lässt sich letztlich nur unter Berücksichtigung der konkreten Ziele und Aufgaben einer internationalen Organisation vornehmen. Die Problematik des Auffindens geeigneter Kriterien verlagert sich damit auf die Bestimmung des erforderlichen Zusammenhangs zwischen der streitbefangenen Handlung und den Aufgaben und Zielen einer internationalen Organisation. Zur Beantwortung der Frage, in welchem Zusammenhang eine Handlung zu den Aufgaben und Zielen einer internationalen Organisation stehen muss, um vom Immunitätsschutz erfasst zu sein, hat sich der Begriff *functional necessity* etabliert.[407]

Im konkreten Fall ist es daher erforderlich, in einem ersten Schritt die von der Organisation verfolgten Ziele zu bestimmen und die Aufgaben zu ermitteln, die ihr zur Zielerreichung übertragen wurden. Ebenso wie im Rahmen der Staatenimmunität bezüglich der Unterscheidung zwischen *acta iure imperii* und *acta iure gestionis* liegt die Entscheidung über die sogenannte *functional necessity* einer Handlung bei den nationalen Gerichten. Dass die Auslegung des Völkerrechts in Teilen den nationalen Gerichten zukommt, ist dabei eine notwendige Folge der dezentralen Anwendung und Durchsetzung des Völkerrechts.[408] Eine

406 *Di Filippo*, in: Pavón Piscitello (Hrsg.), Derecho internacional de los derechos humanos, 203, 211. Entgegen der Ansicht von *Rensmann*, in: AöR 36 (1998), 305, 316 sind internationale Organisation nicht stets einem öffentlichen Zweck verpflichtet, der sodann Handeln mit Gewinnerzielungsabsicht stets aus dem Immunitätsschutz ausnimmt.

407 Siehe bspw. *Klabbers*, International Insitutional Law, S. 131; *Singer*, in: Vanderbilt Journal of International Law, 36 (1995-1996), S. 53, 66.

408 *Peters*, in: SZIER 2001, 397, 412 spricht hier von einem Grundprinzip der dezentralen Anwendung des Völkerrechts.

gewisse Rechtszersplitterung und -unsicherheit lässt sich aufgrund dessen nicht verhindern.[409]

aa. Bestimmung der Ziele und Aufgaben einer internationalen Organisation

Die Ziele einer internationalen Organisation lassen sich regelmäßig den Gründungsdokumenten entnehmen.[410] Eine Auflistung der Ziele der UN findet sich beispielsweise in Art. 1 UNC. Neben der Wahrung des Weltfriedens und der internationalen Sicherheit (Ziff. 1), verschreiben sich die UN der Entwicklung freundschaftlicher Beziehungen zwischen den Nationen (Ziff. 2) und der internationalen Zusammenarbeit (Ziff. 3). Häufig formuliert auch die Präambel die Ziele der Organisation. So beispielsweise im Rahmen des Nordatlantikvertrages, dessen Ziele ausweislich der Präambel die Gewährleistung der Freiheit, des gemeinsamen Erbes und der Zivilisation ihrer Völker, die Förderung der inneren Festigkeit und des Wohlergehens sowie die Erhaltung des Friedens und der Sicherheit sind.

Ebenso gestaltet sich die Bestimmung der Aufgaben, mit denen die Organisation ihre Ziele erreichen möchte. So kann der Sicherheitsrat der UN beispielsweise zur Wahrung des Weltfriedens und der internationalen Sicherheit Maßnahmen nach Kapitel VI oder VII der Charta ergreifen. Der Begriff der

---

409 *Peters*, in: SZIER 2001, 397, 412.

410 Siehe bspw. auch Art. 1 lit. a Satzung des Europarates: „Der Europarat hat die Aufgabe, einen engeren Zusammenschluss unter seinen Mitgliedern zu verwirklichen, um die Ideale und Grundsätze, die ihr gemeinsames Erbe sind, zu schützen und zu fördern und um ihren wirtschaftlichen und sozialen Fortschritt zu begünstigen."; Art. 3 Abs. 1 EUV: „Ziel der Union ist es, den Frieden, ihre Werte und das Wohlergehen ihrer Völker zu fördern."; Art. 1 Charter of the Organization of American States: „The American States establish by this Charter the international organization that they have developed to achieve an order of peace and justice, to promote their solidarity, to strengthen their collaboration, and to defend their sovereignty, their territorial integrity and their independence."; Art. II Übereinkommen zur Gründung einer Europäischen Weltraumorganisation: „Zweck der Organisation ist es, die Zusammenarbeit europäischer Staaten für ausschließlich friedliche Zwecke auf dem Gebiet der Weltraumforschung, der Weltraumtechnologie und ihrer weltraumtechnischen Anwendungen im Hinblick auf deren Nutzung für die Wissenschaft und für operationelle Weltraumanwendungssysteme sicherzustellen und zu entwickeln […]."; Art. 1 Satzung der Weltgesundheitsorganisation: „Ziel der Weltgesundheitsorganisation (im folgenden als Organisation bezeichnet) ist die Erreichung eines möglichst guten Gesundheitszustands durch alle Völker."

Aufgabe bezieht sich dabei leidglich auf die vertraglich vorgesehenen Befugnisse zur Erreichung des Organisationszwecks und nicht auf die darüber hinaus von der Rechtsfähigkeit erfassten Handlungsmöglichkeiten einer internationalen Organisation.

Im konkreten Fall erfordert die Bestimmung der Ziele und Aufgaben einer internationalen Organisation also eine Vertragsauslegung. Neben dem Vertragstext samt Präambel und Anlagen sind deswegen im Sinne des Art. 31 Abs. 2 WÜV auch alle im Zusammenhang mit dem Vertrag stehende Dokumente heranzuziehen. Die Ziele der UN werden beispielsweise in zahlreichen Deklarationen und Resolutionen der Generalversammlung konkretisiert.[411]

bb. Bestimmung des Zusammenhangs zwischen der streitbefangenen Handlung und den Aufgaben unter Berücksichtigung der Ziele der internationalen Organisation

Fest steht, dass die Immunität die Zielerreichung einer internationalen Organisation, also deren Funktionsfähigkeit schützt. Fest steht auch, dass ein enges Verständnis von Funktionsfähigkeit zugrunde gelegt werden muss, um im Ergebnis nicht zu einer vertraglich nicht vorgesehenen und auch nicht erforderlichen absoluten Immunität internationaler Organisationen zu gelangen.[412]

Dieses enge Verständnis von Funktionsfähigkeit zugrunde gelegt, sind von der Immunität jedenfalls solche Tätigkeiten erfasst, die in einem unmittelbaren Zusammenhang zu den Aufgaben und der Zielerreichung einer internationalen Organisation stehen.[413] Nicht geschützt sind Tätigkeiten, die lediglich das allgemeine Funktionieren im Sinne des laufenden Betriebes der internationalen Organisation unterstützen. Es kann also zwischen den vom Immunitätsschutz erfassten Tätigkeiten, die im unmittelbaren Zusammenhang mit den Funktionen einer internationalen Organisation stehen, und den nicht erfassten Tätigkeiten, die nur im Zusammenhang mit dem Funktionieren der Organisation stehen, unterschieden werden.

---

411 *Randelzhofer*, in: Wolfrum (Hrsg.), Handbuch UN, S. 1151, Rn. 1.

412 Siehe unter Kapitel 1, C.

413 *Bekker*, The Legal Position of Intergovernmental Organizations, S. 165 spricht in diesem Sinne von Handlungen, die als „strictly necessary to the exercise of functions in fulfilment of the organization's purpose" angesehen werden können; *Tesfagabir*, in: Chinese Journal of International Law 10 (2011), 97, 127, Abs. 118 beschreibt diese als „actions that typically fall within the ordinary activity of an organization". Siehe auch *Peters*, in: SZIER 2011, 397, 409, die im Ergebnis jedoch einen Gleichlauf mit der Staatenimmunität bevorzugt.

Dabei ist aber stets auf die Handlung selbst abzustellen und nicht auf die Auswirkungen einer Handlung. Stehen die Auswirkungen einer Handlung in keinem unmittelbaren Zusammenhang zu den Funktionen einer internationalen Organisation, führt dies deswegen auch nicht dazu, dass der Immunitätsschutz für die notwendige Handlung entfällt.[414] Das würde dem Sinn und Zweck der funktionalen Immunität widersprechen.

Zu beachten ist außerdem, dass keine generelle Aussage getroffen werden kann, welche Art von Tätigkeiten einer internationalen Organisation grundsätzlich vom Immunitätsschutz erfasst sind.[415] Eine Handlung bezüglich eines Arbeitsverhältnisses kann in einem derart unmittelbaren Zusammenhang mit den Funktionen einer internationalen Organisation stehen, dass eine Befreiung von der nationalen Gerichtsbarkeit erforderlich ist. Der unmittelbare Zusammenhang ist jedoch nicht zwingend bei jedem Arbeitsverhältnis gegeben. So ist beispielsweise die Beschäftigung von Reinigungspersonal für den Betrieb einer internationalen Organisation erforderlich, steht aber regelmäßig in keinem Zusammenhang mit den vertraglich vorgesehenen Funktionen einer internationalen Organisation.[416] Im Fall einer darauf beruhenden Arbeitsrechtsstreitigkeit ist eine die Unabhängigkeit gefährdende Beeinträchtigung der Funktionsfähigkeit der internationalen Organisation nur sehr schwer annehmbar.

III. Zwischenergebnis

Die Ausführungen haben gezeigt, dass die Immunität einer internationalen Organisation regelmäßig funktional begrenzt ist und auch die beschränkte Rechtsfähigkeit einer internationalen Organisation nicht zu der Annahme einer absoluten Immunität führt. Die Kriterien zur Bestimmung des Umfangs

---

414 So aber wohl *Tesfagabir*, in: Chinese Journal of International Law 10 (2011), 97, 127, Abs. 117, der „claims that arise incidentally from ordinary (functional) activities of an organization" aus dem Schutzbereich der Immunität ausschließen möchte. Er bezieht sich dabei explizit auch auf die Auswirkungen von Friedensmissionen der UN: „Cases in point include those that emanate from peacekeeping operations of the UN, and environmental or social impacts of pojects financed and managed by operational organizations."

415 Siehe auch *Orzan*, in: Virzo/Ingravallo (Hrsg.), Evolutions in the Law of International Organizations, 364, 373. Anders bspw. *Peters*, in: SZIER 2011, 397, 410, die arbeitsrechtliche Klagen und Mietklagen prinzipiell aus dem Anwendungsbereich der Immunität ausnimmt.

416 So auch *Orzan*, in: Virzo/Ingravallo (Hrsg.), Evolutions in the Law of International Organizations, 364, 373, der ebenfalls auf die Funktion des Arbeitnehmers abstellt.

der funktionalen Immunität internationaler Organisationen müssen mangels Vergleichbarkeit mit anderen Immunitätsregelungen autonom bestimmt werden. Zur Beantwortung der Frage, ob eine bestimmte Handlung einer internationalen Organisation von der Immunität erfasst ist, ist im konkreten Fall eine Vertragsauslegung im Hinblick auf die Aufgaben und Ziele der internationalen Organisation vorzunehmen. Immunität genießt eine internationale Organisation nur für Handlungen, die in einem unmittelbaren Zusammenhang zu den vertraglich vorgesehenen Funktionen der internationalen Organisation stehen. Tätigkeiten, die lediglich dem Betrieb der internationalen Organisation dienen, aber in keinem unmittelbaren Zusammenhang mit den Funktionen der Organisation stehen, sind aus dem Immunitätsschutz ausgenommen. Die Erhaltung der Funktionsfähigkeit erfordert in diesen Fällen keine Befreiung von der nationalen Gerichtsbarkeit der Mitglied- oder Sitzstaaten.

D. Ergebnis zur Immunität internationaler Organisationen

Der Grund der Befreiung internationaler Organisationen von der nationalen Gerichtsbarkeit ist die Erhaltung der Funktionsfähigkeit der Organisation. Um eine effektive Aufgabenerfüllung sicherzustellen, vereinbaren die Mitgliedstaaten einer internationalen Organisation regelmäßig entsprechende Immunitätsklauseln im Gründungsvertrag oder in zusätzlichen multilateralen Abkommen. Häufig sind die Klauseln im Gründungsvertrag sehr allgemein gehalten und werden in einem weiteren Abkommen konkretisiert. Zum Teil werden die Vorrechte und Immunitäten einer internationalen Organisation aber auch nur im Gründungsvertrag oder nur in einem multilateralen Abkommen normiert. Im Verhältnis zu Drittstaaten als Sitzstaaten der internationalen Organisation und auch zu Mitgliedstaaten als Sitzstaaten werden entsprechende Sitzstaatvereinbarungen getroffen. Auch im Hinblick auf die im Rahmen der Immunität internationaler Organisationen verbreitete Vertragspraxis beschloss die ILC, eine allgemein verbindliche Kodifikation zum Verhältnis zwischen Staaten und internationalen Organisationen zu erarbeiten. Eine Kodifikation scheiterte jedoch am mangelnden Interesse der Staatengemeinschaft. Mit Blick auf das Ergebnis der Analyse der außervertraglichen Staatenpraxis zur Immunität internationaler Organisationen kann das mangelnde Interesse auch dahingehend gedeutet werden, dass die Staatengemeinschaft noch nicht bereit war beziehungsweise ist, allgemein verbindliche Regelungen auf diesem Gebiet zu akzeptieren. Die Untersuchung der Staatenpraxis hat gezeigt, dass sich keine einheitliche Staatenpraxis hinsichtlich der Gewährung von Immunität in Abwesenheit einer vertraglichen Regelung ausmachen lässt. Trotz der verbreiteten Vertragspraxis erkennen die Staaten eine von den vertraglich vorgesehenen Regelungen losgelöste Immunität internationaler Organisationen nicht an. Aus diesem Grund haben Drittstaaten als Sitzstaaten einer internationalen Organisation bei Fehlen eines Sitzstaatabkommens oder einer ähnlichen Vereinbarung keine völkerrechtliche Verpflichtung, einer internationalen Organisation Immunität zu gewähren. Mitgliedstaaten können hingegen auch bei Fehlen einer vertraglichen Regelung über den Grundsatz *pacta sunt servanda* an einer Ausübung der Gerichtsbarkeit über die internationale Organisation gehindert sein. Die Erfüllung eines Vertrages nach Treu und Glauben erfordert auch bewusstes, den Vertragszweck gefährdendes Verhalten zu unterlassen. Unter Berücksichtigung der Gründe für die Gewährung von Immunität an internationale Organisationen, nämlich die Erhaltung der Funktionsfähigkeit, ist eine Gefährdung des Vertragszweckes des Gründungsvertrages durch die Ausübung der Gerichtsbarkeit eines Mitgliedstaates im Einzelfall durchaus denkbar.

Ausgangspunkt für die Bestimmung des Umfangs der Immunität internationaler Organisationen war nach der Untersuchung der Rechtsquellen allein das Völkervertragsrecht. Eine Auslegung der auf dem Gebiet der Immunität internationaler Organisationen Vorbildcharakter genießenden Art. 105 Abs. 1 S. 1 UNC i. V. m. Art. II Abschn. 2 CPIUN hat gezeigt, dass der Umfang der vertraglich normierten Immunität internationaler Organisationen, trotz der ohnehin begrenzten innerstaatlichen Rechtsfähigkeit, nicht absolut ist. Sie ist begrenzt auf Handlungen, die in einem unmittelbaren Zusammenhang mit den Aufgaben der Organisation stehen und dem Ziel der Organisation dienen. Nicht jede Tätigkeit einer internationalen Organisation steht in einem unmittelbaren Zusammenhang zur Erfüllung ihrer Aufgaben. Es gilt zu unterscheiden zwischen Tätigkeiten, die nur für den Betrieb der Organisation erforderlich sind und Tätigkeiten, die für die Erfüllung der Funktion der Organisation erforderlich sind. Um im konkreten Fall festzustellen, ob eine Handlung vom Immunitätsschutz erfasst ist, ist eine Auslegung des Gründungsvertrages der internationalen Organisation hinsichtlich der Ziele und Aufgaben erforderlich. Lässt sich dann ein unmittelbarer Zusammenhang zwischen der Handlung und den ermittelten Funktionen der Organisation herstellen, greift der Immunitätsschutz. Tätigkeiten, die zwar dem Betrieb der internationalen Organisation dienen, aber nicht für die Funktionen der Organisation erforderlich sind, sind nicht geschützt. Insoweit unterliegen internationale Organisationen der Gerichtsbarkeit der Staaten.

Kapitel 2 Die Immunität internationaler Organisationen im Kontext der Europäischen Menschenrechtskonvention

Die Immunität internationaler Organisationen wirft im Hinblick auf die Europäische Menschenrechtskonvention verschiedene Fragen auf. Sowohl die Handlungen einer internationalen Organisation selbst als auch die Handlungen der Konventionsstaaten im Zusammenhang mit der Mitgliedschaft in einer internationalen Organisation können die Konventionsrechte beeinträchtigen und müssen in den Kontext der Konvention eingeordnet werden. Der Schwerpunkt der Problematik liegt dabei in der Bestimmung des Umfangs der Verantwortlichkeit der Konventionsstaaten für Handlungen, die in Erfüllung einer Verpflichtung aus der Mitgliedschaft in einer internationalen Organisation vorgenommen werden. Hinsichtlich der Befreiung internationaler Organisationen von der nationalen Gerichtsbarkeit stellt sich zudem die Frage, wie die Versagung des Zugangs zu den nationalen Gerichten durch die Konventionsstaaten zu bewerten ist. Denn die Konventionsstaaten verpflichten sich einerseits unter der Europäischen Menschenrechtskonvention, ihren Bürgern ein subjektives Recht auf Zugang zu Gericht zu gewähren und verpflichten sich andererseits völkervertraglich internationale Organisationen von der nationalen Gerichtsbarkeit zu befreien.

A. Besonderheiten bei der Auslegung der Europäischen Menschenrechtskonvention

Als völkerrechtlicher Vertrag ist die Europäische Menschenrechts-konvention im Sinne der gewohnheitsrechtlich geltenden Artt. 31–33 WÜV auszulegen.[417] Im Mittelpunkt der Interpretation steht gemäß Art. 31 WÜV eine Auslegung des entsprechenden Vertrages nach Treu und Glauben in Übereinstimmung mit der gewöhnlichen, seinen Bestimmungen in ihrem Zusammenhang zukommenden

417 Zur gewohnheitsrechtliche Geltung von Artt. 31, 32 WÜV, siehe *Dörr*, in: ders./Schmalenbach (Hrsg.), The Vienna Convention on the Law of Treaties, Art. 31, Rn. 6. Zur gewohnheitsrechtliche Geltung von Art. 33 WÜV, siehe *Dörr*, in: ders./Schmalenbach (Hrsg.), The Vienna Convention on the Law of Treaties, Art. 33, Rn. 5.

Bedeutung und im Lichte seines Zieles und Zweckes.[418] Die gemäß Art. 33 WÜV für die Wortlautinterpretation authentischen Sprachfassungen sind laut der Schlussklausel der Konvention der englische und der französische Text.

I. Die Konvention als Menschenrechtsvertrag

Unter Beachtung des WÜV weisen die systematische und die teleologische Auslegung der Konvention bestimmte Besonderheiten auf. Diese Besonderheiten sind auf den speziellen Charakter der Konvention als menschenrechtlicher Vertrag und die damit einhergehende Qualität als sogenannter *law-making treaty*[419] zurückzuführen.[420] Als menschenrechtlicher Vertrag ist die Konvention nicht zuvorderst auf den Ausgleich souveräner Interessen im Verhältnis zwischen den Staaten gerichtet, sondern dient dem Schutz von Individuen im Verhältnis zum Staat.[421] Der objektive Charakter der Verpflichtungen spiegelt sich auch in Art. 33 EMRK wider, wonach jeder Konventionsstaat im Falle einer behaupteten Verletzung der Konvention durch einen anderen Konventionsstaat den Gerichtshof anrufen kann.[422]

Als menschenrechtlicher Vertrag erfordert die Konvention zunächst eine dynamische Auslegung. In seiner Entscheidung aus dem Jahr 1976 im Fall *Tyrer*

418 Der historischen Auslegung völkerrechtlicher Verträge kommt gemäß Art. 32 WÜV nur subsidiäre Bedeutung zu.

419 Der Begriff *law-making treaty* bezieht sich auf die Besonderheit, dass neben Verpflichtungen, die zwischen den Staaten im Gegenseitigkeitsverhältnis bestehen, abstrakt-generelle Regelungen, die gegenüber Dritten eingehalten werden müssen, für die Vertragsparteien aufgestellt werden, siehe *Cremer*, in: Dörr/Grote/Marauhn (Hrsg.), Kap. 4, Rn. 18.

420 Die Beachtung des speziellen Charakters der Konvention als menschenrechtlicher Vertrag betont der Gerichtshof insbesondere im Rahmen der Auslegung der Konvention im Verhältnis zu anderen völkerrechtlichen Verpflichtungen, siehe bspw. *ECtHR*, *Loizidou v. Turkey* (merits), 18 December 1996, Abs. 43, Reports of Judgments and Decisions 1996-VI: „In the Court's view, the principles underlying the Convention cannot be interpreted and applied in a vacuum. Mindful of the Convention's special character as a human rights treaty, it must also take into account any relevant rules of international law when deciding on disputes concerning its jurisdiction pursuant to Article 49 of the Convention (art. 49)."

421 *Stahl*, Schutzpflichten im Völkerrecht – Ansatz einer Dogmatik, S. 55. Siehe auch *Johann*, in: Karpenstein/Mayer (Hrsg.), EMRK, Art. 1, Rn. 4.

422 *Johann*, in: Karpenstein/Mayer (Hrsg.), EMRK, Art. 1, Rn. 4. *Fastenrath*, in: Pabel/Schmahl (Hrsg.), IntKommEMRK, Art. 1 Rn. 123 spricht hier von einer Gewährleistungspflicht *erga omnes partes*.

v. The United Kingdom[423] bezeichnete der Gerichtshof die Konvention als „living instrument“[424], welches im Lichte der heutigen Verhältnisse interpretiert werden müsse.[425] Der Gerichtshof hatte über die Rechtmäßigkeit einer gerichtlich angeordneten Prügelstrafe zu entscheiden und bejahte eine Verletzung des Verbots erniedrigender Strafe im Sinne des Art. 3 EMRK unter Berücksichtigung der Entwicklung und allgemein akzeptierten Maßstäbe der Strafvollstreckungspolitik der Mitgliedstaaten des Europarates.[426] Diese dynamische Auslegung bezieht ein sich änderndes Menschenrechtsverständnis in die Interpretation mit ein und passt den Inhalt der in der Konvention verbürgten Rechte an die aktuellen Gegebenheiten an. Es würde dem Sinn und Zweck zuwiderlaufen, wenn die Konvention den Einzelnen nur vor Gefahren schützen würde, die zum Zeitpunkt ihres Inkrafttretens bestanden.[427] Dabei bewegt sich die dynamische Interpretation aber innerhalb der Grenzen der teleologischen Auslegung, da sie keine Änderung des „Normenbestandes“[428] bewirkt, sondern lediglich eine Veränderung tatsächlicher Bedingungen in die Rechtsanwendung mit einfließen lässt.[429]

II. Die Effektivität der Konventionsrechte

Eine weitere Besonderheit ist die auch gerade im Rahmen von Art. 6 EMRK durch den Gerichtshof oft betonte Auslegung im Sinne der Effektivität der Konventionsrechte.[430] Da die Konvention dem Schutz des Individuums im Verhältnis zum Staat dient, ist die Sicherung der praktischen Wirksamkeit [*effet utile*] von besonderer Bedeutung. Die Vertragsstaaten haben zwar auch ein Interesse an der wechselseitigen Einhaltung der verbürgten Menschenrechte, aber da es nicht

---

423 *ECtHR, Tyrer v. the United Kingdom*, 25 April 1978, Series A no. 26

424 *ECtHR, Tyrer v. the United Kingdom*, 25 April 1978, Series A no. 26, Abs. 31.

425 Siehe *ECtHR, Tyrer v. the United Kingdom*, 25 April 1978, Series A no. 26, Abs. 31. Zustimmend auch *Mayer*, in: Karpenstein-Mayer (Hrsg.), EMRK, Einleitung, Rn. 47.

426 Siehe *ECtHR, Tyrer v. the United Kingdom*, 25 April 1978, Abs. 31 ff., Series A no. 26.

427 *Jacobs/White/Ovey*, The European Convention on Human Rights, S. 72. Siehe auch *Frowein*, in: ders./Peukert, EMRK, Einführung, Rn. 11.

428 *Grabenwarter/Pabel*, Europäische Menschenrechtskonvention, § 5, Rn. 16.

429 Siehe *Grabenwarter/Pabel*, Europäische Menschenrechtskonvention, § 5, Rn. 16.

430 Siehe zur Betonung durch den EMGR bspw. *ECtHR, Stanev v. Bulgaria* [GC], no. 36760/06, Abs. 231, ECHR 2012; *ECtHR, Sabeh El Leil v. France* [GC], no. 34869/05, Abs. 50, 29 June 2011; *ECtHR, Cudak v. Lithuania* [GC], no. 15869/02, Abs. 58, ECHR 2010; *ECtHR, Prince Hans-Adam II of Liechtenstein v. Germany* [GC], no. 42527/98, Abs. 45, ECHR 2001-VIII. Siehe auch *Mayer*, in: Karpenstein/Mayer (Hrsg.), EMRK, Einleitung, Rn. 48.

um die Umsetzung subjektiver staatlicher Interessen geht, besteht zumindest die Gefahr der Gewährleistung eines nur vordergründigen Schutzes. Der Gerichtshof versteht die Rechte der Konvention aber gerade nicht als „rights that are theoretical or illusory but rights that are practical and effective“[431].

III. Die autonome Interpretation der Konventionsrechte

Im engen Zusammenhang zur praktischen Wirksamkeit steht die autonome Interpretation der Konventionsrechte durch den Gerichtshof. Der Gerichtshof versteht die Konvention als eigenständige Rechtsordnung und interpretiert die Begrifflichkeiten autonom.[432] Dies verhindert eine Umgehung der Konvention durch die Bestimmung der Reichweite der verbürgten Rechte nach nationalem Recht.[433] Dabei versucht der Gerichtshof im Rahmen der systematischen Auslegung den Gemeinsamkeiten und Unterschieden in den nationalen Rechtsordnungen gerecht zu werden, indem er unter Beachtung von Sinn und Zweck der Konvention die nationalen Rechtsordnungen rechtsvergleichend berücksichtigt.[434] In diesem Zusammenhang ist auch der den Konventionsstaaten vom Gerichtshof grundsätzlich gewährte Einschätzungsspielraum [*margin of appreciation*] zu berücksichtigen. Der gewährte Einschätzungsspielraum dient allgemein der Anerkennung der Interpretation der Konventionsrechte durch die Vertragsstaaten der Konvention.[435] Lässt sich unter Rückgriff auf die Rechtsordnungen der Konventionsstaaten kein gemeinsamer Standard ausmachen oder gestaltet sich dies sehr schwierig, gewährt der Gerichtshof den Konventionsstaaten einen größeren Einschätzungspielraum hinsichtlich der Rechtfertigung eines

---

431 *ECtHR, Stanev v. Bulgaria* [GC], no. 36760/06, Abs. 231, ECHR 2012; *ECtHR, Sabeh El Leil v. France* [GC], no. 34869/05, Abs. 50, 29 June 2011; *ECtHR, Cudak v. Lithuania* [GC], no. 15869/02, Abs. 58, ECHR 2010; *ECtHR, Prince Hans-Adam II of Liechtenstein v. Germany* [GC], no. 42527/98, Abs. 45, ECHR 2001-VIII.

432 Siehe zur autonomen Interpretation bspw *ECtHR, König v. Germany*, 28 June 1978, Abs. 89, Series A no. 27. Siehe auch *Grabenwarter/Pabel*, Europäische Menschenrechtskonvention, § 5, Rn. 9; *Mayer*, in: Karpenstein/Mayer (Hrsg.), EMRK, Einleitung, Rn. 48.

433 *Mayer*, in: Karpenstein/Mayer (Hrsg.), EMRK, Einleitung, Rn. 48.

434 Siehe zur rechtsvergleichenden Berücksichtigung der nationalen Rechtsordnungen bspw. *ECtHR, König v. Germany*, 28 June 1978, Abs. 89, Series A no. 27. Siehe auch *Grabenwarter/Pabel*, Europäische Menschenrechtskonvention, § 5, Rn. 9.

435 *Peters*, in: Kanetake/Nollkaemper (Hrsg.), The Rule of Law at the National and International Levels, 201, 207.

Eingriffs in ein Konventionsrecht.[436] Eine solche Ausweitung des Anwendungsspielraums nahm der Gerichtshof beispielsweise bezüglich der Regelung von Vaterschaftsverfahren mit Blick auf eine Verletzung des Diskriminierungsverbotes aus Art. 14 EMRK an.[437] Anknüpfungspunkt ist dabei entweder das mit dem Eingriff verfolgte Ziel oder die Verhältnismäßigkeit des Eingriffs.[438] Hintergrund dieses Einschätzungsspielraums ist zuvorderst der vom Gerichtshof anerkannte subsidiäre Charakter des völkerrechtlichen Menschenrechtsschutzes gegenüber dem nationalen Schutz.[439] Darüber hinaus spielen Praktikabilitätserwägungen eine Rolle. In bestimmten Fällen erweitert der Gerichtshof den Einschätzungsspielraum der Konventionsstaaten, weil er eine größere Sachnähe staatlicher Stellen anerkennt.[440] Dies gilt beispielsweise bezüglich bestimmter gesellschaftlicher Moralvorstellungen.[441] In Bereichen, in denen nationale Interessen der Konventionsstaaten vorherrschen, weitet der Gerichtshof den Einschätzungsspielraum überdies unter Berücksichtigung des Souveränitätsgedankens aus.[442]

IV. Die Berücksichtigung der Satzung des Europarates

Bei der Auslegung der Konvention ist im Übrigen insbesondere auch die Satzung des Europarates zu berücksichtigen. Denn nach Art. 31 Abs. 3 lit. c WÜV ist außer dem Zusammenhang in gleicher Weise jeder in den Beziehungen zwischen den Vertragsparteien anwendbare einschlägige Völkerrechtssatz zu berücksichtigen. Da alle Konventionsstaaten auch Mitgliedstaaten des Europarates sind, kommt hier vor allem die Satzung des Europarates zum Tragen.[443]

---

436 Mit Beispielen aus der Rechtsprechung des Gerichtshofs *Peters/Altwicker*, Europäische Menschenrechtskonvention, § 3, Rn. 18 sowie *Grabenwarter/Pabel*, Europäische Menschenrechtskonvention, § 18, Rn. 21.

437 Siehe *ECtHR*, *Rasmussen v. Denmark*, 28 November 1984, Abs. 40 ff., Series A no. 87.

438 *Peters/Altwicker*, Europäische Menschenrechtskonvention, § 3, Rn. 18.

439 *Peters/Altwicker*, Europäische Menschenrechtskonvention, § 3, Rn. 18; *Grabenwarte/Pabel*, Europäische Menschenrechtskonvention, § 18, Rn. 21.

440 Mit Beispielen aus der Rechtsprechung *Grabenwarter/Pabel*, Europäische Menschenrechtskonveniton, § 18, Rn. 21.

441 Siehe bspw. *ECtHR*, *Müller and Others v. Switzerland*, 24 May 1988, Abs. 35, Series A no. 133.

442 *Peters/Altwicker*, Europäische Menschenrechtskonvention, § 3, Rn. 18 führen hier die Landesverteidigung als Beispiel an.

443 Siehe Präambel der EMRK: „The governments signatory hereto, being members of the Council of Europe, […].“

B. Verhalten der Konventionsstaaten im Kontext internationaler Organisationen

Steht ein Eingriff in ein Konventionsrecht im Zusammenhang mit einer internationalen Organisation, stellt sich zunächst die Frage nach der Anwendbarkeit der Konvention *ratione personae*. Ist die Konvention im konkreten Fall anwendbar, stellt sich sodann die Frage nach dem Umfang der Verantwortlichkeit der Konventionsstaaten.

I. Anwendbarkeit der Konvention

Gemäß Art. 1 EMRK verpflichten sich die Konventionsstaaten allen ihrer Hoheitsgewalt unterstehenden Personen [*everyone within their jurisdiction*] die in der Konvention bestimmten Rechte und Freiheiten zu sichern. Fest steht, dass Art. 1 EMRK damit den sachlichen, räumlichen und persönlichen Geltungsbereich der Konvention festlegt. Sachlich schützt die Konvention die in Abschnitt I (Artt. 1–18 EMRK) normierten Rechte und Freiheiten einschließlich der diesen Abschnitt ergänzenden Zusatzprotokolle, sofern diese ratifiziert wurden. Der zeitliche Geltungsbereich ist im Sinne des Art. 28 WÜV begrenzt auf Handlungen und Unterlassungen nach dem Inkrafttreten der Konvention.

Unklar ist jedoch, was genau unter den Begriff der Hoheitsgewalt im Sinne von Jurisdiktion zu fassen ist.[444] Der Begriff *jurisdiction* der authentischen englischen Fassung und auch der Begriff *juridiction* der authentischen französischen Fassung hat verschiedene Bedeutungen, was eine Interpretation im Sinne des Art. 1 EMRK erschwert.[445] Schwierigkeiten bereitet vor allem die Frage nach der extraterritorialen Grundrechtsbindung, die nicht unter Rückgriff auf das völkerrechtliche Konzept der *jurisdiction* beantwortet werden kann.[446]

Ob ein Konventionsstaat im Rahmen eines extraterritorialen Akts Hoheitsgewalt im Sinne von Art. 1 EMRK ausübt, beurteilt der Gerichtshof anhand des konkreten Einzelfalls. Es lassen sich jedoch bestimmte Fallgruppen ausmachen, in denen er eine Ausübung von Hoheitsgewalt auf fremdem Territorium annimmt: (1) wenn der Konventionsstaat die effektive Gesamtkontrolle über ein Gebiet ausübt, (2) wenn er die Befehlsgewalt und Kontrolle durch Staatsorgane

---

444 Siehe zum Begriff der Hoheitsgewalt im Kontext der EMRK ausführlich *Nußberger*, in: Current Legal Problems 65 (2002), 241 ff.

445 Siehe zu den verschiedenen Bedeutungen *Nußberger*, in: Current Legal Problems 65 (2002), 241 ff., sowie *Peters*, in: AVR 48 (2010), 1, 3 f.

446 Siehe hierzu *Peters*, in: AVR 48 (2010), 1, 4 ff.

im Einzelfall ausübt und (3) bei der Ausübung extraterritorialer Gewalt im Gebiet eines anderen Vertragsstaates.[447]

Die Bestimmung des räumlichen Geltungsbereichs der Konvention ist gerade auch im Zusammenhang mit militärischen Operationen internationaler Organisationen relevant. Im seinem Urteil in der Sache *Bankovic and Others v. Belgium and Others*[448] verneinte der Gerichtshof beispielsweise die Anwendbarkeit der Konvention *ratione loci*. Die Beschwerdeführer rügten eine Verletzung der Konvention im Zusammenhang mit der Bombardierung des *Radio-Television Serbia* in Belgrad durch die NATO im Kosovokonflikt am 23.04.1999.[449] Der Gerichtshof begründete seine Entscheidung damit, dass es sich bei der betroffenen Maßnahme um einen extraterritorialen Akt handelte, der mangels tatsächlicher Kontrolle über das Gebiet nicht unter den Begriff Hoheitsgewalt im Sinne von Art. 1 EMRK zu fassen sei.[450]

1. *Handeln staatlicher Behörden*

Kann eine Anwendbarkeit *ratione loci* nach den vom Gerichtshof entwickelten Fallgruppen bejaht werden, stellt sich im Kontext internationaler Organisationen die Frage nach der Anwendbarkeit der Konvention *ratione personae*.

Die Vertragsstaaten sind verpflichtet die Konventionsrechte im Rahmen der Ausübung ihrer Hoheitsgewalt zu wahren. Der Begriff der Hoheitsgewalt ist hier in einem umfassenden Sinne zu verstehen und ist nicht beschränkt auf hoheitliches Handeln, sondern erfasst jedes, auch privates, Handeln des Staates.[451] Die Konventionsstaaten trifft damit eine Verantwortung für sämtliches Verhalten der Legislative, der Exekutive und der Judikative.[452]

---

447 *Grabenwarter/Pabel*, Europäische Menschenrechtskonvention, § 17 Rn. 14 ff. Ähnlich auch *Fastenrath*, in: Pabel/Schmahl (Hrsg.), IntKommEMRK, Art. 1, Rn. 97 ff., der zwischen der Gebietsherrschaft über fremdes Territorium, Personen in der Obhut staatlicher Stellen und dem Konventionsraum trennt.

448 *ECtHR, Banković and Others v. Belgium and Others* (dec.) [GC], no. 52207/99, ECHR 2001-XII.

449 Siehe die Zusammenfassung des Sachverhalts durch den Gerichtshof, *ECtHR, Banković and Others v. Belgium and Others* (dec.) [GC], no. 52207/99, Abs. 1 ff., ECHR 2001-XII.

450 Siehe *ECtHR, Banković and Others v. Belgium and Others* (dec.) [GC], no. 52207/99, Abs. 74 ff., ECHR 2001-XII.

451 *Peters/Altwicker*, Europäische Menschenrechtskonvention, § 2, Rn. 17.

452 *Peters/Altwicker*, Europäische Menschenrechtskonvention, § 2, Rn. 17. Unter Verweis auf die Rechtsprechung des EGMR auch *Fastenrath*, in: Pabel/Schmahl (Hrsg.), IntKommEMRK, Art. 1, Rn. 37.

Auch im Zusammenhang mit der Mitgliedschaft in einer internationalen Organisation ist die Anwendbarkeit der Konvention *ratione personae* deswegen grundsätzlich dann zu bejahen, wenn der Konventionsstaat selbst handelt. Auch Vollzugs- und Umsetzungsakte von Entscheidungen internationaler Organisationen durch die Konventionsstaaten eröffnen so den Anwendungsbereich *ratio personae*.[453] Dies gilt auch dann, wenn die Handlung des Konventionsstaates vollumfänglich von einer Entscheidung der internationalen Organisation determiniert ist.[454] Dahinter steht der Gedanke, dass die Konvention der Gründung internationalen Organisationen zwar nicht entgegensteht, die Konventionsstaaten sich dadurch aber auch nicht ihrer Verantwortung unter der Konvention entziehen können. Die dem EGMR ehemals vorgeschaltete Europäische Kommission für Menschenrechte (EKMR)[455] formulierte dies in ihrer Entscheidung *M. & Co. against the Federal Republic of Germany* wie folgt:

> „Under Article 1 (Art. 1) of the Convention the Member States are responsible for all acts and omissions of their domestic organs allegedly violating the Convention regardless of whether the act or omission in question is a consequence of domestic law or regulations or of the necessity to comply with international obligations [...]“[456]

Diese Ausführungen der Kommission fanden in späteren Entscheidungen des Gerichtshofs Bestätigung.[457] Handelt ein Konventionsstaat also in Ausübung seiner Hoheitsgewalt, unabhängig davon, ob er aufgrund seiner Mitgliedschaft in einer internationalen Organisation dazu verpflichtet ist, ist die Konvention *ratione personae* anwendbar. In dem vorliegend zu untersuchenden Fall der Versagung des Zugangs zu nationalen Gerichten durch die Judikative des jeweiligen Konventionsstaates ist deswegen die Anwendbarkeit der Konvention *ratione personae* ohne Probleme zu bejahen.[458]

---

453 Siehe bspw. *ECtHR, Bosphorus Hava Yolları Turizm ve Ticaret Anonim Şirketi v. Ireland* [GC], no. 45036/98, Abs. 137, 143 ff., ECHR 2005-VI.

454 So der EGMR ausdrücklich in seiner Entscheidung *ECtHR, La société Etablissements Biret et Cie S.A. and la société Biret International v. 15 States* (dec.), no. 13762/04, Abs. 2, 9 December 2008.

455 Im Folgenden auch Kommission.

456 *ECommHR, M. & Co. v. the Federal Republic of Germany*, no. 13258/87, Commission decision of 9 February 1990, Decisions and Reports 64, 138.

457 Siehe bspw. *ECtHR, Beer and Regan v. Germany* [GC], no. 28934/95, Abs. 57, 18 February 1999; *ECtHR, Waite and Kennedy v. Germany* [GC], no. 26083/94, Abs. 67, ECHR 1999-I;

458 So setzte sich der EGMR in seiner Leitentscheidung zur Immunität internationaler Organisationen in den Fällen *ECtHR, Beer and Regan v. Germany* [GC], no. 28934/95,

Insofern ist auch die Kritik, dass es sich bei dem Erfordernis der Mitwirkungshandlung um einen Vorwand handele, die Anwendbarkeit der Konvention *ratione personae* für Fälle zu bejahen, in denen der Konventionsstaat keine „autonom[e]“[459] Hoheitsgewalt ausübt, nicht zutreffend.[460] Inwiefern der betroffene Staat in diesem Sinne autonom gehandelt hat, kann – solange die Schwelle der effektiven Kontrolle über die Handlung nicht unterschritten wird – nur im Rahmen des Umfangs der Konventionsbindung beantwortet werden.[461]

2. Handeln einer internationalen Organisation

Schwieriger ist die Frage zu beantworten, ob das Verhalten einer internationalen Organisation in den Anwendungsbereich der Konvention fällt. Eine eigene Verantwortlichkeit der Organisation unter der Konvention kommt jedenfalls nur in Betracht, wenn die Organisation den Status einer Vertragspartei der Konvention hat. Fraglich ist deswegen die Verantwortlichkeit der Mitgliedstaaten für ein Handeln der internationalen Organisation. Hier korreliert die Frage nach der Anwendbarkeit der Konvention *ratione personae* mit der materiellen Frage nach der völkerrechtlichen Verantwortlichkeit im Rahmen der Zurechnung eines Verhaltens.

Zu unterscheiden sind dabei zwei Fälle. Zum einen interne Akte, die keiner Ausführungshandlung der Mitgliedstaaten bedürfen und zum anderen Akte mit Außenwirkung, die im Auftrag der internationalen Organisation von den Mitgliedstaaten ausgeführt werden. Erstere sind im Hinblick auf eine mögliche Verletzung des Rechts auf Zugang zu Gericht von Relevanz, da möglicherweise auch eine Zugangsversagung zu den internen Rechtsschutzmöglichkeiten einer internationalen Organisationen durch die internationale Organisation selbst, einen den Konventionstaaten zurechenbaren Verstoß gegen die Europäische Menschenrechtskonvention darstellen kann. Letztere sollen – auch wenn die Versagung des Zugangs zu einem nationalen Gericht durch einen Konventionsstaat nicht als Handlung der betroffenen internationalen Organisation qualifiziert werden kann, die die Zurechnung dieser Handlung zu dem Konventionsstaat in Frage stellt – der Vollständigkeit und Abgrenzung halber ebenfalls mitbehandelt werden.

---

18 February 1999; *ECtHR, Waite and Kennedy v. Germany* [GC], no. 26083/94, ECHR 1999-I schon nicht mit der Frage der Anwendbarkeit der Konvention auseinander.

459 *Janik*, in: ZaöRV 2010, 127, 178.

460 So jedoch im Ergebnis angenommen von *Janik*, in: ZaöRV 2010, 127, 178 f.

461 Siehe hierzu sogleich unter Kapitel 2, B. I. 2. b. und II.

a. Handeln von Organen und Personal der internationalen Organisation

Grundlegend für die Frage der Verantwortlichkeit der Konventionsstaaten für interne Akte einer internationalen Organisation ist die Entscheidung des Gerichtshofs im Fall *Boivin v. 34 Member States of the Council of Europe*[462]. Der Beschwerdeführer rügte aus verschiedenen Gründen eine Entscheidung des Verwaltungsgerichts der Internationalen Arbeitsorganisation (*International Labour Organization Administrative Tribunal*, ILOAT).[463] Der Gerichtshof lehnte die Zulässigkeit gegen 32 der Beschwerdegegner aufgrund der Verfristung der Beschwerde ab und verneinte im Übrigen die Anwendbarkeit der Konvention.[464] Die Entscheidung des ILOAT könne den betroffenen Konventionsstaaten nicht zugerechnet werden, und mangels Handlung oder Unterlassung der Konventionsstaaten selbst käme deswegen eine Anwendbarkeit der Konvention nicht in Betracht.[465] Ebenso entschied der Gerichthof in der Sache *Connoly v. 15 member States of the European Union* hinsichtlich eines Beschlusses des Europäischen Gerichtshofs (EuGH).[466]

Im Rahmen interner Akte, die keiner Ausführungshandlung durch die Mitgliedstaaten bedürfen, ist eine Zurechnung zu den Mitgliedstaaten also regelmäßig nicht möglich, da nur die Organisation selbst handelt.[467] Die Mitgliedschaft in einer internationalen Organisation allein ist kein ausreichendes Zurechnungskriterium.[468] Eine Anwendbarkeit der Konvention *ratione personae* kommt im Rahmen interner Akte internationaler Organisationen deswegen nur dann in Betracht, wenn der Mitgliedstaat in direkter oder indirekter Weise interveniert. Fehlt eine entsprechende Mitwirkungshandlung, übt der Konventionsstaat keine Hoheitsgewalt im Sinne von Art. 1 EMRK aus.[469] Die Mitwirkungshandlung ist

---

462 *ECtHR, Boivin v. 34 member States of the Council of Europe* (dec.), no. 73250/01, ECHR 2008.

463 Siehe *ECtHR, Boivin v. 34 member States of the Council of Europe* (dec.), no. 73250/01, ECHR 2008 zu den Details die Ausführungen des Gerichtshofs zum Sachverhalt.

464 *ECtHR, Boivin v. 34 member States of the Council of Europe* (dec.), no. 73250/01, ECHR 2008, Abs. 1 f.

465 *ECtHR, Boivin v. 34 member States of the Council of Europe* (dec.), no. 73250/01, ECHR 2008, Abs. 2.

466 Siehe *ECtHR, Connoly v. 15 member States of the European Union* (dec.), no. 73724/01, 9 December 2008.

467 *Peters/Altwicker*, Europäische Menschenrechtskonvention, § 2, Rn. 24.

468 Anders jedoch der EGMR in der Sache *Gasparini v. Italy and Belgium*, siehe hierzu sogleich unter Kapitel 2, B. II. 2.

469 *Peters/Altwicker*, Europäische Menschenrechtskonvention, § 2, Rn. 24.

jedoch zu trennen von der Frage nach der Zurechnung. Die Mitwirkungshandlung löst nur die Anwendbarkeit der Konvention *ratione personae* aus. Dem Mitgliedstaat wird dann aber nicht die vermeintliche Verletzungshandlung der internationalen Organisation zugerechnet, sondern er muss sich für zunächst nur für die eigene Mitwirkungshandlung verantworten.[470]

b. Handeln der Mitgliedstaaten für die internationale Organisation

Handelt ein Konventionsstaat unter der Schirmherrschaft einer internationalen Organisation, kommt eine Anwendbarkeit der Konvention *ratione personae* nur in Betracht, wenn den Mitgliedstaaten der internationalen Organisation die vermeintliche Verletzungshandlung auch zugerechnet werden kann. Von Bedeutung sind hier insbesondere zwei Entscheidungen des Gerichtshofs.

aa. Die Rechtsprechung des Gerichtshofs

Die große Kammer des Gerichtshofs beschäftigte sich in der Entscheidung im Fall *Behrami and Behrami v. France and Saramati v. France and Others*[471] mit der Frage der Zurechnung der Handlung einer internationalen Organisation zu deren Mitgliedstaaten. Hintergrund waren jeweils Handlungen im Zusammenhang mit der Mission der UN im Kosovo (*United Nations Mission in Kosovo*, UNMIK) auf Grundlage von Resolution 1244 (1999)[472] des UN-Sicherheitsrates.[473] Die Kläger im Fall *Behrami and Behrami v. France* rügten eine Verletzung von Art. 2 EMRK durch UNMIK, die es versäumt hätten, nicht detonierte Clusterbomben zu markieren und/oder zu entschärfen. Der Kläger im Fall *Saramati v. France and Others* rügte mehrere Verletzungen der Konvention hinsichtlich seiner durch die unter der Schirmherrschaft der UN stehenden Kosovo-Truppen (*Kosovo Force*, KFOR) vorgenommenen Inhaftierung. Der Gerichtshof stellte fest, dass das streitige Verhalten von Resolution 1244 (1999) gedeckt war und

---

470 Dabei kann der interne Akt der internationalen Organisation jedoch hinsichtlich des Umfangs der Verantwortlichkeit eine Rolle spielen, siehe hierzu zugleich unter Kapitel 2, B. II.

471 *ECtHR*, *Behrami and Behrami v. France and Saramati v. France and Others* (dec.) [GC], nos. 71412/01 and 78166/01, 2 May 2007.

472 *UN*, Resolution 1244 (1999) adopted by the Security Council at its 4011th meeting, on 10 June 1999, abrufbar unter http://www.un.org/en/ga/search/view_doc.asp?symbol=S/RES/1244(1999), zuletzt abgerufen am 26.06.2019.

473 Siehe zum Sachverhalt die Ausführungen des Gerichtshofs, *ECtHR*, *Behrami and Behrami v. France and Saramati v. France and Others* (dec.) [GC], nos. 71412/01 and 78166/01, Abs. 1 ff., 2 May 2007.

kam zu dem Schluss, dass das Verhalten deswegen den UN als Völkerrechtspersönlichkeit selbst zuzurechnen sei und eine Verantwortlichkeit der Mitgliedstaaten der Organisation deswegen ausgeschlossen sei.[474] Für die Zurechnung der Handlung zu der internationalen Organisation stütze sich der Gerichtshof auf eine „ultimate authority and control"[475] [Letztverantwortung und Kontrolle] seitens der UN.[476]

In der Entscheidung im Fall *Al-Jedda v. The United Kingdom*[477] befasste sich die Große Kammer mit der Frage, ob die durch britische Soldaten vorgenommene Inhaftierung des Beschwerdeführers im Irak Art. 5 EMRK verletzt.[478] Die britische Regierung war der Ansicht, die Internierung sei aufgrund von Resolution 1546 (2004)[479] den UN zuzurechnen und eine Anwendbarkeit der Konvention *ratione personae* sei deswegen ausgeschlossen.[480] Der Gerichtshof verneinte eine Vergleichbarkeit mit der Entscheidung im Fall *Behrami and Behrami v. France and Saramati v. France and Others* und verneinte im konkreten Fall die Zurechnung der Handlung zu den UN.[481] Anders als im Fall *Behrami and Behrami v. France and Saramati v. France and Others* stützte sich der Gerichtshof bei der Verneinung der Zurechnung zu den UN unter Rückgriff auf die *Draft articles on the responsibility of international organizations* (DARIO)[482] ausdrücklich auf das Kriterium der ‚effektiven Kontrolle'[483].[484] Der damalige Art. 5 und jetzige Art. 7 DARIO lautet wie folgt:

---

474 Siehe *ECtHR, Behrami and Behrami v. France and Saramati v. France and Others* (dec.) [GC], nos. 71412/01 and 78166/01, Abs. 151, 2 May 2007.

475 *ECtHR, Behrami and Behrami v. France and Saramati v. France and Others* (dec.) [GC], nos. 71412/01 and 78166/01, Abs. 133, 2 May 2007.

476 Siehe *ECtHR, Behrami and Behrami v. France and Saramati v. France and Others* (dec.) [GC], nos. 71412/01 and 78166/01, Abs. 133 ff., 2 May 2007.

477 *ECtHR, Al-Jedda v. the United Kingdom* [GC], no. 27021/08, ECHR 2011.

478 Siehe zum Sachverhalt *ECtHR, Al-Jedda v. the United Kingdom* [GC], no. 27021/08, Abs. 8 ff., ECHR 2011.

479 *UN*, Resolution 1546 (2004) adopted by the Security Council at its 4987th meeting, on 8 June 2004, abrufbar unter http://www.un.org/en/ga/search/view_doc.asp?symbol=S/RES/1546(2004), zuletzt abgerufen am 26.06.2019.

480 Siehe *ECtHR, Al-Jedda v. the United Kingdom* [GC], no. 27021/08, Abs. 64 ff., ECHR 2011.

481 Siehe *ECtHR, Al-Jedda v. the United Kingdom* [GC], no. 27021/08, Abs. 83 f., ECHR 2011.

482 Abrufbar unter http://legal.un.org/ilc/texts/instruments/english/draft_articles/9_11_2011.pdf, zuletzt abgerufen am 26.06.2019.

483 *ECtHR, Al-Jedda v. the United Kingdom* [GC], no. 27021/08, Abs. 84, ECHR 2011.

484 Siehe *ECtHR, Al-Jedda v. the United Kingdom* [GC], no. 27021/08, Abs. 84, ECHR 2011.

„The conduct of an organ of a State or an organ or agent of an international organization that is placed at the disposal of another international organization shall be considered under international law an act of the latter organization if the organization exercises effective control over that conduct."

bb. Kritik

Bedenken begegnet die scheinbare Annahme des Gerichtshofs einer pauschalen exklusiven Verantwortlichkeit entweder der internationalen Organisation oder der Mitgliedstaaten in der Entscheidung *Behrami and Behrami v. France and Saramati v. France and Others.*[485] Es ist durchaus denkbar, dass eine Verletzung sowohl einem Staat als auch einer internationalen Organisation zugerechnet werden kann, und zwar aufgrund verschiedener Verpflichtungen unabhängig voneinander.[486] Die Verantwortlichkeit einer internationalen Organisation schließt demnach nicht grundsätzlich eine Verantwortlichkeit der Mitgliedstaaten aus. Entscheidend für die Anwendbarkeit der Konvention *ratione personae* ist insofern stets, ob die vermeintliche Verletzungshandlung einem Konventionsstaat zugerechnet werden kann und nicht zwangsläufig, dass eine Verletzungshandlung nicht der internationalen Organisation zugerechnet wird. Insofern ist auch der Rückgriff des Gerichtshofs auf die *Draft articles on the responsibility of international organizations* dogmatisch nicht sauber. Da es im Kern um die Frage der Zurechnung des Verhaltens zum Konventionsstaat geht, wäre stattdessen auf die Artikel zur Staatenverantwortlichkeit[487] abzustellen.[488]

Maßgeblich für eine entsprechende Anwendbarkeit der Konvention kann nur sein, ob das Verhalten den Konventionsstaaten nach völkerrechtlichen Kriterien zugerechnet werden kann. Insofern finden auch die Ausführungen des Gerichtshofs im Fall *Behrami and Behrami v. France and Saramati v. France and Others* zur Zurechnung aufgrund der Ermächtigung durch den Sicherheitsrat keine Grundlage im geltenden Völkerrecht. In seiner Entscheidung im Fall *Al-Jedda v. The*

---

485 Kritisch auch *Ruffert/Walter*, Institutionalisiertes Völkerrecht, Rn. 586; *Peters/Altwicker*, Europäische Menschenrechtskonvention, § 2, Rn. 29 sowie *Fastenrath*, in: Pabel/Schmahl (Hrsg.), IntKommEMRK, Art. 1, Rn. 55, der jedoch grundsätzlich das organschaftliche Handeln der Konventionsstaaten in internationalen Organisationen der Konvention unterwerfen möchte.

486 *Ahlborn*, in: Die Friedens-Warte 88 (2013), 45, 53.

487 Responsibility of States for Internationally Wrongful Acts 2001, abrufbar unter http://legal.un.org/ilc/texts/instruments/english/draft_articles/9_6_2001.pdf, zuletzt ab-gerufen am 18.12.2017.

488 Siehe auch *Peters*, in: AVR 48 (2010), 1, 35.

United Kingdom scheint er dies indes in einem gewissen Umfang anzuerkennen, da er hier auch auf das bekannte Kriterium der *effective control* zurückgreift.[489] Kann ein Verhalten den Konventionsstaaten als Mitgliedstaaten einer internationalen Organisation nach völkerrechtlichen Gesichtspunkten nicht zugerechnet werden, fehlt es an der Ausübung von Hoheitsgewalt durch den Konventionsstaat im Sinne des Art. 1 EMRK.[490]

3. *Zwischenergebnis*

Die Anwendbarkeit der Konvention *ratione personae* im Zusammenhang mit internationalen Organisation setzt also entweder eine direkte oder indirekte staatliche Mitwirkungshandlung oder ein den Konventionsstaaten nach völkerrechtlichen Regelungen zurechenbares Handeln einer internationalen Organisation voraus.[491]

II. Umfang der Bindung an die Konvention

Von der Frage der Anwendbarkeit der Konvention ist die sich anschließende Frage nach dem Umfang der Konventionsbindung der Mitgliedstaaten zu trennen. Im Zusammenhang mit Handlungen der Konventionsstaaten aufgrund ihrer Mitgliedschaft in einer internationalen Organisation nimmt der Gerichtshof in bestimmten Fällen eine nur eingeschränkte Bindungswirkung der Konvention an.

1. *Problemaufriss*

Zu Recht schließt der Gerichtshof aufgrund der Notwendigkeit der zwischenstaatlichen Zusammenarbeit die Gründung von internationalen Organisationen unter der Konvention nicht aus.[492] Es würde jedoch auch dem Sinn und

---

489 *Sari*, in: Ryngaert u. a. (Hrsg.), Judicial Decisions on the Law of International Organizations, S. 359 kritisiert zu Recht, dass der Gerichtshof nicht ausdrücklich Abstand von seiner Formulierung im Fall *Behrami and Behrami v. France and Saramati v. France and Others* genommen hat.

490 Für eine konsequente Anwendung des Merkmals der effektiven Kontrolle auch *Peters*, in: AVR 48 (2010), 1, 37 f.

491 Zur Auslösung einer Anwendbarkeit *ratio personae* über die *equivalent protection-Formel* sogleich unter Kapitel 2, B. II.

492 Siehe bspw. *ECtHR, Beer and Regan v. Germany* [GC], no. 28934/95, Abs. 57, 18 February 1999; *ECtHR, Waite and Kennedy v. Germany* [GC], no. 26083/94, Abs. 67, ECHR 1999-I. Dass die Konvention einer Übertragung nicht grundsätzlich entgegensteht wird auch in der Literatur nicht in Frage gestellt, siehe bspw. *Fastenrath*,

Zweck der Konvention widersprechen, wenn sich die Konventionsstaaten durch die Übertragung von Kompetenzen auf eine internationale Organisation ihrer Verantwortung unter der Konvention entziehen könnten.[493] Gleichzeitig ist wiederum zu berücksichtigen, dass ein Konventionsstaat bei Handeln in Erfüllung einer Verbindlichkeit aus der Mitgliedschaft in einer internationalen Organisation völkerrechtlich gebunden ist.

Hier stehen sich also das Interesse und die Notwendigkeit zwischenstaatlicher Kooperation mit der einhergehenden völkerrechtlichen Verpflichtung zur Erfüllung daraus folgender Verbindlichkeiten und das Interesse an einem effektiven Konventionsschutz gegenüber. Im schlechtesten Fall kann der Konventionsstaat entweder nur seine aus der Mitgliedschaft in einer internationalen Organisation folgende Verpflichtung oder seine Verpflichtung aus der Konvention erfüllen. Diese Interessen gilt es in Ausgleich zu bringen.

2. *Lösung über die* Equivalent-Protection-Doktrin

Die Kommission sah sich in der bereits erwähnten Entscheidung *M. & Co. against the Federal Republic of Germany* mit dieser Problematik konfrontiert und kam zu dem Schluss, dass die Übertragung von Kompetenzen auf eine internationale Organisation nur mit der Konvention vereinbar sei, wenn auf Ebene der Organisation fundamentale Rechte einen äquivalenten Schutz erhielten:

> „Therefore the transfer of powers to an international organisation is not incompatible with the Convention provided that within that organisation fundamental rights will receive an equivalent protection."[494]

Der Gerichtshof schloss sich den diesbezüglichen Überlegungen der Kommission an und konkretisierte die *Equivalent-Protection-Doktrin* im Zuge seiner Rechtsprechung zu internationalen Organisationen.[495]

---

in: Pabel/Schmahl (Hrsg.), IntKommEMRK, Art. 1, Rn. 141; *Johann*, in: Karpenstein/Mayer (Hrsg.), EMRK, Art. 1, Rn. 12.

493 *ECtHR, Beer and Regan v. Germany* [GC], no. 28934/95, Abs. 57, 18 February 1999; *ECtHR, Waite and Kennedy v. Germany* [GC], no. 26083/94, Abs. 67, ECHR 1999-I. Siehe auch *Fastenrath*, in: Pabel/Schmahl (Hrsg.), IntKommEMRK, Art. 1, Rn. 64; *Johann*, in: Karptenstein/Mayer (Hrsg.), EMRK, Art. 1 Rn. 12.

494 *ECommHR, M. & Co. v. the Federal Republic of Germany*, no. 13258/87, Commission decision of 9 February 1990, Decisions and Reports 64, 138.

495 Die Kommission hielt die Beschwerde aufgrund des Vorhandenseins eines vergleichbaren Grundrechtsstandards auf Ebene der internationalen Organisation im konkreten Fall allerdings entgegen der nachfolgenden Rechtsprechung des EGMR für unzulässig *ratione materiae*, siehe *ECommHR, M. & Co. v. the Federal Republic of*

a. *Wesentlicher Inhalt der* Equivalent-Protection-Doktrin

Die Entscheidung im Fall *Bosphorus Hava Yolları Turizm ve Ticaret Anonim Şirketi v. Ireland*[496] ist grundlegend für die Bestimmung des Inhalts der *Equivalent-Protection-Doktrin*. Der Gerichtshof führte hierzu aus:

> „[…] State action taken in compliance with such legal obligations is justified as long as the relevant organisation is considered to protect fundamental rights, as regards both the substantive guarantees offered and the mechanisms controlling their observance, in a manner which can be considered at least equivalent to that for which the Convention provides […].“[497]

Handelt ein Staat in Erfüllung einer Verbindlichkeit aus der Mitgliedschaft in einer internationalen Organisation, ist seine Handlung folglich unter bestimmten Voraussetzungen gerechtfertigt.[498] Für eine etwaige Rechtfertigung ist zunächst maßgeblich, ob auf Ebene der internationalen Organisation ein äquivalenter Grundrechtsschutz gewährt wird. Dabei ist nicht nur ein äquivalenter materieller Grundrechtsstandard erforderlich, sondern auch das Vorhandensein eines entsprechenden Kontrollmechanismus. Erforderlich ist dabei allerdings nur ein vergleichbarer [*comparable*] und kein mit der Konvention identischer [*identical*] Schutz.[499]

Zur Feststellung eines vergleichbaren Grundrechtsschutzes auf Ebene der EU untersuchte der EGMR im konkreten Fall die entsprechende Rechtsprechung des EuGH sowie entsprechende Vertragsbestimmungen, die den Schutz fundamentaler Rechte durch die EU betreffen.[500] Da zum Zeitpunkt der Entscheidung im Fall *Bosphorus Hava Yolları Turizm ve Ticaret Anonim Şirketi v. Ireland* im Juni 2005 noch kein verbindlicher geschriebener Grundrechtskatalog der EU existierte und der EGMR dennoch von einem vergleichbaren Grundrechtsstandard

---

Germany, no. 13258/87, Commission decision of 9 February 1990, Decisions and Reports 64, 138. Siehe zur Entwicklung der *Equivalent-Protection-Doktrin* im Detail *Janik*, in: ZaöRV 2010, 127 ff.

496 *ECtHR, Bosphorus Hava Yolları Turizm ve Ticaret Anonim Şirketi v. Ireland* [GC], no. 45036/98, ECHR 2005-VI.

497 *ECtHR, Bosphorus Hava Yolları Turizm ve Ticaret Anonim Şirketi v. Ireland* [GC], no. 45036/98, Abs. 155, ECHR 2005-VI.

498 Zu den grundsätzlichen Anwendungsvoraussetzungen siehe sogleich unter Kapitel 2, B. II. 2. b.

499 Siehe *ECtHR, Bosphorus Hava Yolları Turizm ve Ticaret Anonim Şirketi v. Ireland* [GC], no. 45036/98, Abs. 155, ECHR 2005-VI.

500 Siehe *ECtHR, Bosphorus Hava Yolları Turizm ve Ticaret Anonim Şirketi v. Ireland* [GC], no. 45036/98, Abs. 159, 78 ff., ECHR 2005-VI.

ausging, ist zu folgern, dass es ausreichend und zugleich Voraussetzung ist, dass im Rahmen der internationalen Organisation die tatsächliche Achtung fundamentaler Menschenrechte gewährleistet wird.[501] Hinsichtlich der Vergleichbarkeit entsprechender Durchsetzungsmechanismen auf Ebene der EU erkannte der Gerichtshof indes die beschränkte individuelle Klageberechtigung des Einzelnen.[502] Neben der Kontrolle der Einhaltung des Gemeinschaftsrechts durch die Unionsorgane, von denen der Einzelne profitiert, stellte der Gerichthof zur Bejahung eines jedenfalls vergleichbaren Schutzes auf die beim EuGH verbleibende Kontrolle im Rahmen des Vorlageverfahrens ab.[503]

Kann auf Ebene der internationalen Organisation ein vergleichbarer Grundrechtsstandard angenommen werden, kommt dem Konventions- und Mitgliedstaat eine Vermutung zugute, dass seine Handlung konventionskonform ist:

> „If such equivalent protection is considered to be provided by the organisation, the presumption will be that a State has not departed from the requirements of the Convention when it does no more than implement legal obligations flowing from its membership of the organisation."[504]

Die Vermutung der Konventionskonformität der mitgliedstaatlichen Handlung kann widerlegt werden, wenn im konkreten Fall der Schutz der Konventionsrechte offensichtlich mangelhaft ist:

> „However, any such presumption can be rebutted if, in the circumstances of a particular case, it is considered that the protection of Convention rights was manifestly deficient. In such cases, the interest of international cooperation would be outweighed by the Convention's role as a 'constitutional instrument of European public order' in the field of human rights […]."[505]

Der Gerichtshof erkennt in diesen Fällen einen Vorrang der Konvention gegenüber dem grundsätzlich legitimen Ziel der internationalen Zusammenarbeit an.

---

501 So auch der Gerichtshof ausdrücklich in *ECtHR*, *Klausecker v. Germany* (dec.), no. 415/07, Abs. 100, 6 January 2015. Siehe auch *Bröhmer*, in: EuZW 2006, 71, 75.

502 Siehe *ECtHR*, *Bosphorus Hava Yolları Turizm ve Ticaret Anonim Şirketi v. Ireland* [GC], no. 45036/98, Abs. 162, ECHR 2005-VI.

503 Siehe *ECtHR*, *Bosphorus Hava Yolları Turizm ve Ticaret Anonim Şirketi v. Ireland* [GC], no. 45036/98, Abs. 163 ff., ECHR 2005-VI.

504 *ECtHR*, *Bosphorus Hava Yolları Turizm ve Ticaret Anonim Şirketi v. Ireland* [GC], no. 45036/98, Abs. 156, ECHR 2005-VI.

505 *ECtHR*, *Bosphorus Hava Yolları Turizm ve Ticaret Anonim Şirketi v. Ireland* [GC], no. 45036/98, Abs. 156, ECHR 2005-VI.

Es obliegt jedoch dem Beschwerdeführer, einen offensichtlichen Mangel darzulegen.[506]

Der Staat kommt beispielsweise nicht in den Genuss der Vermutung, wenn er den grundsätzlich vorhandenen äquivalenten Grundrechtsschutz nicht vollständig zur Anwendung bringt. Im Fall *Michaud v. France*[507] griff die Vermutung nicht, da der auf Ebene der EU vorhandene Kontrollmechanismus durch Frankreich nicht genutzt wurde.[508] Der Conseil d'Etat weigerte sich in diesem Fall, beim EuGH hinsichtlich der behaupteten Verletzung der Konventionsrechte eine Vorabentscheidung einzuholen. Anders urteilte der Gerichtshof hingegen in der jüngeren Entscheidung *Avotiņš v. Latvia*[509]. Die Große Kammer hielt die Vorlage an den EuGH hier nicht für erforderlich, um die Vermutung zur Anwendung zu bringen, und sprach sich auch generell gegen einen übertriebenen Formalismus diesbezüglich aus:

> „It considers that it would serve no useful purpose to make the implementation of the Bosphorus presumption subject to a requirement for the domestic court to request a ruling from the CJEU in all cases without exception, including those cases where no genuine and serious issue arises with regard to the protection of fundamental rights by EU law, or those in which the CJEU has already stated precisely how the applicable provisions of EU law should be interpreted in a manner compatible with fundamental rights."[510]

Anders als im Fall *Michaud v. France*, in dem der Conseil d'Etat sich weigerte, vorzulegen, war eine Vorlage im Rahmen des nationalen Verfahrens im Fall *Avotiņš v. Latvia* nicht Thema, so dass ein auch vom Gerichtshof zugrunde gelegter gewisser Unterschied jedenfalls bestand.[511]

---

506 So formulierte der EGMR in seiner Entscheidung *ECtHR, Rambus Inc v. Germany* (dec.), no. 40382/04, Abs. 1, 16 June 2009 bspw.: „However, even assuming therefore the applicability of the Bosphorus case-law to the present case, the applicant did not put forward any arguments to depart from the Federal Constitutional Court's finding that the protection of fundamental rights within the framework of the European Patent Organisation was in general equivalent to the standard of the German Constitution." Siehe auch *Röben*, in: Dörr/Grote/Marauhn (Hrsg.), EMRK/GG, Kap. 5, Rn. 135.

507 *ECtHR, Michaud v. France*, no. 12323/11, ECHR 2012.

508 Siehe *ECtHR, Michaud v. France*, no. 12323/11, ECHR 2012, Abs. 115.

509 *ECtHR, Avotiņš v. Latvia* [GC], no. 17502/07, ECHR 2016.

510 *ECtHR, Avotiņš v. Latvia* [GC], no. 17502/07, Abs 109, ECHR 2016.

511 Siehe *ECtHR, Avotiņš v. Latvia* [GC], no. 17502/07, Abs. 111, ECHR 2016.

Greift die Vermutung der *Equivalent-Protection-Doktrin*, weist der Gerichtshof die Beschwerde regelmäßig auf Zulässigkeitsebene als offensichtlich unbegründet ab.[512] Greift die Vermutung nicht, sei es weil auf Ebene der internationalen Organisation schon kein vergleichbarer Grundrechtsschutz gewährleistet wird oder weil der Schutz im konkreten Fall offensichtlich mangelhaft ist, prüft der Gerichtshof, ob die streitige Handlung des Konventionsstaates eine Konventionsverletzung darstellt.[513]

Hinsichtlich des Grundrechtsstandards auf Ebene der EU bejaht der Gerichtshof mit Verweis auf Art. 6 Abs. 1 EUV mittlerweile in ständiger Rechtsprechung einen äquivalenten Schutz.[514] Bejaht hat der Gerichtshof in seiner Entscheidung *Klausecker v. Germany*[515] zudem einen äquivalenten Grundrechtsschutz auf Ebene der Europäischen Patentorganisation (EPO). Er führte hierzu aus, dass das mit dem Fall befasste ILOAT in seiner Rechtsprechung unstreitig erklärt hat, fundamentale Grundrechte zu schützen.[516] In seiner Entscheidung im Fall *Gasparini v. Italy and Belgium*[517] prüfte der Gerichtshof hingegen zwar das Vorliegen eines offensichtlichen Mangels im konkreten Fall, lässt jedoch zuvor allgemeine Ausführungen zur Gewährleistung eines vergleichbaren Grundrechtsstandards vermissen.[518] Es scheint vielmehr, als beschränkte sich der Gerichtshof auf die Überprüfung des Fehlens eines offensichtlichen Mangels im konkreten Fall.[519] Deswegen kann die Frage nach einem äquivalenten Grundrechtsschutz auf Ebene der NATO nicht unter Rückgriff auf das Urteil beantwortet werden. Eine ähnliche Vorgehensweise findet sich in der Kammerentscheidung in der Sache *Al-Dulimi and Montana Management Inc. v. Switzerland*[520]. Die Kammer verneinte unter Verweis auf mangelhafte Durchsetzungsmechanismen vor allem in

---

512 Siehe bspw. *ECtHR, Povse and Povse v. Austria* (dec.), no. 3890/11, 18 June 2013; *ECtHR, Cooperatieve Producentenorganisatie van de Nederlandse Kokkelvisserij U.A. v. the Netherlands* (dec.), no. 13645/05, ECHR 2009. Die Prüfung der *Equivalent-Protection-Doktrin* im Fall *Bosphorus Hava Yolları Turizm ve Ticaret Anonim Şirketi v. Ireland* im Rahmen der Begründetheit ist insofern Ausnahme geblieben.

513 Siehe bspw. *ECtHR, Michaud v. France*, no. 12323/11, Abs. 117 ff., ECHR 2012.

514 Siehe *ECtHR, Avotiņš v. Latvia* [GC], no. 17502/07, Abs. 102 ff., ECHR 2016.

515 *ECtHR, Klausecker v. Germany* (dec.), no. 415/07, 6 January 2015.

516 Siehe *ECtHR, Klausecker v. Germany* (dec.), no. 415/07, Abs. 100, 6 January 2015.

517 *ECtHR, Gasparini v. Italy and Belgium* (dec.), no. 10750/03, 12 May 2009.

518 Siehe *ECtHR, Gasparini v. Italy and Belgium* (dec.), no. 10750/03, 12 May 2009.

519 Die Ausführungen des Gerichtshofs in diesem Fall sowie im Fall *Klausecker v. Germany* werden aufgrund ihrer Besonderheiten nachfolgend noch gesondert dargestellt.

520 *ECtHR, Al-Dulimi and Montana Management Inc. v. Switzerland*, no. 5809/08, 26 November 2013.

Rahmen des Sanktionsregimes des Sicherheitsrates einen mit der Konvention vergleichbaren Grundrechtsschutz auf Ebene der UN.[521] Da die Kammer im Anschluss an die Feststellung davon spricht, dass die Vermutung der *Equivalent-Protection-Doktrin* widerlegt wurde, scheint sie die fehlenden Durchsetzungsmechanismen als offensichtlichen Mangel anzusehen.[522] Eine entsprechende Durchsetzungsmöglichkeit ist jedoch Voraussetzung, damit die Vermutung überhaupt greift. Im Falle des Vorliegens eines offensichtlichen Mangels führt diese Vorgehensweise jedoch zumindest zum gleichen Ergebnis. Offen bleibt dabei aber, ob auf Ebene der UN in anderen Fällen, beispielsweise in Dienstrechtsstreitigkeiten, grundsätzlich von einem vergleichbaren Grundrechtsschutz ausgegangen werden kann.

Insgesamt ist in Bezug auf die obigen Ausführungen zu beachten, dass die Annahme eines vergleichbaren Schutzes keine endgültige Entscheidung ist, sondern möglichen Veränderungen unterliegt.[523]

b. Anwendungsfälle der Equivalent-Protection-Doktrin

Grundvoraussetzung für die Anwendbarkeit der *Equivalent-Protection-Doktrin* ist das Handeln in Erfüllung einer Verbindlichkeit aus der Mitgliedschaft in einer internationalen Organisation. Dabei muss die Handlung natürlich von der Verpflichtung gedeckt sein. Dies erfordert zunächst das Bestimmen der Rechtsgrundlage und die Überprüfung, ob der betroffene Konventionsstaat zur Handlung verpflichtet war.[524] Dabei beschränkt der Gerichtshof seine Prüfung in Übereinstimmung mit seinem Auftrag, die Konventionsrechte zu wahren, auf die Feststellung, ob die Auswirkungen der Auslegung und Anwendung durch

521 Siehe *ECtHR, Al-Dulimi and Montana Management Inc. v. Switzerland*, no. 5809/08, Abs. 120, 26 November 2013. Das Verfahren wurde im Anschluss an die Entscheidung an die Große Kammer abgegeben, die eine Anwendbarkeit der *Equivalent-Protection-Doktrin* ablehnte, da sie im Ergebnis eine Verpflichtung der Schweiz zur Vornahme der streitigen Handlung verneinte, siehe *ECtHR, Al-Dulimi and Montana Management Inc. v. Switzerland* [GC], no. 5809/08, Abs. 137 ff. ECHR 2016. Siehe hierzu auch sogleich unter Kapitel 2, B. II. 2. b.

522 Siehe *ECtHR, Al-Dulimi and Montana Management Inc. v. Switzerland*, no. 5809/08, Abs. 212, 26 November 2013.

523 Siehe *ECtHR, Bosphorus Hava Yolları Turizm ve Ticaret Anonim Şirketi v. Ireland* [GC], no. 45036/98, Abs. 155, ECHR 2005-VI.

524 Siehe bspw. *ECtHR, Bosphorus Hava Yolları Turizm ve Ticaret Anonim Şirketi v. Ireland* [GC], no. 45036/98, Abs. 143 ff., ECHR 2005-VI.

die betroffenen Stellen mit der Konvention vereinbar sind.[525] Die Auslegung und Anwendung nationalen Rechts oder EU-Rechts darüber hinaus fällt nicht in seinen Aufgabenbereich.[526]

Hauptanwendungsfall der *Equivalent-Protection-Doktrin* war bisher die Umsetzung oder der Vollzug von Rechtsakten der EU.[527] Spätestens seit der Entscheidung des EGMR im Fall *Gasparini v. Italy and Belgium*, die nicht die EU, sondern die NATO betraf, ist aber klar, dass die Bosphorus-Rechtsprechung prinzipiell auch auf andere internationale Organisationen anwendbar ist.[528] Der EGMR selbst hat seine Ausführungen schon nie auf die EU beschränkt, sondern stets allgemein von internationalen Organisationen gesprochen.[529] In der Kammerentscheidung im Fall *Al-Dulimi and Montana Management Inc. v. Switzerland* formulierte der Gerichtshof dies ausdrücklich:

> „Most of the above-mentioned cases concern the relationship between European Union law and the Convention guarantees. The Court observes, however, that it has never ruled out the application of the equivalent protection criterion to a situation concerning the compatibility with the Convention of acts of international organisations other than the European Union. It thus takes the view that the presumption of equivalent protection is

---

525 Siehe *ECtHR, Bosphorus Hava Yolları Turizm ve Ticaret Anonim Şirketi v. Ireland* [GC], no. 45036/98, Abs. 143, ECHR 2005-VI.

526 Siehe *ECtHR, Bosphorus Hava Yolları Turizm ve Ticaret Anonim Şirketi v. Ireland* [GC], no. 45036/98, Abs. 143, ECHR 2005-VI.

527 Siehe bspw. *ECtHR, Bosphorus Hava Yolları Turizm ve Ticaret Anonim Şirketi v. Ireland* [GC], no. 45036/98, Abs. 143 ff., ECHR 2005-VI; *ECtHR, Povse and Povse v. Austria* (dec.), no. 3890/11, Abs. 69, 18 June 2013; *ECtHR, La société Etablissements Biret et Cie S.A. and la société Biret International v. 15 States* (dec.), no. 13762/04, Abs. 2, 9 December 2008.

528 Siehe auch *Röben*, in: Dörr/Grote/Marauhn (Hrsg.), EMRK/GG, Kap. 5, Rn. 13; *Engel*, Der Beitritt der Europäischen Union zur EMRK, S. 66. Die Erweiterung in der Sache *Gasparini v. Italy and Belgium* wurde vereinzelt mit dem Hinweis auf die Supranationalität der EU sowie des besonders hohen Levels des von der EU gewährten Grundrechtsschutzes mit Erstaunen aufgenommen, so bspw. *Lock*, in: Ryngaert u. a. (Hrsg.), Judicial Decisions on the Law of International Organizations, S. 331. Zum Teil wurde und wird eine grundsätzliche Anwendbarkeit auf internationale Organisationen aber auch voraussgesetzt, so bspw. *Janik*, in: ZaöRV 2010, 127.

529 Schon in der Leitentscheidung begrenzt der EGMR die Anwendung der Doktrin nicht auf die EU, siehe *ECtHR, Bosphorus Hava Yolları Turizm ve Ticaret Anonim Şirketi v. Ireland* [GC], no. 45036/98, Abs. 155, ECHR 2005-VI: "State action taken in compliance with such legal obligations is justified as long as the relevant organisation is considered to protect fundamental rights [...]".

> intended, in particular, to ensure that a State Party is not faced with a dilemma when it is obliged to rely on the legal obligations incumbent on it as a result of its membership of any international organisation which is not party to the Convention […].“[530]

Das Verfahren wurde an die Große Kammer abgegeben, welche eine Anwendung der *Equivalent-Protection-Doktrin* sodann mangels Kollision der Verpflichtungen der Schweiz im Zusammenhang mit seiner Mitgliedschaft in den UN und der Konvention verneinte und somit die Frage der grundsätzlichen Anwendbarkeit der Doktrin auf die UN umging.[531] Jedenfalls steht diese Entscheidung einer prinzipiellen Erweiterung aber nicht entgegen. Dies gilt vor allem vor dem Hintergrund, dass die Kammer auch in den Fällen *Gasparini v. Italy and Belgium* sowie *Klausecker v. Germany* von einer Anwendbarkeit auf die NATO bzw. die EPO ausging. Die Zurückhaltung der Großen Kammer lässt sich auch mit der Sonderstellung, die die UN mit Blick auf die Vorrangregel des Art. 103 UNC in der Staatengemeinschaft einnehmen, begründen.

aa. Maßnahmen in Erfüllung einer Verbindlichkeit aus der Mitgliedschaft in einer internationalen Organisation

Dem bereits angeführten Fall *Bosphorus Hava Yolları Turizm ve Ticaret Anonim Şirketi v. Ireland* lag der folgende Sachverhalt zugrunde. Beschwerdeführerin war die in der Türkei registrierte Charter-Fluggesellschaft *Bosphorus Airways*.[532] Im Mai 1993 beschlagnahmten die irischen Behörden am Flughafen von Dublin ein von *Bosphours Airways* geleastes Flugzeug der *Yugoslaw Airlines*. Rechtsgrundlage für die Beschlagnahme war eine Verordnung der Europäischen Gemeinschaft. Die Verordnung beruhte wiederum auf einer Entschließung des Sicherheitsrates der UN über Sanktionen gegen die ehemalige Bundesrepublik Jugoslawien. Artikel 8 der Verordnung (EWG) Nr. 990/93[533] sah unter anderem eine Beschlagnahme aller Luftfahrzeuge, die sich mehrheitlich im Eigentum einer Person oder eines Unternehmens mit Sitz oder Tätigkeitsort in der

---

530 *ECtHR, Al-Dulimi and Montana Management Inc. v. Switzerland,* no. 5809/08, Abs. 116, 26 November 2013.

531 Siehe *ECtHR, Al-Dulimi and Montana Management Inc. v. Switzerland* [GC], no. 5809/08, Abs. 149, ECHR 2016.

532 Siehe die Zusammenfassung des Sachverhalts des Gerichtshofs *ECtHR, Bosphorus Hava Yolları Turizm ve Ticaret Anonim Şirketi v. Ireland* [GC], no. 45036/98, Abs. 11 ff., ECHR 2005-VI.

533 Verordnung (EWG) Nr. 990/93 des Rates vom 26. April 1993 über den Handel zwischen der Europäischen Wirtschaftsgemeinschaft und der Bundesrepublik Jugoslawien (Serbien und Montenegro), ABl. Nr. L 102 vom 28. April 1993, S. 14 ff.

Bundesrepublik Jugoslawien (Serbien und Montenegro) befinden oder von solchen Personen oder Unternehmen kontrolliert werden, von den zuständigen Behörden der Mitgliedstaaten vor. Die zunächst erfolgreiche Klage der Beschwerdeführerin auf Herausgabe der Maschine scheiterte im November 1996 schließlich vor dem irischen *Supreme Court*. Der irische Gerichtshof entschied in Übereinstimmung mit der entsprechenden Vorlageentscheidung des EuGH, dass die Beschlagnahme des Flugzeugs von der streitbefangenen Verordnung gedeckt sei. Die Beschwerdeführerin wandte sich daraufhin an den EGMR und rügte eine Verletzung ihres Rechts auf Eigentum für den Zeitraum der Geltung des Leasingvertrags mit *Yugoslav Airlines*.

Auch der EGMR nahm an, dass die Handlung der irischen Behörde das Ziel verfolgte eine rechtliche Verpflichtung aus der Mitgliedschaft in der Europäischen Gemeinschaft einzuhalten:

> „The Court considers it evident from its finding in paragraphs 145 to 148 above that the general interest pursued by the impugned measure was in compliance with legal obligations flowing from the Irish State's membership of the European Community."[534]

Zuvor stellte er fest, dass die Verordnung für die Mitgliedstaaten der Europäischen Gemeinschaft verbindlich war:

> „Once adopted, Regulation (EEC) no. 990/93 was 'generally applicable' and 'binding in its entirety' (pursuant to Article 189, now Article 249, of the EC Treaty), so that it applied to all member States, none of which could lawfully depart from any of its provisions."[535]

Auch in den Fällen *Povse and Povse v. Austria*[536], sowie *La société Etablissements Biret et Cie S.A. and la société Biret International v. 15 States*[537] kam den jeweiligen Konventionsstaaten die Vermutung der *Equivalent-Protection-Doktrin* zugute. Im ersten Fall war ebenso wie im Fall *Bosphorus Hava Yolları Turizm ve Ticaret Anonim Şirketi v. Ireland* die Anwendung einer Verordnung Gegenstand der Beschwerde, im zweiten Fall die Umsetzung einer Richtlinie.[538]

---

534 *ECtHR, Bosphorus Hava Yolları Turizm ve Ticaret Anonim Şirketi v. Ireland* [GC], no. 45036/98, Abs. 150, ECHR 2005-VI.

535 *ECtHR, Bosphorus Hava Yolları Turizm ve Ticaret Anonim Şirketi v. Ireland* [GC], no. 45036/98, Abs. 145, ECHR 2005-VI.

536 *ECtHR, Povse and Povse v. Austria* (dec.), no. 3890/11, 18 June 2013.

537 *ECtHR, La société Etablissements Biret et Cie S.A. and la société Biret International v. 15 States* (dec.), no. 13762/04, 9 December 2008.

538 Siehe *ECtHR, Povse and Povse v. Austria* (dec.), no. 3890/11, Abs. 69, 18 June 2013; *ECtHR, La société Etablissements Biret et Cie S.A. and la société Biret International v. 15 States* (dec.), no. 13762/04, Abs. 2, 9 December 2008.

Die *Equivalent-Protection-Doktrin* findet in der Rechtsprechung des Gerichtshofs demnach Anwendung, wenn die Entscheidung einer internationalen Organisation umgesetzt oder vollzogen wird.

bb. Maßnahmen nur im Kontext der Mitgliedschaft in einer internationalen Organisation

Dem Konventionsstaat kommt die Vermutung der *Equivalent-Protection-Doktrin* dagegen konsequenterweise zunächst nicht zugute, wenn er einen Handlungsspielraum in Bezug auf die streitige Handlung hatte.[539] Denn dann besteht die Möglichkeit, dass er im Rahmen seines Handlungsspielraums aufgrund einer eigenen Entscheidung die Konvention verletzt hat.

Der Gerichtshof bejaht eine vollumfängliche Bindung der Konventionsstaaten auch in Fällen, in denen einer Handlung keine unmittelbare völkerrechtliche Verpflichtung zugrunde liegt: „It remains the case that a State would be fully responsible under the Convention for all acts falling outside its strict international legal obligations."[540] Deswegen verneinte der Gerichtshof auch eine Anwendung der *Equivalent-Protection-Doktrin* im Fall *M.S.S. v. Belgium and Greece*[541] mit der Begründung, dass Art. 3 Abs. 2 Dublin II-Verordnung[542] den belgischen Behörden frei stelle, einen Asylantrag selbst zu prüfen, auch wenn er nach der Verordnung nicht zuständig ist:

> „The Court concludes that, under the Dublin Regulation, the Belgian authorities could have refrained from transferring the applicant if they had considered that the receiving country, namely Greece, was not fulfilling its obligations under the Convention. Consequently, the Court considers that the impugned measure taken by the Belgian authorities did not strictly fall within Belgium's international legal obligations. Accordingly, the presumption of equivalent protection does not apply in this case."[543]

539 So bejahte der Gerichtshof beispielsweise im Fall *M.S.S. v. Belgium and Greece* eine vollumfängliche Verantwortlichkeit der Konventionsstaaten, siehe *ECtHR, M.S.S. v. Belgium and Greece* [GC], no. 30696/09, Abs. 340, ECHR 2011.

540 *ECtHR, Bosphorus Hava Yolları Turizm ve Ticaret Anonim Şirketi v. Ireland* [GC], no. 45036/98, Abs. 157, ECHR 2005-VI.

541 *ECtHR, M.S.S. v. Belgium and Greece* [GC], no. 30696/09, ECHR 2011

542 Verordnung (EG) Nr. 343/2003 des Rates vom 18. Februar 2003 zur Festlegung der Kriterien und Verfahren zur Bestimmung des Mitgliedstaats, der für die Prüfung eine von einem Drittstaatsangehörigen in einem Mitgliedstaat gestellten Asylantrags zuständig ist, ABl. L 50 vom 25.02.2003, S. 1 ff.

543 *ECtHR, M.S.S. v. Belgium and Greece* [GC], no. 30696/09, Abs. 340, ECHR 2011.

Auch im Fall *Matthews v. The United Kingdom*[544] ging der Gerichtshof davon aus, dass die Maßnahme des Vereinigten Königreichs freiwillig, nur anlässlich der Mitgliedschaft in einer internationalen Organisation vorgenommen wurde:

> „In the present case, the alleged violation of the Convention flows from an annex to the 1976 Act, entered into by the United Kingdom, together with the extension to the European Parliament's competences brought about by the Maastricht Treaty. The Council Decision and the 1976 Act (see paragraph 18 above), and the Maastricht Treaty, with its changes to the EEC Treaty, all constituted international instruments which were freely entered into by the United Kingdom."[545]

Die Beschwerdeführerin richtete sich hier gegen die Entscheidung der britischen Behörden, sie auf Grundlage des Aktes zur Einführung allgemeiner unmittelbarer Wahlen der Abgeordneten des Europäischen Parlaments[546] nicht zu den Wahlen zuzulassen.[547] Der Gerichtshof griff auch im Rahmen seiner Entscheidung im Fall *Bosphorus Hava Yolları Turizm ve Ticaret Anonim Şirketi v. Ireland* auf die Ausführungen im Fall *Matthews v. The United Kingdom* zurück, um den konkreten Fall abzugrenzen.[548]

Im Rahmen von völkerrechtlichen Verpflichtungen, die ein Konventionsstaat freiwillig eingeht, kommt er, wenn er später eine Maßnahme aufgrund dieser Verpflichtung trifft, nicht in den Genuss der eingeschränkten Bindungswirkung der Konvention. Der EGMR fordert für eine Anwendung der *Equivalent-Protection-Doktrin* eine zwischen-geschaltete Entscheidung der internationalen Organisation, so dass Verpflichtungen aus dem Primärrecht der EU und auch unmittelbare Verpflichtungen aus völkerrechtlichen Verträgen nicht in den Anwendungsbereich fallen und die Konventionsstaaten hier grundsätzlich vollumfänglich an die Konvention gebunden sind.

c. *Sonderfall: Die Rechtsprechung des Gerichtshofs im Fall* Gasparini v. Italy and Belgium *und* Klausecker v. Germany

Im Fall *Gasparini v. Italy and Belgium* wandte der Gerichtshof die *Equivalent-Protection-Doktrin* nicht nur erstmalig auf eine andere internationale

544 *ECtHR, Matthews v. the United Kingdom* [GC], no. 24833/94, ECHR 1999-I.

545 *ECtHR, ECtHR, Matthews v. the United Kingdom* [GC], no. 24833/94, Abs. 33, ECHR 1999-I.

546 ABl. L 278 vom 08.10.1976, S. 5 ff.

547 Siehe *ECtHR, Matthews v. the United Kingdom* [GC], no. 24833/94, Abs. 7, ECHR 1999-I.

548 Siehe *ECtHR, Bosphorus Hava Yolları Turizm ve Ticaret Anonim Şirketi v. Ireland* [GC], no. 45036/98, Abs. 157, ECHR 2005-VI.

Organisation als die EU an, sondern auch in einem anderen Zusammenhang. Beschwerdeführer war ein italienischer Arbeitnehmer der NATO, der in Brüssel beschäftigt war.[549] Nachdem der Nordatlantikrat den Arbeitnehmerbeitrag zur Rentenversicherung 1999 von 8 Prozent auf 8,3 Prozent erhöht hatte, wandte sich der Beschwerdeführer 2001 an das *NATO Appeals Board* und versuchte eine Aufhebung der neuen Regelung sowie die Rückzahlung des erhöhten Beitrags zu erreichen. Schon vor dem *Appeals Board* bemängelte er die Vereinbarkeit des Verfahrens mit den Grundsätzen des Art. 6 Abs. 1 EMRK und wandte sich, nachdem das *Appeals Board* den Beschwerdeführer mit seinem Verlangen in einer unanfechtbaren Entscheidung abgewiesen hatte, an den EGMR. Dort rügte er einen Verstoß gegen den Grundsatz des fairen Verfahrens aus Art. 6 Abs. 1 EMRK hinsichtlich des Verfahrens vor dem *NATO Appeals Board*. Er verwies insbesondere auf einen Verstoß gegen den Öffentlichkeitsgrundsatz und das Erfordernis der Unabhängigkeit des Spruchkörpers. Der Beschwerdeführer war der Ansicht, Belgien als Sitzstaat der NATO und Italien, dessen Staatsangehörigkeit er besitzt, hätten bei Gründung der NATO nicht sichergestellt, dass deren interne Rechtsschutzmöglichkeiten den Anforderungen der Konvention genügen.

Vor dem Hintergrund der bisherigen Rechtsprechung des Gerichtshofs zu internationalen Organisationen sah sich die zuständige Kammer gezwungen, im Sinne der *Equivalent-Protection-Doktrin* das Vorhandensein eines offensichtlichen Mangels im Verfahren des *NATO Appeals Board* zu untersuchen.[550] Das Gericht müsse erörtern, ob die Beschwerdegegner im Zeitpunkt des Beitritts zur NATO und der Übertragung von Hoheitsrechten davon ausgehen durften, dass die internen Rechtsschutzverfahren der NATO keinen offenkundigen Konventionsverstoß darstellten.[551] Maßgeblich sei, ob die Beschwerdegegner im Zeitpunkt des Beitritts diesbezüglich gutgläubig waren.[552] Im Unterschied zu seiner Rechtsprechung im Fall *Boivin v. 34 Member States of the Council of Europe* sowie *Connoly v. 15 member Staes of the European Union* stehe hier nicht eine konkrete Entscheidung der internationalen Organisation im Streit, sondern eine ‚strukturelle Schwäche'[553] des Streitbeilegungsmechanismus der NATO.[554] Im Ergebnis

549 Siehe für die Zusammenfassung des Sachverhalts die Ausführungen des EGMR, *ECtHR, Gasparini v. Italy and Belgium* (dec.), no. 10750/03, 12 May 2009.
550 Siehe *ECtHR, Gasparini v. Italy and Belgium* (dec.), no. 10750/03, 12 May 2009.
551 *ECtHR, Gasparini v. Italy and Belgium* (dec.), no. 10750/03, 12 May 2009.
552 *ECtHR, Gasparini v. Italy and Belgium* (dec.), no. 10750/03, 12 May 2009.
553 *ECtHR, Gasparini v. Italy and Belgium* (dec.), no. 10750/03, 12 May 2009.
554 *ECtHR, Gasparini v. Italy and Belgium* (dec.), no. 10750/03, 12 May 2009.

verneinte die Kammer einen offensichtlichen Mangel im Rechtsschutzsystem der NATO und wies die Klage als unbegründet ab.[555]

Ähnlich äußerte sich der Gerichtshof im zweiten Teil seiner Entscheidung im Fall *Klausecker v. Germany*. Der Beschwerdeführer war deutscher Staatsangehöriger, der sich im Jahr 2005 als Patentprüfer beim Europäischen Patentamt in München bewarb.[556] Er bestand die fachliche Prüfung, wurde jedoch mangels uneingeschränkter gesundheitlicher Eignung aufgrund einer körperlichen Behinderung abgelehnt. Daraufhin wandte sich *Klausecker* an den Präsidenten des Europäischen Patentamtes mit dem Antrag, die Nichteinstellungsentscheidung zu überprüfen und sein Schreiben im Falle der Ablehnung als interne Beschwerde zu betrachten. Dem Antrag wurde nicht stattgegeben und mangels Mitarbeiterstatus wurde seine Beschwerde als unzulässig abgewiesen. *Klausecker* wandte sich daraufhin mit Verweis auf die Immunität der EPO unmittelbar an das Bundesverfassungsgericht und rügte eine Verletzung von Art. 19 Abs. 4 und Art. 3 Abs. 3 des Grundgesetzes für die Bundesrepublik Deutschland[557]. Das Bundeverfassungsgericht lehnte die Beschwerde als unzulässig ab, da das Vorliegen eines Aktes öffentlicher Gewalt nicht ausreichend dargelegt wurde. Neben seiner fehlenden Zuständigkeit verwies das Bundesverfassungsgericht auch auf die Immunität der EPO. Schließlich wandte sich *Klausecker* an das ILOAT, dessen Zuständigkeit auch die EPO anerkannte hatte. Auch diese Klage wurde als unzulässig abgewiesen, da externe Stellenbewerber und Personen, die mit der betreffenden Organisation keinen Arbeitsvertrag haben, nicht in die Zuständigkeit des Gerichts fielen. Das ILOAT bemängelte jedoch das rechtliche Vakuum im konkreten Fall und sah einen Immunitätsverzicht der EPO oder die Klärung der Streitigkeit im Rahmen eines Schiedsverfahrens als wünschenswert an. Die EPO bot dem Beschwerdeführer daraufhin an, ein Schiedsgericht mit der von ihm angefochtenen Entscheidung zu befassen. Das Gericht sollte den Streitfall nach denselben Regeln entscheiden, welche auch das Verwaltungsgericht der IAO seiner Entscheidung hätte zugrunde legen müssen, wäre es für den Fall des Beschwerdeführers zuständig gewesen. *Klausecker* lehnte das Angebot der EPO jedoch ab, da das vorgeschlagene Verfahren nicht mit grundlegenden verfahrensrechtlichen Gewährleistungen aus Art. 6 EMRK vereinbar sei. Im Dezember

555 Siehe *ECtHR*, *Gasparini v. Italy and Belgium* (dec.), no. 10750/03, 12 May 2009.

556 Die Zusammenfassung des Sachverhalts beruht auf den diesbezüglichen Ausführungen des Gerichtshofs, siehe *ECtHR*, *Klausecker v. Germany* (dec.), no. 415/07, Abs. 1 ff., 6 January 2015.

557 BGBl 1949, 1, zuletzt geändert durch Gesetz vom 23. Dezember 2014, BGBl I 2014, 2438.

2006 wandte sich *Klausecker* schließlich an den EGMR und rügte neben einer Verletzung des Rechts auf Zugang zu Gericht aus Art. 6 Abs. 1 EMRK Verfahrensmängel im Rechtsschutzsystem der EPO.

Nachdem die Kammer sich mit der Frage einer Konventionsverletzung der Bundesrepublik Deutschland durch die Versagung des Zugangs zu Gericht befasst hatte,[558] setzte sie sich im zweiten Teil ihrer Entscheidung mit der Frage auseinander, ob auch eine Versagung des Zugangs zu den internen Rechtsschutzmöglichkeiten der EPO und zum Verwaltungsgericht der Internationalen Arbeitsorganisation (ILO, *International Labour Organization*) sowie etwaige Mängel im Rahmen der dortigen Verfahren in den Anwendungsbereich der Konvention fallen. Dabei stellte der Gerichtshof zunächst fest, dass die Bundesrepublik Deutschland weder direkt noch indirekt in die streitgegenständlichen Verfahren im Sinne einer die Anwendbarkeit der Konvention *ratio personae* auslösenden Mitwirkungshandlung eingegriffen habe.[559] In Anlehnung an die Rechtsprechung im Fall *Gasparini v. Italy and Belgium* prüfte er jedoch sodann eine Verantwortlichkeit Deutschlands aufgrund der mangelnden Gewährleistung eines äquivalenten Grundrechtsstandards auf Ebene der EPO. Der Gerichtshof bejahte zunächst einen grundsätzlich äquivalenten Schutzstandard auf Ebene der EPO, der keinen geschriebenen Grundrechtskatalog erfordere.[560] Ausreichend sei vielmehr, dass ein praktisch wirksamer Grundrechtsschutz vorhanden ist.[561] Der Gerichtshof stellte fest, dass sich das mit dem Fall befasste ILOAT unstreitig dem Schutz fundamentaler Grundrechte verschrieben habe.[562] In einem nächsten Schritt prüfte der Gerichtshof dann, ob der Umstand, dass einem Bewerber kein Rechtsschutz gegen eine ablehnende Einstellungsentscheidung zur Verfügung steht, einen offensichtlichen Mangel des von der EPO gewährleisteten Grundrechtsstandards darstellt. Unter Rückgriff auf die Rechtsprechung zu Art. 6 Abs. 1 S. 1 EMRK verneinte er sodann einen offensichtlichen Mangel. In der Begründung wiederholte der Gerichtshof seine bereits im ersten Teil der Entscheidung getroffene Feststellung, dass dem Beschwerdeführer eine alternative Rechtsschutzmöglichkeit – das Angebot der Schiedsgerichtsentscheidung – zur Verfügung stand und die Einschränkung des Rechts auf Zugang zu

558 Zur Verletzung der Konvention durch die Versagung des Zugangs zu Gericht aufgrund der Immunität internationaler Organisationen siehe sogleich unter Kapitel 2, C.

559 *ECtHR, Klausecker v. Germany* (dec.), no. 415/07, Abs. 92, 98, 6 January 2015.

560 Siehe *ECtHR, Klausecker v. Germany* (dec.), no. 415/07, Abs. 99 ff., 6 January 2015.

561 *ECtHR, Klausecker v. Germany* (dec.), no. 415/07, Abs. 99 ff., 6 January 2015.

562 Siehe *ECtHR, Klausecker v. Germany* (dec.), no. 415/07, Abs. 100 f., 6 January 2015.

Gericht somit verhältnismäßig war.[563] Er wies die Beschwerde deswegen insgesamt als offensichtlich unbegründet ab.[564]

Im Unterschied zu seiner bisherigen Rechtsprechung scheint der Gerichtshof hier die *Equivalent-Protection-Doktrin* anzuwenden, um eine Anwendbarkeit der Konvention zu bestimmen. Während er in seiner Entscheidung im Fall *Boivin v. 34 Member States of the Council of Europe* noch ausdrücklich eine Mitwirkungshandlung des betroffenen Konventionsstaates zum Zeitpunkt der Konventionsverletzung verlangte, sah er hier die mit dem Beitritt zu einer internationalen Organisation einhergehende Übertragung von Hoheitsrechten als maßgeblich an. Zudem prüfte der Gerichtshof im Fall *Gasparini v. Italy and Belgium* nicht, ob überhaupt ein äquivalenter Grundrechtsschutz auf Ebene der NATO gewährt wurde, sondern stellte unmittelbar auf die Frage nach einem offensichtlichen Mangel im Grundrechtsstandard im konkreten Fall ab.

3. *Bewertung der* Equivalent-Protection-Doktrin

Die *Equivalent-Protection-Doktrin* stößt innerhalb des Gerichtshofs vereinzelt auf Kritik.[565] Ebenso finden sich kritische Stimmen in der Literatur.[566] Fraglich ist neben der dogmatischen Einordnung und dem konkreten Umgang des Gerichtshofs mit der Doktrin auch deren grundsätzliche Rechtfertigung, da die daraus folgende Vermutung in ihrem Anwendungsbereich ein eingeschränktes Schutzniveau der Konventionsrechte bewirkt.

a. Dogmatische Einordnung

Auch wenn die Konvention der Übertragung von Hoheitsrechten auf eine internationale Organisation nicht entgegensteht, können die Staaten sich dadurch nicht ihrer Konventionsverantwortung entziehen. Handelt ein Konventionsstaat

---

563 Siehe *ECtHR, Klausecker v. Germany* (dec.), no. 415/07, Abs. 103 ff., 6 January 2015.

564 Siehe *ECtHR, Klausecker v. Germany* (dec.), no. 415/07, Abs. 107, 6 January 2015.

565 Siehe bspw. die Sondervoten in der Entscheidung *ECtHR, Bosphorus Hava Yolları Turizm ve Ticaret Anonim Şirketi v. Ireland* [GC], no. 45036/98, ECHR 2005-VI sowie *ECtHR, Avotiņš v. Latvia* [GC], no. 17502/07, ECHR 2016.

566 Siehe bspw. *Fastenrath*, in: Pabel/Schmahl, IntKommEMRK, Art. 1, Rn. 146 ff.; *Peters/Altwicker*, Europäische Menschenrechtskonvention, § 2, Rn. 29; *Grabenwarte/Pabel*, Europäische Menschenrechtskonvention, § 4, Rn. 4. Oftmals wird die Doktrin jedoch auch ohne Stellungnahme hingenommen, siehe bspw. *Frowein*, in: ders./Peukert, EMRK, Art. 1, Rn. 20; *Jacobs/White/Ovey*, The European Convention on Human Rights, S. 101 ff.; *Johann*, in: Karpenstein/Mayer (Hrsg.), EMRK, Art. 1, Rn. 13; *Schabas*, ECHR, Art. 1, S. 97 ff.

in Erfüllung einer Verpflichtung aus seiner Mitgliedschaft in einer internationalen Organisation, kommt ihm unter bestimmten Voraussetzungen jedoch die Vermutung zugute, dass seine Handlung konventionskonform ist. Greift die Vermutung, nimmt der Gerichtshof seine Prüfungskompetenz zurück und sieht von einer materiell-rechtlichen Prüfung der konkreten Verletzungshandlung ab. Voraussetzung dafür ist jedoch, dass der Staat seiner Schutzverantwortung[567] bei der Übertragung von Hoheitsrechten auf die betroffene internationale Organisation nachgekommen ist.

Der Konventionsstaat kommt seiner Schutzverantwortung nach, wenn auf Ebene der internationalen Organisation ein mit der Konvention vergleichbarer Grundrechtsschutz gewährleistet wird. Dann wird zugunsten der zwischenstaatlichen Kooperation vermutet, dass Handlungen, die auf Verpflichtungen aus der Mitgliedschaft beruhen, konventionskonform sind. Für den Fall, dass der Konventionsstaat seiner Schutzverantwortung nicht nachgekommen ist oder der Schutz im konkreten Fall offensichtlich mangelhaft ist, behält sich der Gerichtshof den Eintritt in die materiell-rechtliche Prüfung vor. Die Doktrin lässt sich demnach als Rechtfertigung einer Handlung zur Erfüllung einer Verbindlichkeit aus der Mitgliedschaft in einer internationalen Organisation aufgrund der Gewährleistung eines äquivalenten Grundrechtsschutzes durch die Organisation selbst begreifen. Bis zur Kammerentscheidung im Fall *Gasparini v. Italy and Belgium* war auch für die Anwendung der *Equivalent-Protection-Doktrin* stets die Anwendbarkeit der Konvention *ratione personae* Voraussetzung. Obwohl die streitige Verletzungshandlung durch die Organisation selbst vorgenommen wurde, prüfte der Gerichtshof im Fall *Gasparini v. Italy and Belgium* jedoch nicht zunächst, ob eine Zurechnung zu den betroffenen Staaten möglich war. Der Gerichtshof wandte sich unmittelbar der Frage nach einem vergleichbaren Grundrechtsstandard auf Ebene der internationalen Organisation zu. Bestätigung fand diese Vorgehensweise in der Kammerentscheidung im Fall *Klausecker v. Germany*. In beiden Fällen wurde ein vergleichbarer Grundrechtsstandard auf Ebene der betroffenen internationalen Organisation bejaht, ein offensichtlicher Mangel verneint und die Beschwerde deswegen als offensichtlich unbegründet abgewiesen. Da es sich jeweils um interne Akte der internationalen Organisation handelte, stellt sich die Frage, ob der Gerichtshof hier

---

567 So verwendet von *Peters/Altwicker*, Europäische Menschenrechtskonvention, § 2, Rn. 29. Ähnlich *Fastenrath*, in: Pabel/Schmahl (Hrsg.), IntKommEMRK, Art. 1, Rn. 141, der von „Übertragungsverantwortung" spricht sowie *Janik*, in: ZaöRV 2010, 127, 165, die von einer „Garantenstellung" der Konventionsstaaten spricht.

eine Zurechnung der Verletzungshandlung im Falle des Greifens der Vermutung der *Equivalent-Protection-Doktrin* ausschließt. In der Konsequenz würde dies im umgekehrten Fall bedeuten, dass Mängel im Grundrechtsstandard auf Ebene der internationalen Organisation die Zurechnung eines internen Akts der Organisation zu ihren Mitgliedstaaten begründet.[568] Durch diese Vorgehensweise vermischt der Gerichtshof die Frage nach der völkerrechtlichen Zurechnung einer konkreten Verletzungshandlung mit der Frage noch dem Bindungsumfang der Konvention.[569] Die Anwendbarkeit der Konvention im Rahmen von internationalen Organisationen kann nur durch eine Handlung des Mitgliedstaates selbst oder eine ihm zurechenbare Handlung der Organisation ausgelöst werden. Die Zurechnung eines Verhaltens kann dabei nur unter Rückgriff auf die existenten völkerrechtlichen Regelungen erfolgen. Eine Zurechnung durch den Vorwurf der Übertragung von Hoheitsrechten auf eine internationale Organisation, die keinen vergleichbaren Grundrechtsstandard gewährleistet, ist dem geltenden Völkerrecht fremd und deswegen abzulehnen.

Anders ist die Situation zu bewerten, dass sich der Einzelne gegen einen internen Akt einer internationalen Organisation vor einem nationalen Gericht wehrt und dieses dann unter Verweis auf die Immunität der Organisation nicht in der Sache entscheidet. Die Versagung des Zugangs zu den nationalen Gerichten ist eine dem handelnden Konventionsstaat zurechenbare Handlung, für die er sich vor dem EGMR verantworten muss. Insofern würde dem Konventionsstaat durch die Zurechnung des internen Akts der internationalen Organisation auch von vornherein die Möglichkeit genommen, diesen vor seinen eigenen Gerichten zu überprüfen.[570]

Die Übertragung von Hoheitsrechten selbst kommt als Verletzungshandlung nicht in Betracht, da der Einzelne dadurch nicht unmittelbar betroffen ist, sondern erst durch den internen Akt der internationalen Organisation. Der ILC-Entwurf zur Verantwortlichkeit internationaler Organisationen sieht in Art. 61 insofern jedoch eine Ausnahme vor:

568 Siehe auch *Lock*, in: Ryngaert u. a. (Hrsg.), Judicial Decisions on the Law of International Organizations, S. 334, der in diesem Zusammenhang von einer „structual lacuna" [strukturellen Lücke] im Grundrechtsschutz spricht.

569 Kritisch deswegen auch *Lock*, in: Ryngaert u. a. (Hrsg.), Judicial Decisions on the Law of International Organizations, S. 334; *Peters/Altwicker*, Europäische Menschenrechtskonvention, § 2, Rn. 26.

570 Siehe hierzu auch *Ryngaert*, in: Reinisch, The Privileges and Immunities of International Organizations in Domestic Courts, S. 70.

„A State member of an international organization incurs international responsibility if, by taking advantage of the fact that the organization has competence in relation to the subject-matter of one of the State's international obligations, it circumvents that obligation by causing the organization to commit an act that, if committed by the State, would have constituted a breach of the obligation."

Demnach ist ein Mitgliedstaat einer internationalen Organisation, der in der Intention, sich einer ihm obliegenden völkerrechtlichen Verpflichtung zu entziehen, Hoheitsrechte auf eine internationale Organisation überträgt, völkerrechtlich verantwortlich für eine von ihm dadurch verursachte Handlung der Organisation.

Zwar wird in der Kommentierung der ILC ausdrücklich auf die Entscheidung in der Sache *Gasparini v. Italy and Belgium* des EGMR Bezug genommen, jedoch besteht hierzu ein entscheidender Unterschied.[571] Der ILC-Entwurf verlangt eine Absicht des Staates und die Verursachung der Handlung. Diese Voraussetzungen lagen in der Entscheidung des EGMR nicht vor und haben noch nicht einmal Erwähnung gefunden. Zudem handelt es sich bei dem Entwurf ausweislich der Kommentierung der ILC selbst nicht um eine Kodifizierung geltenden Völkergewohnheitsrechts.[572]

---

571 Siehe Draft articles on the responsibility of international organizations, with commentaries, Art. 61, Ziff. 5, abrufbar unter http://legal.un.org/ilc/texts/instruments/english/commentaries/9_11_2011.pdf, zuletzt abgerufen am 26.06.2019. Insofern *Klein*, in: Cogan/Hurd/Johnstone (Hrsg.), The Oxford Handbook of International Organizations, S. 1041 davon ausgeht, der Inhalt des Artikels spiegele sich zumindest teilweise in der Entscheidung in der Sache *Waite and Kennedy v. Germany*, ist anzumerken, dass hier gerade nicht die Organisation, sondern der Konventionsstaat selbst gehandelt hat.

572 Siehe Draft articles on the responsibility of international organizations, with commentaries 2011, General commentary, Ziff. 5: „It may occur that a provision in the articles on State responsibility could be regarded as representing codification, while the corresponding provision on the responsibility of international organizations is more in the nature of progressive development. In other words, the provisions of the present draft articles do not necessarily yet have the same authority as the corresponding provisions on State responsibility. As was also the case with the articles on State responsibility, their authority will depend upon their reception by those to whom they are addressed." Siehe auch *Pustorino*, in: Virzo/Ingravallo (Hrsg.), Evolutions in the Law of International Organizations, 406, 407.

b. Legitimation

Der Gerichtshof versucht über die *Equivalent-Protection-Doktrin* die Notwendigkeit zwischenstaatlicher Kooperation im Rahmen des Konventionsschutzes zu berücksichtigen. Zunächst stellt sich deswegen die Frage, inwiefern die zwischenstaatliche Kooperation durch einen umfassenden Konventionsschutz überhaupt gefährdet ist.

Ist es einem Konventionsstaat nicht möglich, einer Verpflichtung aus der Mitgliedschaft in einer internationalen Organisation nachzukommen, da diese eine Verletzung der Konvention darstellt, geht es im Kern um die Funktionsfähigkeit der internationalen Organisation. Werden Entscheidungen einer internationalen Organisation durch ihre Mitgliedstaaten nicht umgesetzt, ist deren Handlungsfähigkeit betroffen. Insofern kann die zwischenstaatliche Kooperation gefährdet sein.

Dies kann natürlich nicht dazu führen, dass die Konventionsrechte im Rahmen von Handlungen im Zusammenhang mit internationalen Organisationen überhaupt nicht zur Geltung kommen. Der Gerichtshof schließt dementsprechend die Übertragung von Hoheitsrechten auf eine internationale Organisation nicht aus, hält dabei jedoch grundsätzlich an einer Bindung der Konventionsstaaten fest. Die Konventionsstaaten können eine Inanspruchnahme für Handlungen aus der Mitgliedschaft in einer internationalen Organisation aber verhindern, indem sie als Herren der Verträge auf Ebene der Organisation für einen ausreichenden Schutz fundamentaler Grundrechte sowohl in materieller Hinsicht als auch hinsichtlich deren Durchsetzung sorgen. Vor dem Hintergrund der Konvention ist demnach irrelevant, ob eine entsprechende Verpflichtung zur Einrichtung eines Rechtsschutzsystems vertraglich festgehalten ist.[573]

Dem Interesse der zwischenstaatlichen Kooperation wird der Gerichtshof im Rahmen der *Equivalent-Protection-Doktrin* gerecht, indem er keinen mit der Konvention identischen Schutz verlangt, sondern einen vergleichbaren Schutz ausreichen lässt und die Offensichtlichkeit eines Mangels als Schwelle für die Widerlegung der Konventionskonformität festlegt. In dieser Absenkung des Schutzstandards liegt der nur eingeschränkte Bindungsumfang der Konventionsstaaten im Rahmen der Anwendung der *Equivalent-Protection-Doktrin*.[574]

---

573 So bspw. in Art. VIII Abschn. 29 CPIUN; Art. IX Abschn. 31 Abkommen über die Vorrechte und Befreiungen der Sonderorganisationen; Art. 24 Übereinkommen über den Status der Nordatlantikvertragsorganisation, der nationalen Vertreter und des internationalen Personals.

574 *Janik*, in: ZaöRV 2010, 127, 164.

Ein eingeschränkter Bindungsumfang ist im Sinne der Rechtsprechung des Gerichtshofs und folgerichtig nur dann gerechtfertigt, wenn dem betroffenen Staat hinsichtlich der vorzunehmenden Handlung kein eigenverantwortlicher Entscheidungsspielraum zur Verfügung steht, sondern er unbedingt zur Vornahme verpflichtet ist.

Einer Aushöhlung der Konventionsrechte wirkt der Gerichtshof dabei entgegen, indem er seine Prüfungskompetenz nur für den Fall begrenzt, dass auf Ebene der internationalen Organisation ein äquivalenter Grundrechtsschutz gewährleistet wird und sich im Übrigen und bei Vorliegen eines offensichtlichen Mangels im Einzelfall den Eintritt in eine materiell-rechtliche Prüfung vorbehält. In diesem Fall überwiegt die Rolle der Konvention das Interesse der zwischenstaatlichen Kooperation. Die Möglichkeit, im Einzelfall einen offensichtlichen Mangel darzulegen, unterscheidet die *Bosphorus*-Rechtsprechung des EGMR im Übrigen auch in maßgeblicher Weise von der Solange-Rechtsprechung[575] des Bundesverfassungsgerichts.[576] Letzteres stellt lediglich auf die generelle Gewährleistung eines wirksamen, als unabdingbar gebotenen Grundrechtsschutzes für die Rücknahme seiner Prüfungskompetenz ab.[577] Insofern bleibt die *Solange*-Rechtsprechung hinter der *Equivalent-Protection-Doktrin* zurück.[578]

Durch die dargestellte Vorgehensweise gelingt es dem Gerichtshof, der Notwendigkeit der zwischenstaatlichen Kooperation gerecht zu werden, ohne dabei die Konventionsrechte auszuhöhlen.[579] Er erkennt die Eigenständigkeit der betroffenen Organisation sowie deren Rechtsordnung grundsätzlich an, greift aber ein, wenn es der Organisation nicht gelingt, einen mit der Konvention vergleichbaren fundamentalen Grundrechtsschutz zu gewährleisten.

Man könnte jedoch in Frage stellen, ob eine Absenkung des Schutzstandards auch in Fällen, in denen alle Mitglieder einer internationalen Organisation auch Mitglieder der EMRK sind, gerechtfertigt ist.[580] Es ist in der Tat fraglich, was die Mitgliedstaaten in einem solchen Fall daran hindern sollte, dem Konventionsschutz auf Ebene der internationalen Organisation volle Geltung zu

---

575 *BVerfG*, BVerfGE 73, 339.

576 *Janik*, in: ZaöRV 2010, 127, 163.

577 Siehe *BVerfG*, BVerfGE 73, 339, 387.

578 Dennoch wird oft ein Vergleich zwischen der Solange-Rechtsprechung und der *Equivalent-Protection-Doktrin* gezogen, siehe bspw. *Reinisch*, in: ders. (Hrsg.), Challenging Acts of International Organizations before National Courts, S. 263 f.

579 Kritisch, aber im Ergebnis auch zustimmend *Peters/Altwicker*, Europäische Menschenrechtskonvention, § 2, Rn. 26, 29.

580 Bspw. vertreten von *Fastenrath* in: Pabel/Schmahl, IntKommEMRK, Art. 1, Rn. 147.

verschaffen.[581] Jedoch ist nicht Kern des Problems, dass ein identischer Schutzstandard nicht umsetzbar ist, sondern vielmehr die Koordinierung zweier voneinander unabhängiger Rechtsordnungen. Auch bei Übereinstimmung der Vertrags- bzw. Mitgliedstaaten handelt es sich bei der internationalen Organisation um ein eigenständiges Rechtssubjekt mit einer autonomen Rechtsordnung. In einem Fall der Mitgliederidentität wäre es natürlich wünschenswert, wenn sich die Organisation, wie dies auch hinsichtlich der EU geplant ist, der Konvention durch einen Beitritt unterwirft. Welche Schwierigkeiten dies jedoch mit sich bringen kann, zeigt die Beitrittsverweigerung seitens des EuGH, der zuletzt in seinem Gutachten vom 18.12.2014 zu dem Ergebnis kam, dass ein Beitritt nicht mit der EU-Rechtsordnung zu vereinbaren ist.[582]

c. *Kritik an der Anwendung der Doktrin durch den Gerichtshof auf den konkreten Einzelfall*

Kritisiert wird an der Anwendung der *Equivalent-Protection-Doktrin* zunächst oft eine etwaige Privilegierung der UN.[583] Diese Privilegierung ist jedoch weniger auf eine Einschränkung des Anwendungsbereichs der *Equivalent-Protection-Doktrin* zurückzuführen als auf Unzulänglichkeiten seitens des Gerichtshofs im Rahmen der völkerrechtlichen Zurechnung von Handlungen im Zusammenhang mit internationalen Organisation, da er regelmäßig gar nicht erst zur Anwendung der Doktrin gelangt.[584] Es bleibt deswegen jedoch offen, ob und inwiefern der Gerichtshof unter Berücksichtigung der Vorrangregelung des Art. 103 UNC die Prüfung eines äquivalenten Grundrechtsstandards auf Ebene der UN vornehmen würde.[585]

Im Fall *Gasparini v. Italy and Belgium* war nicht nur die grundsätzliche Anwendung der *Equivalent-Protection-Doktrin* verfehlt, sondern auch die Art und Weise der Anwendung.[586] Der Gerichtshof versäumte es, sich mit der Frage

581 Siehe auch *Fastenrath* in: Pabel/Schmahl, IntKommEMRK, Art. 1, Rn. 147.

582 Siehe Gutachten 2/13 des Gerichtshofs (Plenum), 18 Dezember 2014, Rn. 258, abrufbar unter http://curia.europa.eu/juris/document/document.jsf?docid=160882&doclang=DE, zuletzt abgerufen am 26.06.2019.

583 Siehe bspw. *Fastenrath*, in: Pabel/Schmahl, IntKommEMRK, Art. 1, Rn. 148; *Peters/Altwicker*, Europäische Menschenrechtskonvention, § 2, Rn. 29.

584 Siehe hierzu bereits unter Kapitel 2, B. I. 2. c. Siehe auch Peters/Altwicker, Europäische Menschenrechtskonvention, § 2, Rn. 28.

585 Kritisch diesbezüglich auch *Fastenrath*, in: IntKommEMRK, Art. 1, Rn. 149.

586 Siehe auch *Lock*, in: Ryngaert u. a. (Hrsg.), Judicial Decisions on the Law of International Organizations, S. 332.

nach einem allgemeinen mit der Konvention vergleichbaren Grundrechtsschutzes auf Ebene der NATO zu beschäftigen und stieg direkt in die Prüfung des Vorliegens eines offensichtlichen Mangels im konkreten Fall ein.[587] Diese Vorgehensweise ist jedoch abzulehnen, da sie nicht in Einklang mit dem Hintergrund und dem Ziel der *Equivalent-Protection-Doktrin* steht. Steht eine grundsätzliche Gewährleistung eines äquivalenten Grundrechtsstandards nicht mehr zur Debatte, würde dies dazu führen, dass im Rahmen von Handlungen im Zusammenhang mit internationalen Organisationen die Schwelle für eine Konventionsverletzung regelmäßig das Vorliegen eines offensichtlichen Mangels ist. Dies rechtfertigt sich jedoch nur aus dem Umstand, dass auf Ebene der internationalen Organisation grundsätzlich ein mit der Konvention vergleichbarer Grundrechtsstandard gewährleistet wird.[588]

Als problematisch kann sich zudem vor allem die Feststellung eines offensichtlichen Mangels erweisen. Das liegt auch daran, dass der Gerichtshof mit allgemeinen Ausführungen zum Begriff des offensichtlichen Mangels zurückhaltend ist. Dies wurde zu Recht gerade auch mit Blick auf die Leitentscheidung *Bosphorus Hava Yolları Turizm ve Ticaret Anonim Şirketi v. Ireland* kritisiert.[589] Anders als der Gerichtshof führte Richter Ress in seinem Sondervotum verschiedene Beispielsfälle an, in denen das Vorliegen eines offensichtlichen Mangels regelmäßig angenommen werden könne. Demnach sei der Konventionsschutz unzureichend, wenn dem EuGH im konkreten Fall die Prüfungskompetenz fehlt, wenn er die Frage des Zugangs des Einzelnen zu restriktiv beantwortet sowie im Falle einer offensichtlichen Fehlinterpretation oder fehlerhaften Anwendung der Konventionsgarantien.[590] Auch wenn es letztlich eine Einzelfallentscheidung ist, wären grundsätzliche Ausführungen des Gerichtshofs zum Verständnis des Begriffs der offensichtlichen Mangelhaftigkeit wünschenswert gewesen.

Auch die zuvor bereits erwähnte jüngere Entscheidung der Großen Kammer im Fall *Avotiņš v. Latvia* aus dem Jahr 2016 stieß auf Kritik innerhalb des Gerichtshofs. Der lettische Beschwerdeführer rügte hier einen Verstoß gegen das

---

587 *ECtHR*, *Gasparini v. Italy and Belgium* (dec.), no. 10750/03, 12 May 2009.

588 *Lock*, in: Ryngaert u. a. (Hrsg.), Judicial Decisions on the Law of International Organizations, S. 332.

589 Siehe bspw. *Heer-Reißmann*, in: NJW 2006, 192, 194; *Haratsch*, in: ZaöRV 2006, 927, 943; *Lock*, in: Ryngaert u. a. (Hrsg.), Judicial Decisions on the Law of International Organizations, S. 317.

590 Siehe *ECtHR*, *Bosphorus Hava Yolları Turizm ve Ticaret Anonim Şirketi v. Ireland* [GC], no. 45036/98, Concurring Opionion of Judge Ress, Abs. 3, ECHR 2005-VI.

Recht auf ein faires Verfahren aus Art. 6 Abs. 1 EMRK.[591] Er war der Ansicht, dass ein zuletzt durch den lettischen Gerichtshof für vollstreckbar erklärtes Urteil eines zypriotischen Gerichts unter offensichtlicher Missachtung seiner Verteidigungsrechte ergangen sei. Der lettische Gerichtshof berief sich in seiner Entscheidung auf die Verordnung (EG) Nr. 44/2001[592]. Danach dürfen ausländische Entscheidungen nur unter bestimmten Voraussetzungen nicht anerkannt werden. Gemäß Art. 34 Abs. 2 der Verordnung (EG) Nr. 44/2001 ist dies unter anderem der Fall, wenn der Beklagte sich mangels Kenntnis des Verfahrens nicht verteidigen konnte. Dies gilt allerdings nicht, wenn er die Möglichkeit hatte, einen Rechtsbehelf einzulegen und dies nicht getan hat. Obwohl der lettische Gerichtshof in seinem Verfahren die tatsächliche Möglichkeit des Beschwerdeführers, gegen das Urteil des zypriotischen Gerichts vorzugehen, nicht prüfte, verneinte der Europäische Gerichtshof unter Rückgriff auf die *Equivalent-Protection-Doktrin* eine Verletzung des Rechts auf ein faires Verfahren aus Art. 6 Abs. 1 EMRK.[593] Auch ohne Vorlage an den EuGH bejahte er hier einen mit der Konvention vergleichbaren Grundrechtsstandard auf Ebene der EU und prüfte sodann das Vorliegen eines offensichtlichen Mangels sowohl hinsichtlich der betroffenen Verordnung als auch hinsichtlich der Anwendung der Verordnung im konkreten Fall.[594] Dass der lettische Gerichtshof die Möglichkeit der Einlegung eines Rechtsbehelfs nicht überprüfte, wertete der Gerichtshof im konkreten Fall nicht als offensichtlichen Mangel.[595] Zur Begründung führte er an, dass er überzeugt sei, dass es dem Beschwerdeführer tatsächlich möglich war, einen Rechtsbehelf einzulegen.[596] Er schloss jedoch zugleich nicht aus, dass in einer wörtlichen und automatischen Anwendung von Art. 34 Abs. 2 Verordnung (EG) Nr. 44/2001 grundsätzlich ein offensichtlicher Mangel liegen kann.[597]

Das abweichende Sondervotum von Richter *Sajó* kritisierte vor allem, dass im konkreten Fall die *Equivalent-Protection-Doktrin* überhaupt nicht hätte zur

---

591 Die Zusammenfassung des Sachverhalts beruht auf den diesbezüglichen Ausführungen des Gerichtshofs, siehe *ECtHR, Avotiņš v. Latvia* [GC], no. 17502/07, Abs. 13 ff., ECHR 2016.

592 Verordnung (EG) Nr. 44/2001 des Rates vom 22. Dezember 2000 über die gerichtliche Zuständigkeit und die Anerkennung und Vollstreckung von Entscheidungen in Zivil- und Handelssachen, (ABl. Nr. L 12 vom 16. Januar 2001, S. 1 ff.)

593 Siehe *ECtHR, Avotiņš v. Latvia* [GC], no. 17502/07, Abs. 127, ECHR 2016.

594 Siehe *ECtHR, Avotiņš v. Latvia* [GC], no. 17502/07, Abs. 112, 117, ECHR 2016.

595 Siehe *ECtHR, Avotiņš v. Latvia* [GC], no. 17502/07, Abs. 121, ECHR 2016.

596 Siehe *ECtHR, Avotiņš v. Latvia* [GC], no. 17502/07, Abs. 122 ff., ECHR 2016.

597 Siehe *ECtHR, Avotiņš v. Latvia* [GC], no. 17502/07, Abs. 121.

Anwendung kommen dürfen.[598] Er bemängelte, dass nicht sicher war, ob die Verordnung im Rahmen von Art. 34 Abs. 1 Verordnung (EG) Nr. 44/2001, der eine Ausnahme der Anerkennung im Falle eines Verstoßes gegen die öffentliche Ordnung vorsieht, nicht doch einen Ermessensspielraum zuließ.[599] Auch beanstandete er in diesem Zusammenhang, dass das lettische Gericht es versäumt habe, dem EuGH vorzulegen.[600]

Es ist jedoch nicht Aufgabe des Gerichtshofs, nationales oder EU-Recht auszulegen oder anzuwenden. Deswegen war er im konkreten Fall darauf beschränkt, festzustellen, ob die Nichtberücksichtigung der Vorschrift durch den lettischen Gerichtshof willkürlich war und deswegen einen eigenen Verstoß gegen die Konvention darstellte. Insofern waren jedoch auch die diesbezüglichen Ausführungen des Gerichtshofs nicht ausreichend, die sich darauf beschränkt haben, dass die Vorschrift nicht Gegenstand des Verfahrens sei.[601] Ob die fehlende Berücksichtigung der Norm im konkreten Fall jedoch tatsächlich willkürlich war, ist zwar eine Frage, die im Rahmen dieser Arbeit nicht beantwortet werden muss. Entsprechende Anhaltspunkte sind jedoch nicht ersichtlich. Die Frage, ob Art. 34 Abs. 1 Verordnung (EG) Nr. 44/2001 im konkreten Fall einschlägig war und ob diesbezüglich ein Ermessensspielraum bestand, ist weder im nationalen Verfahren noch seitens des Beschwerdeführers im Verfahren vor dem EGMR vorgebracht worden. Erwähnung fand diese Möglichkeit einzig in der Stellungnahme des *AIRE Centre* im Verfahren vor dem EGMR.[602] Deswegen ist dem Gerichtshof darüber hinaus zuzustimmen, dass im konkreten Fall kein

598 Siehe *ECtHR, Avotiņš v. Latvia* [GC], no. 17502/07, Dissenting Opinion of Judge Sajó, Abs. 7 ff., ECHR 2016. Sajó übt in seinem Sondervotum auch allgemein Kritik an der *Equivalent-Protection-Doktrin*. Er ist der Ansicht, dass die Konventionsrechte im Anwendungsbereich der *equivalent protection*-Formel hinter der zwischenstaatlichen Zusammenarbeit zurückstehen müssten, obwohl es sich dabei nicht um eine im Rahmen der Konvention anerkannte Einschränkungsmöglichkeit handele. Er übersieht dabei aber, dass der Gerichtshof die zwischenstaatliche Kooperation jedenfalls im Rahmen einer Einschränkung von Art. 6 EMRK als legitimes Ziel anerkennt, siehe hierzu sogleich unter Kapitel 2, C. II. 2. Anlass für seine allgemeine Kritik scheint im Übrigen auch die Anwendung im konkreten Einzelfall zu sein.

599 Siehe *ECtHR, Avotiņš v. Latvia* [GC], no. 17502/07, Dissenting Opinion of Judge Sajó, Abs. 7, ECHR 2016.

600 Siehe *ECtHR, Avotiņš v. Latvia* [GC], no. 17502/07, Dissenting Opinion of Judge Sajó, Abs. 8. Siehe hierzu auch bereits unter Kapitel 2, B. II. 2. b.

601 Siehe *ECtHR, Avotiņš v. Latvia* [GC], no. 17502/07, Dissenting Opinion of Judge Sajó, Abs. 108, ECHR 2016.

602 Siehe *ECtHR, Avotiņš v. Latvia* [GC], no. 17502/07, Abs. 94, ECHR 2016.

Anlass für eine Vorlage an den EuGH bestand. Anders als im bereits erwähnten Fall *Michaud v. France* hat der Beschwerdeführer hier auch im nationalen Verfahren kein Vorlageverfahren angestrebt, was zu Recht vom Gerichtshof berücksichtigt wurde.

Die Ausführungen zeigen, dass noch immer Unsicherheiten in Bezug auf die Anwendung der Doktrin im Einzelfall herrschen und die Rechtsprechung des Gerichtshofs nicht immer konsistent und vereinzelt mit dogmatischen Mängeln behaftet ist.[603] Die an der *Equivalent-Protection-Doktrin* geübte Kritik lässt sich demnach aber weniger auf das Konstrukt an sich als auf Unzulänglichkeiten in ihrer Anwendung zurückführen. Grundsätzlich bleibt es bei der Feststellung, dass die Doktrin einen angemessenen Ausgleich zwischen der Notwendigkeit zwischenstaatlicher Kooperation und dem Interesse an einem effektiven Konventionsschutz schafft.

4. *Zwischenergebnis*

Handelt ein Konventionsstaat zur Erfüllung einer Verbindlichkeit aus seiner Mitgliedschaft in einer internationalen Organisation, muss der Gerichtshof berücksichtigen, dass eine Verpflichtung zur Handlung besteht und der betroffene Staat insofern nicht autonom handelt. Andererseits würde es jedoch dem Konventionszweck zuwiderlaufen, könnten sich die Staaten durch die Übertragung von Hoheitsrechten auf eine internationale Organisation von ihrer Verantwortlichkeit unter der Konvention lösen. Durch die *Equivalent-Protection-Doktrin* gelingt es dem Gerichtshof, das Interesse an einem effektiven Konventionsschutz und die Notwendigkeit der zwischenstaatlichen Zusammenarbeit in einen angemessenen Ausgleich zu bringen. Dies gilt auch vor dem Hintergrund, dass vereinzelt Unzulänglichkeiten in der Anwendung der Doktrin auf den konkreten Einzelfall bestehen. Dogmatisch lässt sie sich als Rechtfertigung für Handlungen, die im Zusammenhang mit der Mitgliedschaft in einer internationalen Organisation vorgenommen werden, auf deren Ebene ein der Konvention äquivalenter Grundrechtsschutz gewährleistet wird, begreifen. Die Konventionsstaaten müssen auf einen mit der Konvention vergleichbaren Grundrechtsschutz auf Ebene der internationalen Organisation hinwirken. Gelingt es ihnen nicht oder liegt im konkreten Fall ein offensichtlicher Mangel im Schutz vor, müssen sich die Staaten vollumfänglich unter der Konvention verantworten.

---

603 So kritisieren auch *Peters/Altwicker*, Europäische Menschenrechtskonvention, § 2, Rn. 29 vor allem, dass die Rechtsprechung des EGMR einzelfallbezogen und nicht konsistent ist.

III. Zusammenfassung

Handlungen im Zusammenhang mit der Mitgliedschaft in einer internationalen Organisation bedürfen im Kontext der Europäischen Menschenrechtskonvention im Hinblick auf zwei Aspekte besonderer Beachtung.

Bei vermeintlichen Verletzungshandlungen im Zusammenhang mit internationalen Organisationen ist zunächst die Anwendbarkeit der Konvention insbesondere *ratione personae* zu prüfen. Voraussetzung der Anwendbarkeit *ratione personae* ist entweder eine direkte oder indirekte staatliche Mitwirkungshandlung oder ein den Konventionsstaaten nach völkerrechtlichen Regelungen zurechenbares Verhalten einer internationalen Organisation. Nicht erfasst sind demnach regelmäßig interne Akte internationaler Organisation, die keiner Ausführungshandlung durch die Mitgliedstaaten bedürfen. Die Mitgliedschaft in einer internationalen Organisation allein ist jedenfalls kein ausreichendes Zurechnungskriterium. Eine Anwendbarkeit der Konvention *ratione personae* kommt im Rahmen interner Akte internationaler Organisationen deswegen nur dann in Betracht, wenn der Mitgliedstaat in direkter oder indirekter Weise interveniert. Ansonsten scheitert die Anwendbarkeit der Konvention an der fehlenden Ausübung von Hoheitsgewalt im Sinne von Art. 1 EMRK. Handelt ein Mitgliedstaat unter der Schirmherrschaft einer internationalen Organisation, ist ebenso maßgeblich, ob ihm die konkrete Handlung zugerechnet werden kann. Dies erfordert eine Prüfung anhand des Kriteriums der effektiven Kontrolle im Sinne der Zurechnungsregelungen des allgemeinen Völkerrechts.

Ist der Anwendungsbereich der Konvention eröffnet, kommt den Konventionsstaaten in bestimmten Fällen die Vermutung der *Equivalent-Protection-Doktrin* zugute, die im Ergebnis einen nur eingeschränkten Bindungsumfang begründet. Grundvoraussetzung für die Anwendung der Doktrin ist, dass die Rechtsgrundlage keinen Raum für eine eigenverantwortliche Entscheidung des betroffenen Konventionsstaates lässt. Kann in einem zweiten Schritt festgestellt werden, dass auf Ebene der internationalen Organisation ein mit der Konvention vergleichbarer Grundrechtsschutz tatsächlich gewährleistet wird, kommt dem handelnden Staat die Vermutung zugute, dass sein Verhalten konventionskonform ist. Die Vermutung kann durch die Darlegung eines offensichtlichen Mangels im Konventionsschutz im konkreten Fall widerlegt werden. Gelingt dies, hat sich der Mitgliedstaat vollumfänglich unter der Konvention zu verantworten.

C. Die Immunität internationaler Organisationen im Spannungsverhältnis zum Recht auf Zugang zu Gericht

Die Vertragsstaaten der Europäischen Menschenrechtskonvention sind verpflichtet, ihren Bürgern im Anwendungsbereich von Art. 6 Abs. 1 S. 1 EMRK ein subjektives Recht auf Zugang zu Gericht zu gewähren. Gleichzeitig sind die Konventionsstaaten aufgrund ihrer Mitgliedschaften in verschiedenen internationalen Organisationen gezwungen, diese von der nationalen Gerichtsbarkeit zu befreien. Verklagt ein Bürger eine internationale Organisation vor dem nationalen Gericht eines Konventionsstaates, der zugleich Mitglied in einer internationalen Organisation ist, befindet sich dieser insofern in einem Dilemma. So verletzt er möglicherweise das Recht auf Zugang zu Gericht des Bürgers, wenn er der internationalen Organisation Immunität gewährt. Tut er dies jedoch nicht, verletzt er möglicherweise seine Verpflichtung aus der Mitgliedschaft in der internationalen Organisation.

Der Europäische Gerichtshof für Menschenrechte sah sich zum ersten Mal in den Fällen *Waite and Kennedy v. Germany*[604] und *Beer and Regan v. Germany*[605] mit diesem Problem konfrontiert. Er setzte sich in seinen Entscheidungen insbesondere mit der Verhältnismäßigkeit einer Einschränkung des Rechts auf Zugang zu Gericht auseinander, ließ jedoch auch in diesem Zusammenhang verschiedene Fragen offen, die im Rahmen dieser Bearbeitung diskutiert werden sollen. Die folgenden Ausführungen widmen sich deswegen der Untersuchung des Verhältnisses zwischen der Immunität internationaler Organisationen und dem Recht auf Zugang zu Gericht in der Rechtsprechung des Europäischen Gerichtshofs für Menschenrechte.

I. Grundzüge des Rechts auf Zugang zu Gericht

Das in Art. 6 EMRK verbriefte Recht auf ein faires Verfahren ist Ausfluss des Rechtsstaatsprinzips, das den Vertragsstaaten als allgemeiner Rechtsgrundsatz gemein ist.[606] So versteht auch die Präambel der Konvention das Rechtsstaatsprinzip als gemeinsames Erbe der Vertragsstaaten: „[…] the Governments of European Countries which are likeminded and have a common heritage of

604 *ECtHR*, *Waite and Kennedy v. Germany* [GC], no. 26083/94, ECHR 1999-I.
605 *ECtHR*, *Beer and Regan v. Germany* [GC], no. 28934/95, 18 February 1999.
606 *Jacob/White/Ovey*, The European Convention on Human Rights, S. 274. Siehe auch *Grabenwarter*, ECHR, Art. 6, Rn. 1; Meyer, in: Karpenstein/Mayer (Hrsg.), EMRK, Art. 6, Rn. 1.

political traditions, ideals, freedom and the rule of law […]". Zu Recht bezeichnet der Europäische Gerichtshof für Menschenrechte das Rechtsstaatsprinzip dementsprechend als Eckpfeiler der Konvention[607] und misst ihm eine große Bedeutung im Rahmen der Auslegung der Konventionsrechte zu.

Betrachtet man die verschiedenen Gewährleistungen und Ausprägungen des Rechts auf ein faires Verfahren, überrascht es nicht, dass eine Verletzung von Art. 6 EMRK im Rahmen der Individualbeschwerde am häufigsten gerügt wird.[608] Neben der Unschuldsvermutung (Abs. 2) garantiert Art. 6 Personen im Strafverfahren ein Mindestmaß an bestimmten Rechten (Abs. 3), wie beispielsweise das Recht auf Unterrichtung über die Anklage (lit. a). Die Garantien des Abs. 1 erfassen hingegen nicht nur Strafverfahren, sondern auch zivilrechtliche Ansprüche und Verpflichtungen. Satz 1 normiert das Recht auf Verhandlung in einem fairen Verfahren, öffentlich und innerhalb einer angemessenen Frist, von einem unabhängigen und unparteiischen, auf einem Gesetz beruhenden Gericht. Satz 2 schützt darüber hinaus die öffentliche Verkündung des Urteils und enthält Einschränkungen zum Grundsatz der Öffentlichkeit der Verhandlung. Den näheren Inhalt der Gewährleistungen hat der Gerichtshof im Rahmen seiner Rechtsprechung zu Art. 6 EMRK nach und nach ausgefüllt.[609] So auch mit Blick auf das Recht auf Zugang zu Gericht. Ausgangspunkt für die Entwicklung dieses Rechts ist die Entscheidung *Golder v. The United Kingdom*[610] aus dem Jahr 1975.

1. *Die Herleitung: Der Fall* Golder v. The United Kingdom

Ausdrücklich sieht Art. 6 Abs. 1 S. 1 EMRK kein Recht auf Zugang zu Gericht vor. Er formuliert lediglich folgendes:

---

607 Siehe bspw. *ECtHR*, *Streletz, Kessler and Krenz v. Germany* [GC], nos. 34044/96 and 2 others, Abs. 82, ECHR 2001-II.

608 Siehe hierzu *EGMR*, Overview 1959-2015, S. 6, abrufbar unter http://www.echr.coe.int/Documents/Overview_19592015_ENG.pdf, zuletzt abgerufen am 26.06.2019.

609 Im Rahmen der Bearbeitung zu den Grundzügen des Rechts auf Zugang zu Gericht ist aufgefallen, dass sich die Literatur, vor allem die Kommentierungen zu Art. 6 EMRK, überwiegend in einer Zusammenfassung der Rechtsprechung des Gerichtshofs ohne Wertung erschöpfen. Wenn dies möglich war, wurden auch unabhängige Quellen angeführt und es zudem stets kenntlich gemacht, wenn diese auf die Rechtsprechung des EGMR verweisen.

610 *ECtHR*, *Golder v. the United Kingdom*, 21 February 1975, Series A no. 18.

> „In the determination of his civil rights and obligations [...], everyone is entitled to a fair and public hearing within a resonable time by an independent and impartial tribunal."[611]

In der Vergangenheit wurden die Grundsätze des Art. 6 Abs. 1 S. 1 EMRK deswegen überwiegend als Verfahrensgarantien verstanden, die sich lediglich auf bereits laufende Gerichtsverfahren beziehen.[612] Die Gewährleistungen griffen also erst, wenn ein Verfahren bereits eingeleitet war. In seiner Entscheidung in der Sache *Golder v. The United Kingdom* stellte der Gerichtshof schließlich fest, dass Art. 6 Abs. 1 S. 1 EMRK auch ein Recht auf Zugang zu Gericht garantiert.

Golder, einem britischen Strafgefangenen, wurden verschiedene Verstöße gegen die Gefängnisordnung angelastet, die in seiner Personalakte mit dem Hinweis vermerkt wurden, dass keine Verfolgungsmaßnahmen eingeleitet wurden. In diesem Zusammenhang beantragte *Golder* beim Innenministerium eine Erlaubnis, sich anwaltlich beraten zu lassen, um einen Aufseher wegen übler Nachrede auf Schadensersatz zu verklagen.[613] Das britische Innenministerium lehnte diesen Antrag ab.[614] *Golder* rügte in seiner Individualbeschwerde unter anderem eine Verletzung von Art. 6 Abs. 1 EMRK.[615]

Nach einer ausführlichen Auslegung von Art. 6 Abs. 1 S. 1 EMRK im Sinne der gewohnheitsrechtlich geltenden Auslegungsregelungen des WÜV kam der EGMR zu folgendem Ergebnis:

> „Taking all the preceding considerations together, it follows that the right of access constitutes an element which is inherent in the right stated by Article 6 para. 1. This is not an extensive interpretation forcing new obligations on the Contracting States: it is based on the very terms of the first sentence of Article 6 para. 1 read in its context and having regard to the object and purpose of the Convention [...]."[616]

Der Gerichtshof stützte dies vor allem auf den Wortlaut der französischen Fassung von Art. 6 Abs. 1 S. 1 EMRK, in der es heißt: „[...] à ce que sa cause soit entendue [...] par un tribunal indépendant et impartial, établi par la loi, qui

---

611 In der authentischen französichen Fassung heißt es: „Toute personne a droit à ce que cause soit entendu équitablement, publiquement et dans un délai raisonable, par un tribunal indépendant et impartial, établi par la loi, qui décidera, soit des contestations sur ses droits et obligations de caractère civil [...]."

612 *Miehsler/Vogler*, in: Pabel/Schmahl (Hrsg.), IntKommEMRK, Art. 6, Rn. 257.

613 Siehe *ECtHR*, *Golder v. the United Kingdom*, 21 February 1975, Abs. 9 ff., Series A no. 18.

614 *ECtHR*, *Golder v. the United Kingdom*, 21 February 1975, Abs. 9 ff., Series A no. 18.

615 *ECtHR*, *Golder v. the United Kingdom*, 21 February 1975, Abs. 9 ff., Series A no. 18.

616 *ECtHR*, *Golder v. the United Kingdom*, 21 February 1975, Abs. 36, Series A no. 18.

décidera, soit des contestations [...]." Das französische Wort *cause* [Sache] könne zwar zum einen im Sinne von *procès qui se plaide* [Prozess, der vor Gericht verhandelt wird] verstanden werden, gleichermaßen werde es jedoch im Sinne von *l'ensemble des intérêts à soutenir, à faire prévaloir* [die Gesamtheit der zu vertretenden, durchzusetzenden Interessen] verwendet.[617]. Ebenso spreche die Bedeutung von *contestation* für ein Recht auf die Einleitung eines Verfahrens, da eine Streitigkeit schon vor Prozessbeginn bestehe.[618] Dementsprechend verstand der Gerichtshof die Formulierung *tribunal indépendant et impartial établi par la loi* [unabhängiges und unparteiisches, auf Gesetz beruhendes Gericht] als Vorgabe für die Einrichtung des Verfahrens und weniger als Vorgabe der Arbeitsweise.[619] Unterstützend verwies der EGMR auch auf die englische Fassung von Art. 6 Abs. 1 S. 1 EMRK, die eine entsprechende Auslegung aus denselben Gründen ebenfalls zuließe.[620]

Neben dem Wortlaut betonte der Gerichtshof die Bedeutung des Rechtsstaatsprinzips für die Auslegung der Konventionsrechte. Nicht nur die Präambel der Konvention, sondern auch die Satzung des Europarates, dem alle Konventionsstaaten angehören, verlange eine Auslegung in diesem Sinne.[621] Ein Rechtsstaat ohne die Möglichkeit der Geltendmachung zivilrechtlicher Ansprüche sei kaum denkbar.[622] Die Qualität des Rechts auf Zugang zu Gericht als allgemeiner Rechtsgrundsatz unterstütze diese Interpretation.[623]

Auch unter Berücksichtigung des Sinns und Zwecks der Konvention gelangt der Gerichtshof zu der Überzeugung, dass ein Recht auf Zugang zu Gericht notwendige Voraussetzung für die Wirksamkeit der Rechte aus Art. 6 Abs. 1 S. 1 ist. Die Konventionsstaaten könnten andernfalls Art. 6 Abs. 1 S. 1 EMRK umgehen, indem sie Gerichte gänzlich abschafften.[624] Ein Recht auf Einhaltung bestimmter Verfahrens-grundsätze hätte ohne das Vorhandensein eines Verfahrens keinen Wert.[625]

---

617 *ECtHR, Golder v. the United Kingdom*, 21 February 1975, Abs. 32, Series A no. 18.
618 *ECtHR, Golder v. the United Kingdom*, 21 February 1975, Abs. 32, Series A no. 18.
619 Siehe *ECtHR, Golder v. the United Kingdom*, 21 February 1975, Abs. 32, Series A no. 18.
620 *ECtHR, Golder v. the United Kingdom*, 21 February 1975, Abs. 32, Series A no. 18.
621 *ECtHR, Golder v. the United Kingdom*, 21 February 1975, Abs. 34, Series A no. 18.
622 *ECtHR, Golder v. the United Kingdom*, 21 February 1975, Abs. 34, Series A no. 18..
623 *ECtHR, Golder v. the United Kingdom*, 21 February 1975, Abs. 35, Series A no. 18.
624 *ECtHR, Golder v. the United Kingdom*, 21 February 1975, Abs. 35, Series A no. 18.
625 *ECtHR, Golder v. the United Kingdom*, 21 February 1975, Abs. 35, Series A no. 18.

Diese Entscheidung gilt seit jeher als Leitentscheidung zum Recht auf Zugang zu Gericht.[626] Zu Recht erkannte der Gerichtshof, dass ein Recht auf ein faires Verfahren ohne die Garantie der Einleitung eines Verfahrens ins Leere liefe. Die Justizgewährung versteht sich als „Grundbedingung für einen Rechtsstaat“[627].[628]

2. *Der Anwendungsbereich: zivilrechtliche Ansprüche und Verpflichtungen*

Voraussetzung für die Geltendmachung des Rechts auf Zugang zu Gericht ist stets die Anwendbarkeit von Art. 6 Abs. 1 S. 1 EMRK.

Maßgeblich ist zunächst, dass ein Anspruch beziehungsweise eine Verpflichtung nach nationalem Recht überhaupt bestehen kann. Dabei ist eine ausdrückliche Anerkennung als *right* beziehungsweise *droit* im nationalen Recht jedoch nicht erforderlich.[629] Im Fall *B. v. The United Kingdom*[630] argumentierte die britische Regierung beispielsweise, dass die bloße Möglichkeit, dass eine Behörde im Rahmen ihres Ermessens Eltern Zugang zum Kind gewährt, kein Recht im Sinne des Art. 6 Abs. 1 S. 1 EMRK konstituiere.[631] Entgegen der Ansicht der Regierung nahm der Gerichtshof jedoch ein entsprechendes Recht an.[632]

---

626 Siehe bspw. *ECtHR, Ashingdane v. the United Kingdom*, 28 May 1985, Abs. 55, Series A no. 93; *ECtHR, Osman v. the United Kingdom*, 28 October 1998, Abs. 136, *Reports of Judgments and Decisions* 1998-VIII; *ECtHR, Waite and Kennedy v. Germany* [GC], no. 26083/94, Abs. 50, ECHR 1999-I; *ECtHR, Kolovangina v. Russia*, no. 76593/01, Abs. 20, 11 December 2008; *ECtHR, Markovic and Others v. Italy* [GC], no. 1398/03, Abs. 92, ECHR 2006-XIV; *ECtHR, Arlewin v. Sweden*, no. 22302/10, Abs. 66, 1 March 2016.

627 *Grabenwarter/Pabel*, in: Dörr/Grote/Marauhn (Hrsg.), EMRK/GG, Kap. 14, Rn. 2.

628 Siehe *Grabenwarter/Pabel*, in: Dörr/Grote/Marauhn (Hrsg.), EMRK/GG, Kap. 14, Rn. 2. Dass Art. 6 Abs. 1 S. 1 EMRK ein Recht auf Zugang zu Gericht beinhaltet ist in der Literatur mittlerweile allgemein anerkannt und wird nicht bestritten, siehe bspw. *Grabenwarter*, ECHR, Art. 6, Rn. 33; *Jacobs/White/Ovey*, The European Convention on Human Rights, S. 285; *Meyer*, in: Karpenstein/Mayer, EMRK, Art. 6, Rn. 40; *Meyer-Ladewig/Harrendorf/König*, in: Meyer-Ladewig/Nettesheim/von Raumer (Hrsg.), EMRK, Art. 6, Rn. 34; *Peters/Altwicker*, Europäische Menschenrechtskonvention, § 19, Rn. 33; *Peukert*, in: Frowein/Peukert, EMRK, Art. 6, Rn. 45; *Schabas*, ECHR, Art. 6, S. 284.

629 *Grabenwarter/Pabel*, in: Dörr/Grote/Marauhn (Hrsg.), EMRK/GG, Kap. 14, Rn. 16; *Peukert*, in: Frowein/Peukert, EMRK, Art. 6, Rn. 7.

630 *ECtHR, B. v. the United Kingdom*, 8 July 1987, Series A no. 121

631 Siehe *ECtHR, B. v. the United Kingdom*, 8 July 1987, Abs. 72, Series A no. 121.

632 Siehe *ECtHR, B. v. the United Kingdom*, 8 July 1987, Abs. 72 ff., Series A no. 121.

Artikel 6 Abs. 1 S. 1 EMRK kann hingegen keinen zivilrechtlichen Anspruch begründen, da er nicht der Schaffung neuen Rechts dient.[633] Nicht relevant ist aber wiederum, ob der Anspruch von der Konvention selbst erfasst ist.[634] Ebenso wenig muss er begründet sein, denn dies ist eine Frage des materiellen nationalen Rechts. Erforderlich ist jedoch, dass er schlüssig vorgetragen wird.[635]

Ob eine Streitigkeit zivilrechtlicher Natur ist, entscheidet der Gerichtshof im Wege der bereits erwähnten autonomen Auslegung.[636] Grund für die autonome Auslegung ist auch hier die Gefahr der Aushöhlung der von Art. 6 Abs. 1 EMRK garantierten Rechte durch nationale Zuständigkeiten.[637] Der Gerichtshof will so eine Umgehung des Rechts auf Zugang zu Gericht verhindern.

Obwohl die Einordnung der Rechtsnatur einer Streitigkeit als zivilrechtlich keiner konsequenten Kasuistik folgt, lassen sich bestimmte Fallgruppen ausmachen, die der Gerichtshof grundsätzlich als zivilrechtlich anerkennt.[638]

Jedenfalls erfasst sind nach innerstaatlichem Recht privatrechtliche Streitigkeiten, wie beispielsweise schuldvertragliche Schadensersatz-ansprüche.[639] Zudem sind Verfahren erfasst, deren Ausgang für das Bestehen zivilrechtlicher Ansprüche und Verpflichtungen entscheidend ist.[640] Dabei stellt der Gerichtshof darauf ab, ob der Ausgang zivilrechtliche Ansprüche oder Verpflichtungen begründet,

---

633 *ECtHR*, *James and Others v. the United Kingdom*, 21 February 1986, Abs. 81, Series A no. 98; *Grabenwarter/Pabel*, in: Dörr/Grote/Marauhn (Hrsg.), EMRK/GG, Kap. 14, Rn. 16; *Jacobs/White/Ovey*, The European Convention on Human Rights, S. 278; *Peters/Altwicker*, Europäische Menschenrechtskonvention, § 19, Rn. 6.

634 *ECtHR*, *Neves e Silva v. Portugal*, 27 April 1989, Abs. 37, Series A no. 153-A. Siehe auch *Peukert*, in: Frowein/Peukert, EMRK, Art. 6, Rn. 7; *Schabas*, ECHR, Art. 6, S. 272 unter Verweis auf die Rechtsprechung des EGMR.

635 *ECtHR*, *H. v. Belgium*, 30 November 1987, Abs. 43, Series A no. 127-B. Siehe auch *Peters/Altwicker*, Europäische Menschenrechtskonvention, § 19, Rn. 6; *Schabas*, ECHR, Art. 6, S. 272; *Peukert*, in Frowein/Peukert, EMRK, Art. 6, Rn. 7 unter Verweis auf die Rechtsprechung des EGMR.

636 Siehe unter Kapitel 2, A. III.

637 Siehe *Jacobs/White/Ovey*, The European Convention on Human Rights, S. 279; *Schabas*, ECHR, Art. 6, S. 273.

638 *Grabenwarter/Pabel*, Europäische Menschenrechtskonvention, § 24, Rn. 9.

639 *Peukert* in: Frowein/Peukert, EMRK, Art. 6, Rn. 15; *Jacobs/White/Ovey*, The European Convention on Human Rights, S. 279; *Peters/Altwicker*, Europäische Menschenrechtskonvention, § 19, Rn. 7; *Schabas*, ECHR, Art. 6, S. 273.

640 Dies äußerte der EGMR zum ersten Mal in seiner Entscheidung im Fall *Ringeisen v. Austria*, siehe *ECtHR*, *Ringeisen v. Austria*, 16 July 1971, Abs. 94, Series A no. 13. *Grabenwarter/Pabel*, Europäische Menschenrechtskonvention, § 24, Rn. 10 sprechen in diesem Zusammenhang von „Auswirkungsjudikatur“.

ändert oder aufhebt.[641] Insofern können auch nach innerstaatlichem Recht öffentlich-rechtliche Streitigkeiten in den Schutzbereich von Art. 6 Abs. 1 S. 1 EMRK fallen.

Ferner erfasst sind Streitigkeiten vermögensrechtlicher Natur, unabhängig von einer etwaigen verwaltungsbehördlichen Zuständigkeit:

> „The Court notes that the subject-matter of the applicant company's action was ‚pecuniary' in nature and that the action was founded on an alleged infringement of rights which were likewise pecuniary rights. The right in question was therefore a ‚civil right', notwithstanding the origin of the dispute and the fact that the administrative courts had jurisdiction [...]."[642]

Für Rechtsstreitigkeiten im öffentlichen Dienst gilt seit der Entscheidung im Fall *Vilho Eskelinen and Others v. Finland*[643] die Vermutung, dass sie in den Anwendungsbereich von Art. 6 Abs. 1 S. 1 EMRK fallen.[644] Der Vertragsstaat kann durch Darlegung eines ausdrücklichen Ausschlusses einer bestimmten Gruppe von Mitarbeitern aus dem Anwendungsbereich sowie der Darlegung objektiver Gründe staatlichen Interesses diese Vermutung widerlegen.[645] Die bloße Beteiligung an der Ausübung von Staatsgewalt rechtfertigt die Ausnahme dabei jedoch nicht.[646] Erforderlich ist, dass der fragliche Beamte Hoheitsgewalt ausübt oder ein besonderes Loyalitätsverhältnis zwischen ihm und dem Staat besteht, so dass einfache Arbeitsrechtsstreitigkeiten über Gehalt und ähnliches regelmäßig in den Anwendungsbereich von Art. 6 Abs. 1 S. 1 EMRK fallen.[647] Im Bereich der

---

641 Siehe bspw. *ECtHR, Nikas and Nika v. Greece*, no. 31273/04, Abs. 26, 13 July 2006.

642 *ECtHR, Editions Périscope v. France*, 26 March 1992, Abs. 40, Series A no. 234-B. *Grabenwarter/Pabel*, Europäische Menschenrechtskonvention, § 24, Rn. 13 erkennen die vermögenswerten Rechte als dritte Fallgruppe an.

643 *ECtHR, Vilho Eskelinen and Others v. Finland* [GC], no. 63235/00, ECHR 2007-II.

644 Siehe *ECtHR, Vilho Eskelinen and Others v. Finland* [GC], no. 63235/00, Abs. 62, ECHR 2007-II. *Grabenwarter/Pabel*, Europäische Menschenrechtskonvention, § 24, Rn. 12 ordnen beamtenrechtliche Streitigkeiten als Sonderkategorie in die Fallgruppe „Abwägungsjudikatur" ein. *Kloth*, Immunities and the Right of Acess to Court under Article 6 of the European Convention on Human Rights, S. 10 kritisiert zu Recht die Dogmatik der Esekelinen-Kriterien, da die Frage nach der Rechtfertigung einer Ausnahme schon auf Ebene der Anwendbarkeit erörtert wird, jedoch eigentlich eine Frage der Begründetheit ist.

645 *ECtHR, Vilho Eskelinen and Others v. Finland* [GC], no. 63235/00, Abs. 62, ECHR 2007-II.

646 *ECtHR, Vilho Eskelinen and Others v. Finland* [GC], no. 63235/00, Abs. 62, ECHR 2007-II.

647 *ECtHR, Vilho Eskelinen and Others v. Finland* [GC], no. 63235/00, Abs. 62, ECHR 2007-II.

Sozialrechtsstreitigkeiten nimmt der EGMR hingegen eine Abwägung zwischen den privatrechtlichen und öffentlich-rechtlichen Merkmalen der Streitigkeit vor.[648]

Neben den hier dargestellten Fallgruppen hat der Gerichtshof bestimmte Streitigkeiten, die sich in keiner Gruppe zusammenfassen lassen, in Einzelfallentscheidungen in den Anwendungsbereich von Art. 6 Abs. 1 S. 1 EMRK aufgenommen oder als nicht-zivilrechtlich abgelehnt.[649] Nicht in den Anwendungsbereich fallen aber jedenfalls solche Streitigkeiten, die dem Kernbereich des öffentlichen Rechts zuzuordnen sind wie beispielsweise Steuer- und Zollverfahren.[650]

3. Der Inhalt der Gewährleistungen

Artikel 6 Abs. 1 S. 1 EMRK gewährt nicht nur ein Recht auf Zugang zu einem Gericht, sondern stellt zudem bestimmte Anforderungen an das Gericht.

a. Die Organisationsgarantie: Anforderungen an die Rechtsprechungsorgane

Die sogenannte Organisationsgarantie gewährleistet ein Recht auf Zugang zu einem unabhängigen, unparteiischen und auf Gesetz beruhenden Gericht.[651]

aa. Gericht

Ein Gericht im Sinne des Art. 6 EMRK ist jeder Spruchkörper, der auf Grundlage des Rechts in einem gesetzlich geregelten Verfahren über rechtliche Streitigkeiten zu entscheiden befugt ist.[652] Dieser vom Gerichtshof entwickelte materielle Gerichtsbegriff stellt demnach auf die Funktion als Rechtsprechungsorgan ab.

---

648 Siehe bspw. *ECtHR*, *Deumeland v. Germany*, 29 May 1986, Abs. 65 ff., Series A no. 100. Die Sozialrechtsstreitigkeiten sind die Hauptanwendungsfälle der nach *Grabenwarter/Pabel*, Europäische Menschenrechtskonvention, § 24, Rn. 11 bezeichneten Kategorie der „Abwägungsjudikatur".

649 Siehe eine beispielhafte Aufzählung von Streitigkeiten, die der EGMR als zivilrechtlich behandelt hat sowie von Streitigkeiten, die er aus dem Anwendungsbereich herausgenommen hat bei *Meyer-Ladewig/Harrendorf/König*, in: Meyer-Ladewig/Nettesheim/von Raumer (Hrsg.), EMRK, Art. 6 Rn., 21 f.

650 Siehe die Auflistung mit Belegen aus der Rechtsprechung bei *Peters/Altwicker*, Europäische Menschenrechtskonvention, § 19, Rn. 9.

651 Diese Anforderungen beziehen sich gemäß Art. 6 Abs. 1 S. 1 EMRK auch auf Rechtsprechungsorgane im Strafverfahren.

652 Ständige Rechtsprechung des EGMR, siehe *ECtHR*, *Julius Kloiber Schlachthof GmbH and Others v. Austria*, nos. 21565/07 and 3 others, Abs. 28, 4 April 2013. Siehe auch *Grabenwarter/Pabel*, Europäische Menschenrechtskonvention, § 24, Rn. 30; *Meyer*,

Um Gerichtsqualität zu erlangen ist erforderlich, dass die Entscheidungen des Spruchkörpers bindenden Charakter haben. So verneinte der Gerichtshof beispielsweise im Fall *Benthem v. The Netherlands*[653] die Gerichtsqualität einer Untergliederung des *Raad van State*, da dieser nur Empfehlungen aussprechen und keine bindenden Entscheidungen treffen konnte.[654] Zwingend ist zudem, dass das Gericht die rechtserheblichen Tatsachen selbstständig ermittelt und auf Grundlage des Rechts eine eigenständige Entscheidung fällt.[655] Insofern sind Entscheidungsorgane, die lediglich über die Zulässigkeit eines Antrags entscheiden, jedoch keine eigene Prüfung der Begründetheit vornehmen, keine Gerichte im Sinne des Art. 6 EMRK.[656]

Aufgrund der Qualifikation im materiellen Sinne ist die Einordnung oder Bezeichnung eines Spruchkörpers im nationalen Recht der Vertragsstaaten nicht ausschlaggebend.

bb. Auf Gesetz beruhend

Der Gesetzesvorbehalt erfasst neben der Einrichtung des Spruchkörpers auch die Grundzüge der Gerichtsorganisation.[657] Darüber hinaus müssen die Zuständigkeit des Gerichts, dessen Zusammensetzung und das Verfahren gesetzlich normiert sein.[658] Im Rahmen der Regelung der Zusammensetzung der Spruchkörper sind die Konventionsstaaten jedoch weitestgehend frei in ihrer Entscheidung. So dürfen beispielsweise Standes- oder Berufsgerichte zusätzlich auch mit Berufsangehörigen besetzt werden.[659] Die Vertragsstaaten haben jedoch darauf

---

in: Karpenstein/Mayer, EMRK, Art. 6, Rn. 41; Peukert, in: Frowein/Peukert, EMRK, Art. 6, Rn. 200 unter Verweis auf die Rechtsprechung des EGMR.

653 *ECtHR, Benthem v. the Netherlands*, 23 October 1985, Series A no. 97.

654 Siehe *ECtHR*, a. a. .O., Abs. 40.

655 Siehe *ECtHR, Le Compte, Van Leuven and De Meyere v. Belgium*, 23 June 1981, Abs. 51, Series A no. 43.

656 Siehe *ECtHR, Sporrong and Lönnroth v. Sweden*, 23 September 1982, Abs. 86, Series A no. 52.

657 *Peters/Altwicker*, Europäische Menschenrechtskonvention, § 19, Rn. 22.

658 Siehe zur Erstreckung auf die Zuständigkeit und Zusammensetzung *ECtHR, Lavents v. Latvia*, no. 58442/00, Abs. 114, 28 November 2002 und zur Erstreckung auf das Verfahren *ECtHR, Coëme and Others v. Belgium*, nos. 32492/96 and 4 others, Abs. 96 ff., ECHR 2000-VII. Siehe auch *Grabenwarter/Pabel*, Europäische Menschenrechts-konvention, § 24, Rn. 32; *Meyer*, in: Karpenstein/Mayer, EMRK, Art. 6, Rn. 42 f. unter Verweis auf die Rechtsprechung des EGMR.

659 Siehe bspw. *ECtHR, Le Compte, Van Leuven and De Meyere v. Belgium*, 23 June 1981, Abs. 58, Series A no. 43.

zu achten, dass bei der Zusammensetzung keine Interessenskonflikte entstehen, die die Unabhängigkeit oder Unparteilichkeit gefährden können.[660]

Grund für die Rückbindung an ein Parlamentsgesetz ist die Sicherstellung der Unabhängigkeit des Justizsystems von der Exekutive:

> „According to the case-law, the object of the term ‚established by law' in Article 6 of the Convention is to ensure ‚that the judicial organisation in a democratic society [does] not depend on the discretion of the Executive, but that it [is] regulated by law emanating from Parliament' [...].“[661]

Außerdem kann so die *Ad-hoc-Einrichtung* von Ausnahmegerichten verhindert werden.[662] Solange die Verfahrensgarantien gewährleistet werden, ist jedoch die Einrichtung von Fach- und Spezialgerichten grundsätzlich zulässig.[663]

cc. Unabhängig

Das Gericht muss sowohl unabhängig von der Exekutive als auch von den jeweiligen Parteien des Verfahrens sein.[664] Die Unabhängigkeit bezieht sich dabei sowohl auf das Gericht als auch auf die Richter.[665] Letztere müssen auch im Verhältnis untereinander unabhängig sein.[666]

Die Gewährleistung der Unabhängigkeit und der Ausschluss der äußeren Beeinflussung der Richter dienen der Legitimation der Entscheidungen des

---

660 Der Gerichtshof hatte im Fall *Le Compte, Van Leuven and De Meyere v. Belgium* keine Einwände gegen die Besetzung des Gerichts auch mit Berufsangehörigen, solange die Unparteilichkeit durch die Besetzung mit hauptamtlichen Richtern und die Methode der Wahl der berufsangehörigen Richter gesichert war, siehe *ECtHR, Le Compte, Van Leuven and De Meyere v. Belgium*, 23 June 1981, Abs. 58, Series A no. 43.

661 *ECtHR, Coëme and Others v. Belgium*, nos. 32492/96 and 4 others, Abs. 98, ECHR 2000-VII.

662 *Meyer*, in: Karpenstein/Mayer, EMRK, Art. 6, Rn. 41.

663 So ist beispielsweise die Einrichtung von Militärgerichten mit Art. 6 EMRK vereinbar, siehe *Meyer*, in: Karpenstein/Mayer, EMRK, Art. 6, Rn. 41. Siehe mit verschiedenen Beispielen aus der Rechtsprechung des EGMR auch *Grabenwarter/Pabel*, Europäische Menschenrechtskonvention, § 24, Rn. 33.

664 *ECtHR, Campbell and Fell v. the United Kingdom*, 28 June 1984, Abs. 78, Series A no. 80; *Schabas*, ECHR, Art. 6, S. 294. Siehe auch *Grabenwarter/Pabel*, Europäische Menschenrechtskonvention, § 24, Rn. 34; *Meyer*, in: Karpenstein/Mayer, EMRK, Art. 6, Rn. 43 unter Verweis auf die Rechtsprechung des EGMR.

665 *Grabenwarter/Pabel*, Europäische Menschenrechtskonvention, § 24, Rn. 34.

666 *Grabenwarter/Pabel*, Europäische Menschenrechtskonvention, § 24, Rn. 34.

Gerichts.[667] Der Gerichtshof betont in diesem Zusammenhang dementsprechend auch das in einer demokratischen Gesellschaft notwendige Vertrauen der Öffentlichkeit und vor allem auch der Verfahrensbeteiligten in die Justiz.[668]

Zur Beurteilung der Unabhängigkeit des Gerichts berücksichtigt der Gerichtshof verschiedene Kriterien: die Art und Weise der Ernennung, die Dauer der Amtszeit, die Gewährleistung des Schutzes gegen äußere Beeinflussungen und das äußere Erscheinungsbild des Spruchkörpers.[669]

Im Fall *Le Compte, Van Leuven and De Meyere v. Belgium*[670] stellte der Gerichtshof beispielsweise auf die Art und Weise der Ernennung der Richter sowie auf die Dauer der Amtszeit ab:

> „There can be no doubt as to the independence of the Court of Cassation [...]. The Court, in company with the Commission and the Government, is of the opinion that this also applies to the Appeals Council. It is composed of exactly the same number of medical practitioners and members of the judiciary and one of the latter, designated by the Crown, always acts as Chairman and has a casting vote. Besides, the duration of a Council member's term of office (six years) provides a further guarantee in this respect [...]."[671]

Im Fall *Piersack v. Belgium*[672] betonte der Gerichtshof neben der Art und Weise der Ernennung auch die Gewährleistung des Schutzes gegen äußere Beeinflussungen:

> „Under the Constitution (Articles 99–100) and by statute, the three judges of whom Belgian assize courts are composed enjoy extensive guarantees designed to shield them from outside pressures, and the same purpose underlies certain of the strict rules governing the nomination of members of juries (Articles 217–253 of the Judicial Code)."[673]

Im Fall *Delcourt v. Belgium* zweifelte er hingegen schon an der äußeren Erscheinung des in Frage stehenden Gerichts:

---

667 *Peters/Altwicker*, Europäische Menschenrechtskonvention, § 19, Rn. 23.Siehe auch *Müller*, Richterliche Unabhängigkeit und Unparteilichkeit nach Art. 6 EMRK, S. 28.

668 Siehe bspw. *ECtHR*, *Miroshnik v. Ukraine*, no. 75804/01, Abs. 61, 27 November 2008.

669 *ECtHR*, *Campbell and Fell v. the United Kingdom*, 28 June 1984, Abs. 78, Series A no. 80. Siehe auch *Peters/Altwicker*, Europäische Menschenrechtskonvention, § 19, Rn. 23 unter Verweis auf die Rechtsprechung des EGMR.

670 *ECtHR*, *Le Compte, Van Leuven and De Meyere v. Belgium*, 23 June 1981, Series A no. 43.

671 *ECtHR*, *Le Compte, Van Leuven and De Meyere v. Belgium*, 23 June 1981, Abs. 57, Series A no. 43.

672 *ECtHR*, *Piersack v. Belgium*, 1 October 1982, Series A no. 53.

673 *ECtHR*, *Piersack v. Belgium*, 1 October 1982, Abs. 27, Series A no. 53.

> „If one refers to the dictum ‚justice must not only be done; it must also be seen to be done' these considerations may allow doubts to arise about the satisfactory nature of the system in dispute".[674]

Im Ergebnis ist also ein Zusammenspiel der verschiedenen Kriterien maßgeblich.

dd. Unparteiisch

Unter Unparteilichkeit versteht der Gerichtshof die fehlende Voreingenommenheit des Gerichts im konkreten Einzelfall.[675] Er unterscheidet zwischen der subjektiven und der objektiven Unparteilichkeit.[676]

Die subjektive Unparteilichkeit bezieht sich auf die persönlichen Überzeugungen des Richters in einem konkreten Fall.[677] Neben persönlichen Ansichten über eine bestimmte Partei sind auch eigene Interessen des Richters erfasst. Da die persönlichen Überzeugungen eines Richters nur schwer nachweisbar sind, gilt der Richter als unparteiisch bis zum Beweis des Gegenteils.[678] Die subjektive Unparteilichkeit wird also widerlegbar vermutet.

Die objektive Unparteilichkeit verlangt, dass berechtigte Zweifel an der Unparteilichkeit des Richters ausgeschlossen sind.[679] Im Unterschied zur subjektiven Unparteilichkeit bezieht sich die objektive Unparteilichkeit dabei auf Zweifel aufgrund der funktionellen Stellung des Richters oder der internen Organisation des Gerichts.[680] Von Bedeutung sind insbesondere hierarchische

---

674 *ECtHR, Delcourt v. Belgium*, 17 January 1970, Abs. 31, Series A no. 11.

675 Siehe *ECtHR, Piersack v. Belgium*, 1 October 1982, Abs. 30, Series A no. 53. Siehe auch *Peters/Altwicker*, Europäische Menschenrechtskonvention, § 19, Rn. 25.

676 Siehe *ECtHR, Piersack v. Belgium*, 1 October 1982, Abs. 30, Series A no. 53. Siehe auch *Schabas*, ECHR, Art. 6, S. 295.

677 *ECtHR, Piersack v. Belgium*, 1 October 1982, Abs. 30, Series A no. 53; *Schabas*, ECHR, Art. 6, S. 295.

678 *ECtHR, Hauschildt v. Denmark*, 24 May 1989, Abs. 47, Series A no. 154. Siehe auch *Peters/Altwicker*, Europäische Menschenrechtskonvention, § 19, Rn. 26; *Schabas*, ECHR, Art. 6, S. 295 unter Verweis auf die Rechtsprechung des Gerichts.

679 *ECtHR, Piersack v. Belgium*, 1 October 1982, Abs. 30, Series A no. 53; *Meyer-Ladewig/Harrendorf/König*, in: Meyer-Ladewig/Nettesheim/von Raumer (Hrsg.), EMRK, Art. 6, Rn. 75; *Peters/Altwicker*, Europäische Menschenrechtskonvention, § 19, Rn. 29.

680 *ECtHR, De Cubber v. Belgium*, 26 October 1984, Abs. 26, Series A no. 86; *Meyer-Ladewig/Harrendorf/König*, in: Meyer-Ladewig/Nettesheim/von Raumer (Hrsg.), EMRK, Art. 6, Rn. 75.

Strukturen oder sonstige Verbindungen zwischen dem Richter und anderen Verfahrensbeteiligten.[681]

b. Das Recht auf Zugang

Die Gewährleistungen von Art. 6 Abs. 1 S. 1 EMRK erschöpfen sich jedoch nicht in der dargestellten Organisationsgarantie, sondern umfassen auch ein subjektives Recht des Einzelnen auf Zugang zu einem den dargestellten Garantien entsprechenden Gericht.

aa. Der Schutzbereich: effektiver Rechtsschutz

Insbesondere im Rahmen des Rechts auf Zugang zu Gericht verweist der Gerichtshof wiederholt darauf, dass die EMRK nicht theoretische oder illusorische, sondern effektive Rechte garantiert.[682] Für das Recht auf Zugang zu Gericht bedeutet dies, dass der Einzelne eine eindeutige und praktikable Möglichkeit haben muss, sein Recht geltend zu machen. Der Staat wird so zur Schaffung eines wirksamen Justizsystems verpflichtet, welches eben diese effektive Ausübung gewährleistet.[683]

Der Gerichtshof gewährt den Vertragsstaaten bezüglich der Wahl der Mittel zur Ermöglichung des effektiven Zugangs einen Einschätzungsspielraum.[684] Hier verschwimmen die Grenzen zwischen der positiven Verpflichtung zur Gewährleistung einer effektiven Ausübung des Rechts auf Zugang zu Gericht, zum Beispiel durch die Ermöglichung der Inanspruchnahme von Prozesskostenhilfe,

---

681 *ECtHR, Micallef v. Malta* [GC], no. 17056/06, Abs. 97, ECHR 2009; *Meyer-Ladewig/Harrendorf/König*, in: Meyer-Ladewig/Nettesheim/von Raumer (Hrsg.), EMRK, Art. 6, Rn. 75; *Peter/Altwicker*, Europäische Menschenrechtskonvention, § 19, Rn. 29.

682 Siehe bspw. *ECtHR, Stanev v. Bulgaria* [GC], no. 36760/06, Abs. 231, ECHR 2012; *ECtHR, Sabeh El Leil v. France* [GC], no. 34869/05, Abs. 50, 29 June 2011; *ECtHR, Cudak v. Lithuania* [GC], no. 15869/02, Abs. 58, ECHR 2010; *ECtHR, Prince Hans-Adam II of Liechtenstein v. Germany* [GC], no. 42527/98, Abs. 45, ECHR 2001-VIII.

683 *Meyer-Ladwig/Harrendorf/König*, in: Meyer-Ladewig/Nettesheim/von Raumer (Hrsg.), EMRK, Art. 6, Rn. 33. Die Verpflichtung zur Einrichtung eines wirksamen Justizsystems erstreckt sich wegen des Rechts auf Leben aus Art. 2 EMRK auch zum Teil auf den Bereich des Strafrechts. So muss der Staat ein wirksames Justizsystem zur Verfolgung von Tötungsdelikten einrichten, siehe *ECtHR, Maiorano and Others v. Italy*, no. 28634/06, Abs. 128, 15 December 2009.

684 Siehe *ECtHR, Airey v. Ireland*, 9 October 1979, Abs. 26, Series A no. 32; *ECtHR, Kreuz v. Poland*, no. 28249/95, Abs. 53, ECHR 2001-VI.

und der sogleich noch zu erörternden Rechtfertigung einer Einschränkung des Rechts, beispielsweise im Rahmen der Erhebung von Gerichtskosten.

Das Recht auf Zugang erfasst nicht nur das Recht auf Einleitung des Verfahrens und Verhandlung der Sache, sondern auch das Recht auf eine Entscheidung und deren Durchsetzung.[685] Nicht erforderlich ist jedoch die Schaffung eines Instanzenzuges.[686] Wenn das Justizsystem dies aber vorsieht, muss der betroffene Spruchkörper wiederum den jeweiligen Garantien des Art. 6 EMRK gerecht werden.[687]

bb. Die Einschränkungsmöglichkeiten: das Recht auf Zugang als relatives Recht

In seinem Urteil im Fall *Golder v. The United Kingdom* stellte der Gerichtshof nach der Herleitung des Rechts auf Zugang zu Gericht fest, dass es sich der Natur nach um ein Recht handele, welches der Regelung durch die Konventionsstaaten bedürfe.[688] Er nahm dabei Bezug auf das Urteil im Fall *Case „Relating to certain aspects of the laws on the use of languages in education in Belgium" v. Belgium*[689] aus dem Jahr 1968, welches das Recht auf Bildung zum Gegenstand hatte:

> „The right to education [...] by its very nature calls for regulation by the State, regulation which may vary in time and place according to the needs and resources of the community and of individuals. It goes without saying that such regulation must never injure the substance of the right to education nor conflict with other rights enshrined in the Convention."[690]

Diese Überlegungen hielt der Gerichtshof im Falle des nicht ausdrücklich gewährleisteten Rechts auf Zugang zu Gericht für umso bedeutender.[691]

Dies führt zunächst zu der grundsätzlichen Frage, ob vorbehaltslos gewährleistete Konventionsrechte immanenten Schranken unterliegen. Gegner dieses

685 *Grabenwarter/Pabel*, Europäische Menschenrechtskonvention, § 24, Rn. 51; *Peters/Altwicker*, Europäische Menschenrechtskonvention, § 19, Rn. 35.

686 *ECtHR*, *Kulikowski v. Poland*, no. 18353/03, Abs. 59, 19 May 2009. Siehe auch *Peukert*, in: Frowein/Peukert, EMRK, Art. 6, Rn. 93 mit Verweis auf die Rechtsprechung des EGMR.

687 *ECtHR*, *Kulikowski v. Poland*, no. 18353/03, Abs. 59, 19 May 2009.

688 Siehe *ECtHR*, *Golder v. the United Kingdom*, 21 February 1975, Abs. 38, Series A no. 18.

689 *ECtHR*, *Case "relating to certain aspects of the laws on the use of languages in education in Belgium"* (merits), 23 July 1968, Series A no. 6.

690 *ECtHR*, *Case "relating to certain aspects of the laws on the use of languages in education in Belgium"* (merits), 23 July 1968, Abs. 5, Series A no. 6.

691 Siehe *ECtHR*, *Golder v. the United Kingdom*, 21 February 1975, Abs. 38, Series A no. 18.

Ansatzes verstehen die Rechtsprechung des Gerichtshofs bezüglich vorbehaltslos gewährleisteter Konventionsrechte als restriktive Auslegung des Schutzbereichs und diese mithin als absolute Rechte.[692] Begründet wird dies, neben der Spruchpraxis des Gerichtshofs, auch mit dem Wortlaut vorbehaltsloser Rechte, der eben keine Beschränkung zuließe.[693] Dem lässt sich jedoch zunächst entgegenhalten, dass auch eine restriktive Auslegung des Schutzbereichs keinen Anhaltspunkt im Wortlaut findet.[694] Der Gerichtshof scheint außerdem zu differenzieren. So nimmt er beispielsweise im Rahmen von vorbehaltslos gewährten Freiheitsrechten eine restriktive Auslegung des Schutzbereichs vor.[695] Bezüglich des Rechts auf Zugang zu Gericht formuliert der Gerichtshof hingegen wie folgt: „some restrictions on access must likewise be regarded as inherent"[696]. Unter der Überschrift *On the ‚Implied Limitations'* stellte der Gerichtshof schon im Fall *Golder v. The United Kingdom* ausdrücklich fest, dass das Recht auf Zugang zu Gericht gerade kein absolutes Recht sei: „The Court considers, accepting the views of the Commission and the alternative submission of the Government, that the right of access to the courts is not absolute."[697]. Demnach steht auch die Spruchpraxis des EGMR der Annahme immanenter Schranken im Rahmen von Art. 6 EMRK nicht entgegen.[698]

So ist dem Gerichtshof zustimmen, wenn er davon ausgeht, dass bestimmte Rechte, wie auch das Recht auf Zugang zu Gericht, ihrer Natur nach der Regelung

692 So bspw. vertreten von *Marauhn/Merhof*, in: Dörr/Grote/Marauhn (Hrsg.), EMRK/GG, Kap. 7, Rn. 19, auch bezüglich Art. 6 EMRK, siehe ebd., Fn. 139. *Grabenwarter/Pabel*, in: Dörr/Grote/Marauhn (Hrsg.), EMRK/GG, Kap. 14, Rn. 74 sprechen hingegen davon, dass das Recht auf Zugang zu Gericht „selbst innerhalb des Schutzbereichs des Art. 6 EMRK – nicht absolut gewährleistet [wird]", sondern unter einem Einschränkungsvorbehalt steht.

693 Siehe bspw. *Marauhn/Merhof*, in: Dörr/Grote/Marauhn (Hrsg.), EMRK/GG, Kap. 7, Rn. 19.

694 *Peters/Altwicker*, Europäische Menschenrechtskonvention, § 3, Rn. 20.

695 Siehe bspw. die Formulierung bei *ECtHR, Tekin v. Turkey*, 9 June 1998, Abs. 52, *Reports of Judgments and Decisions* 1998-IV: „The Court recalls that ill-treatment must attain a minimum level of severity if it is to fall within the scope of Article 3."

696 Siehe bspw. *ECtHR, Cudak v. Lithuania* [GC], no. 15869/02, Abs. 57, ECHR 2010.

697 *ECtHR, Golder v. the United Kingdom*, 21 February 1975, Abs. 38, Series A no. 18.

698 Bezüglich des Rechts auf Zugang zu Gericht siehe auch *Grabenwarter/Pabel*, in: Dörr/Grote/Marauhn (Hrsg.), EMRK/GG, Kap. 14, Rn. 74; *Jacobs/White/Ovey*, ECHR, S. 285; *Meyer-Ladewig/Harrendorf/König*, in: Meyer-Ladewig/Nettesheim/von Raumer (Hrsg.), EMRK, Art. 6, Rn. 36; *Meyer*, in: Karpenstein/Mayer (Hrsg.), EMRK, Art. 6, Rn. 53; *Peukert*, in: Frowein/ders., EMRK, Art. 6, Rn. 64.

durch die Vertragsstaaten bedürfen. Diese Regelungsbedürftigkeit spiegelt sich mit Blick auf das Recht auf Zugang zu Gericht vor allem in zahlreichen, den Zugang beschränkenden Zulässigkeitsvoraussetzungen in den Konventionsstaaten wider.

Auch im Rahmen des Rechts auf Zugang zu Gericht kommt den Konventionsstaaten bei der Anwendung und Auslegung der einschränkenden Regelungen der vom Gerichtshof regelmäßig anerkannte Einschätzungsspielraum zugute. Er beschränkt sich auf die Prüfung des legitimen Zwecks der Maßnahme und deren Verhältnismäßigkeit zum verfolgten Zweck.[699] Grenze des Einschätzungsspielraums ist jedoch der Wesensgehalt des Rechts, der nicht beeinträchtigt werden darf.[700] Folgender Grundsatz hat sich im Rahmen der Rechtsprechung zu Art. 6 Abs. 1 S. 1 EMRK dementsprechend herausgebildet:

> „It must be satisfied that the limitations applied do not restrict or reduce the access left to the individual in such a way or to such an extent that the very essence of the right is impaired. Furthermore, a limitation of the right of access to a court will not be compatible with Article 6 § 1 if it does not pursue a legitimate aim and if there is not a reasonable relationship of proportionality between the means employed and the aim sought to be achieved […]“[701]

Verfolgt eine Maßnahme kein legitimes Ziel oder ist sie unverhältnismäßig, ist der Wesensgehalt des Rechts stets beeinträchtigt.[702] Die Feststellung der Beeinträchtigung des Wesensgehalts kann aber auch unabhängig von der Verhältnismäßigkeit oder dem mit der Maßnahme verfolgten Ziel erfolgen. Im Fall *Saghatelyan v. Armenia*[703] stellte der Gerichtshof beispielsweise eine Verletzung des Wesensgehalts des Rechts auf Zugang zu Gericht fest und hielt es deswegen für nicht mehr erforderlich, die Verhältnismäßigkeit der Maßnahme oder das mit der Maßnahme verfolgte Ziel zu überprüfen.[704] Oft verfolgt eine Maßnahme ein legitimes Ziel, greift aber im konkreten Fall unverhältnismäßig in das Recht

---

699 Siehe bspw. *ECtHR*, *Ashingdane v. the United Kingdom*, 28 May 1985, Abs. 57, Series A no. 93; *ECtHR*, *Prince Hans-Adam II of Liechtenstein v. Germany* [GC], no. 42527/98, Abs. 44, ECHR 2001-VIII.

700 *ECtHR*, *Ashingdane v. the United Kingdom*, 28 May 1985, Abs. 57, Series A no. 93; *ECtHR*, *Prince Hans-Adam II of Liechtenstein v. Germany* [GC], no. 42527/98, Abs. 44, ECHR 2001-VIII.

701 *ECtHR*, *Cudak v. Lithuania* [GC], no. 15869/02, Abs. 55, ECHR 2010.

702 Siehe bspw. ECtHR, *Domazyan v. Armenia*, no. 22558/07, Abs. 43, 25 February 2016; *ECtHR*, Maširević *v. Serbia*, no. 30671/08, Abs. 134 f., 11 February 2014.

703 *ECtHR*, *Saghatelyan v. Armenia*, no. 7984/06, 20 October 2015.

704 *ECtHR*, *Saghatelyan v. Armenia*, no. 7984/06, Abs. 50, 20 October 2015.

auf Zugang zu Gericht ein. So ist beispielsweise der Zugang zu den nationalen Gerichten der Konventionsstaaten regelmäßig von der Einhaltung bestimmter Form- und Fristvorschriften abhängig. Formvorschriften dienen dabei der ordnungsgemäßen Verwaltung und Fristvorschriften, insbesondere der Herstellung von Rechtssicherheit. Beides sind vom Gerichtshof anerkannte legitime Ziele einer Einschränkung des Rechts auf Zugang zu Gericht.[705] Im Fall *Miragall Escolano and Others v. Spain*[706] beschäftigte sich der Gerichtshof mit der Zulässigkeit einer Fristenregelung, die bei streng formalistischer Auslegung unabhängig von der Kenntnis der Betroffenen zu laufen beginnen konnte. Die Regelung an sich verfolgte mit der Herstellung von Rechtssicherheit ein legitimes Ziel, führte jedoch im konkreten Fall dazu, dass die Beschwerdeführer von ihrem Recht auf Zugang zu Gericht keinen Gebrauch machen konnten.[707] Die vom Gericht vorgenommene streng formalistische Auslegung verletzte im konkreten Fall deswegen das Recht auf Zugang zu Gericht.[708]

4. Zwischenergebnis

Artikel 6 Abs. 1 S. 1 EMRK gewährleistet in seinem Anwendungsbereich ein subjektives Recht des Einzelnen auf Zugang zu Gericht und stellt bestimmte Anforderungen an den entsprechenden Spruchkörper.

Die Eröffnung des Anwendungsbereichs erfordert zunächst, dass ein Anspruch oder eine Verpflichtung nach nationalem Recht überhaupt bestehen kann, denn Art. 6 EMRK selbst begründet keinen materiellen Anspruch. Probleme bereitet der Anwendungsbereich von Art. 6 EMRK vor allem bezüglich der Qualifizierung der Rechtsnatur einer Streitigkeit als zivilrechtlich. Um eine Aushöhlung der Anwendbarkeit durch nationale Zuständigkeitsvorschriften zu verhindern, legt der Gerichtshof einen autonomen Begriff zu Grunde. Erfasst sind neben privatrechtlichen Ansprüchen und Verpflichtungen zwischen Privatpersonen deswegen auch Verfahren, deren Ausgang für das Bestehen zivilrechtlicher Ansprüche und Verpflichtungen entscheidend ist sowie grundsätzlich

---

705 Siehe *ECtHR, Běleš and Others v. the Czech Republic*, no. 47273/99, Abs. 60, ECHR 2002-IX.

706 *ECtHR, Miragall Escolano and Others v. Spain*, nos. 38366/97 and 9 others, ECHR 2000-I.

707 Siehe *ECtHR, Miragall Escolano and Others v. Spain*, nos. 38366/97 and 9 others, Abs. 34 ff., ECHR 2000-I.

708 *ECtHR, Miragall Escolano and Others v. Spain*, nos. 38366/97 and 9 others, Abs. 38 f., ECHR 2000-I.

Streitigkeiten über Vermögensrechte. In einzelnen Bereichen, wie beispielsweise im Rahmen der Beurteilung von Rechtsstreitigkeiten im öffentlichen Dienst, hat der Gerichtshof zudem gesonderte Regelungen zur Abgrenzung der Rechtsnatur aufgestellt.

Die Anforderungen, die Art. 6 Abs. 1 S. 1 EMRK an den Spruchkörper stellt, werden unter dem Begriff Organisationsgarantie zusammengefasst. Voraussetzung ist, dass der Spruchkörper als unabhängiges, unparteiisches, auf Gesetz beruhendes Gericht qualifiziert werden kann.

Das subjektive Recht des Einzelnen auf Zugang zu einem diesen Anforderungen entsprechenden Gericht verlangt eine eindeutige und praktikable Möglichkeit der Geltendmachung etwaiger zivilrechtlicher Ansprüche. Dies verpflichtet den Staat, ein Justizsystem zu schaffen, das eine effektive Ausübung gewährleistet. Das Recht auf Zugang wird jedoch nicht absolut gewährleistet, sondern bedarf seiner Natur nach der Regelung durch die Konventionsstaaten. Die Vertragsstaaten haben dabei hinsichtlich der Beschränkung des Rechts einen Einschätzungsspielraum. Der Gerichtshof prüft jedoch als absolute Grenze die Wahrung des Wesensgehalts des Rechts auf Zugang zu Gericht.

II. Die Immunität internationaler Organisationen in der Rechtsprechung des Gerichtshofs

Versagt ein Konventionsstaat einem Bürger den Zugang zu Gericht, da er sich in einem völkerrechtlichen Vertrag verpflichtet hat, einer internationalen Organisation, deren Mitglied- oder Sitzstaat er ist, Immunität zu gewähren, stellt sich die Frage nach der Vereinbarkeit dieses Handelns mit dem subjektiven Recht auf Zugang zu Gericht, wie es von der Konvention gewährleistet wird.

1. Vorüberlegung: Die Anwendbarkeit des Rechts auf Zugang zu Gericht im Rahmen der Immunität internationaler Organisationen

Artikel 1 EMRK verpflichtet die Vertragsstaaten zur Anwendung der Konventionsrechte und -freiheiten „within their jurisdiction“ [allen ihrer Hoheitsgewalt unterstehenden Personen]. Vor diesem Hintergrund wird bisweilen vertreten, dass eine Verletzung von Art. 6 EMRK nur in Frage kommt, wenn die Gerichtsbarkeit des betroffenen Staates überhaupt gegeben ist.[709] Eine völkerrechtlich

709 So bspw. auch mit Blick auf Art. 6 Abs. 1 S. 1 EMRK vertreten von *Damian*, Staatenimmunität und Gerichtszwang, S. 17.

geltende Immunität schließe demnach bereits die Anwendbarkeit von Art. 6 EMRK *ratione materiae* aus.[710]

Diese Schlussfolgerung vermischt zwei voneinander zu trennende Aspekte und ist bereits dogmatisch falsch. Die Anwendbarkeit der Konvention ergibt sich aus Art. 1 EMRK. Demnach verpflichten sich die Konventionsstaaten, allen ihrer Hoheitsgewalt unterstehenden Bürgern die in Abschnitt I der Konvention normierten Rechte, wie beispielsweise die aus Art. 6 EMRK, zu gewähren. Für die Anwendbarkeit der Konvention kommt es also auf die Ausübung von Hoheitsgewalt an. Ein Staat, der einem Bürger den Zugang zu Gericht verweigert, übt aber ohne Zweifel Hoheitsgewalt im Sinne des Art. 1 EMRK aus. Die Konvention ist in diesem Fall insofern jedenfalls anwendbar. Davon zu trennen ist der sachliche Anwendungsbereich, der ausweislich von Art. 1 EMRK auf die in der Konvention gewährleisteten Rechte beschränkt ist. Wie bereits erörtert, gewährleistet Art. 6 Abs. 1 S. 1 EMRK ein subjektives Recht des Einzelnen auf Zugang zu Gericht. Voraussetzung für die Anwendbarkeit von Art. 6 EMRK ist aber nicht die Gerichtsbarkeit des Staates, sondern das schlüssige Vortragen des Bestehens eines zivilrechtlichen Anspruchs nach nationalem Recht. Außerdem würde so die Frage, ob die Gewährung von Immunität im Einzelfall vom Völkerrecht gedeckt ist, also ob überhaupt eine völkerrechtliche Verpflichtung zur Gewährung von Immunität besteht, auf die Ebene der Anwendbarkeit der Konvention gezogen, ist aber eine Frage der Rechtfertigung und somit der Begründetheit der entsprechenden Beschwerde.[711]

Im Übrigen spricht gegen den Ausschluss der Anwendbarkeit von Art. 6 EMRK im Rahmen von Immunitäten, dass ein Staat durch die Gewährung von Immunität nur an der Ausübung seiner Gerichtsbarkeit gehindert ist, die Gerichtsbarkeit an sich aber gegeben ist.[712] So kann eine internationale Organisation oder ein Staat auch auf seine Befreiung verzichten und dem nationalen Gericht damit erlauben, seine Gerichtsbarkeit auszuüben.[713] Unterstützt wird die

---

710 Zum selben Ergebnis kommt *Wenckstern*, Handbuch des Internationalen Zivilverfahrensrechts, Bd. II/1, Rn. 181 ff. ohne Rückgriff auf Art. 1 EMRK mit dem Argument, dass Art. 6 Abs. 1 EMRK lediglich ein Recht auf ungehinderten Zugang zu Gericht, nicht aber auf eine unbegrenzte Gerichtsbarkeit gewährleistet.

711 Ähnlich auch *Kloth*, Immunities and the Right of Access to Court under Article 6 of the European Convention on Human Rights, S. 30.

712 *Kloth*, Immunities and the Right of Access to Court under Article 6 of the European Convention on Human Rights, S. 29.

713 *Kloth*, Immunities and the Right of Access to Court under Article 6 of the European Convention on Human Rights, S. 29.

Annahme nur einer Verhinderung der Ausübung der Gerichtsbarkeit durch die regelmäßige Ausgestaltung der Immunität im nationalen Recht als Verfahrenshindernis.[714]

Im Hinblick auf die Immunität internationaler Organisationen kommt zudem dasselbe Argument zum Tragen, welches allgemein in Bezug auf die Übertragung von Hoheitsrechten auf internationale Organisationen gilt. Wie bereits erörtert, steht die Konvention der Übertragung von Hoheitsrechten auf eine internationale Organisation grundsätzlich nicht entgegen, jedoch können sich Staaten dadurch nicht ihren Verpflichtungen aus der Konvention entziehen.[715] Gleiches kann nur für die Gewährung von Immunitäten mit Blick auf Art. 6 EMRK gelten. Wenn Art. 1 EMRK bestimmt, dass die Konventionsstaaten die Rechte und Freiheiten der Konvention im Rahmen ihrer Hoheitsgewalt garantieren, wäre es widersinnig, wenn sich ein Vertragsstaat durch die Einschränkung der Ausübung seiner Hoheitsgewalt dieser Verpflichtung entziehen könnte.

Die Befreiung internationaler Organisationen von der nationalen Gerichtsbarkeit der Konventionsstaaten schließt also die Anwendbarkeit der Konvention und damit die Anwendbarkeit von Art. 6 Abs. 1 EMRK nicht aus. Ob die Gewährung von Immunität im Einzelnen mit Art. 6 Abs. 1 S. 1 EMRK vereinbar ist, ist hingegen eine Frage der Auslegung.

2. *Darstellung der Rechtsprechung*

Auch der Europäische Gerichtshof schließt eine Anwendbarkeit der Konvention im Rahmen der Immunität internationaler Organisationen nicht aus und befasste sich zum ersten Mal und grundlegend im Jahr 1999 in den Fällen *Beer and Regan v. Germany* und *Waite and Kennedy v. Germany* mit dem Verhältnis der Befreiung internationaler Organisationen von der nationalen Gerichtsbarkeit und dem Konventionsrecht auf Zugang zu Gericht.

a. *Leitentscheidung: Die Fälle* Beer and Regan v. Germany *und* Waite and Kennedy v. Germany

Die Entscheidungen der Großen Kammer in den Fällen *Beer and Regan v. Germany* sowie *Waite and Kennedy v. Germany* ergingen beide am 18.02.1999 mit dem gleichen Wortlaut.

---

714 Siehe zur Ausgestaltung im nationalen Recht *Crawford*, Brownlie's Principles of Public International Law, S. 487; *Schöbener*, in: ders. (Hrsg.), Völkerrecht, S. 405.

715 Siehe unter Kapitel 2, B. II. 1.

aa. Der Sachverhalt

Die Beschwerdeführer im Fall *Waite and Kennedy v. Germany* waren beide britische Staatsangehörige und als Systemprogrammierer bei dem britischen Unternehmen SPM angestellt.[716] 1977 stellte SPM die Beschwerdeführer der ESA als Leiharbeiter zur Verfügung. Sie waren daraufhin für ESOC, einem Kontrollzentrum der ESA, in Darmstadt tätig. 1979 wurden die Verträge von CDP, einer Aktiengesellschaft mit Sitz in Dublin, übernommen. Kurz vor dem Auslaufen ihrer Verträge wurden die Beschwerdeführer darüber informiert, dass ihre Verträge nicht verlängert würden. Daraufhin klagten sie vor dem Arbeitsgericht in Darmstadt gegen die ESA, da sie der Überzeugung waren, nach dem deutschen Arbeitnehmerüberlassungsgesetz[717] mittlerweile Arbeitnehmer der ESA zu sein, so dass das Auslaufen der Verträge mit CDP keine Konsequenzen für sie hätte. Das Arbeitsgericht wies die Klage aufgrund der von der ESA geltend gemachten Immunität ab. Es stellte außerdem klar, dass ein etwaiger Immunitätsverzicht der ESRO, der Vorgängerorganisation der ESA, nicht anwendbar sei, da die ESA aus der ESRO und der ELDO als neue und unabhängige Organisation hervorgegangen sei und auf Grundlage von Art. IX Abs. 2 ESA-Übereinkommen i. V. m. Art. IV Abs. 1 lit. a Annex I Immunität genieße. Das zuständige Landesarbeitsgericht Hessen sowie das Bundesarbeitsgericht (BAG) schlossen sich dem Arbeitsgericht Darmstadt an und wiesen die Klage ebenfalls ab. Das Bundesverfassungsgericht nahm die Sache mangels Erfolgsaussichten nicht zur Entscheidung an. 1994 wandten *Waite* und *Kennedy* sich an die EKMR und beklagten eine Verletzung ihres Rechts auf Zugang zu Gericht aus Art. 6 Abs. 1 EMRK.

Auch die Beschwerdeführer im Fall *Beer and Regan v. Germany* waren als Leiharbeiter bei der ESA in Darmstadt tätig.[718] *Regan* war ebenso wie die Beschwerdeführer im Fall *Waite and Kennedy v. Germany* Systemprogrammierer und britischer Staatsangehöriger, angestellt bei dem italienischem Unternehmen T.I. und seit 1991 für die ESA tätig. *Beer* war deutscher Staatsangehöriger und Bauingenieur, der bei dem französischen Unternehmen T. angestellt war und bereits seit 1982 für die ESA als Leiharbeiter tätig war. Die Beschwerdeführer

---

716 Die Zusammenfassung des Sachverhalts beruht auf den diesbezüglichen Ausführungen des Gerichtshofs, siehe *ECtHR*, *Waite and Kennedy v. Germany* [GC], no. 26083/94, § 10-28, ECHR 1999-I.

717 BGBl I 1972, 1393, zuletzt geändert durch Gesetz vom 20 Juli 2011 (BGBl I 2011, 1506).

718 Die Zusammenfassung des Sachverhalts beruht auf den diesbezüglichen Ausführungen des Gerichtshofs, siehe *ECtHR*, *Beer and Regan v. Germany* [GC], no. 28934/95, Abs. 10 ff., 18 February 1999.

klagten aus den gleichen Gründen wie im Fall *Waite and Kennedy v. Germany* vor dem Arbeitsgericht in Darmstadt. Das Arbeitsgericht wies die Klage unter Verweis auf den Beschluss des BAG in Sachen Waite und Kennedy ab.[719] *Beer* und *Regan* wandten sich daraufhin im Jahr 1995 direkt an die Kommission und rügten eine Verletzung des Rechts auf Zugang zu Gericht.

bb. Das Verfahren vor der Europäischen Kommission für Menschenrechte

Die Kommission war auf Grundlage von Artt. 19, 25 EMRK a. F.[720] mit den Fällen *Beer and Regan v. Germany*[721] sowie *Waite and Kennedy v. Germany*[722] befasst. Sie erklärte beide Beschwerden für zulässig, befand aber mit 17 zu 15 Stimmen, dass jeweils keine Verletzung von Art. 6 Abs. 1 EMRK vorlag.[723]

Die Kommission bejahte zunächst das Vorliegen einer Streitigkeit und die zivilrechtliche Natur des Anspruchs in beiden Fällen.[724]

In Übereinstimmung mit der Rechtsprechung des Gerichtshofs untersuchte die Kommission sodann, ob die Gewährung von Immunität an die ESA ein legitimes Ziel verfolgte und verhältnismäßig war. Dabei stellte sie fest, dass die Gewährung von Immunität zur Erhaltung der Funktionsfähigkeit einer internationalen Organisation als legitimes Ziel begriffen werden kann.[725]

Die Kommission führte in Übereinstimmung mit dem zum damaligen Zeitpunkt von ihr bereits aufgegriffenen Gedanken einer *equivalent protection* weiter aus, dass die Verhältnismäßigkeit der Einschränkung davon abhängig sei, ob

---

719 *BAG*, in: IPrax 15 (1995), 33.

720 In der ursprünglichen Fassung, BGBl II 1952, 686.

721 *ECommHR, Beer and Regan v. Germany*, no. 28934/95, Commission decision of 2 December 1997, unreported.

722 *ECommHR, Waite and Kennedy v. Germany*, no. 26083/94, Commission decision of 2 December 1997, unreported.

723 Siehe *ECommHR, Beer and Regan v. Germany*, no. 28934/95, Commission decision of 2 December 1997, Abs. 70, unreported, sowie *ECommHR, Waite and Kennedy v. Germany*, no. 26083/94, Commission decision of 2 December 1997, Abs. 84, unreported.

724 Siehe *ECommHR, Beer and Regan v. Germany*, no. 28934/95, Commission decision of 2 December 1997, Abs. 47, unreported, sowie *ECommHR, Waite and Kennedy v. Germany*, no. 26083/94, Commission decision of 2 December 1997, Abs. 61, unreported.

725 Siehe *ECommHR, Beer and Regan v. Germany*, no. 28934/95, Commission decision of 2 December 1997, Abs. 57, unreported, sowie *ECommHR, Waite and Kennedy v. Germany*, no. 26083/94, Commission decision of 2 December 1997, Abs. 71, unreported.

den Beschwerdeführern entsprechende Möglichkeiten zu Verfügung standen, ihre Rechte geltend zu machen.[726] Demnach dürfe ein Staat zwar Hoheitsgewalt auf eine internationale Organisation übertragen, müsse aber dafür sorgen, dass fundamentale Rechte auf Ebene der Organisation einen mit der Konvention vergleichbaren Schutz erhielten.[727] Im Rahmen der ESA sah die Kommission einen entsprechenden Schutz mit Blick auf die vorhandenen Einrichtungen zur Beilegung von Streitigkeiten zivilrechtlichen Charakters grundsätzlich als gewahrt an.[728] Dass es im Verfahren auf Ebene der internationalen Organisation Unterschiede zu Verfahren nach innerstaatlichem Recht gebe, sei Folge des besonderen Charakters einer internationalen Organisation.[729] Die Kommission äußerte sich nicht dazu, unter welchen genauen Voraussetzungen von einem gleichwertigem Schutz ausgegangen werden kann.

Auch wenn grundsätzlich von einem entsprechenden Schutz ausgegangen werden könne, erkannte die Kommission, dass für die Beschwerdeführer keine Möglichkeit bestand, ihren Anspruch auf Ebene der ESA durchzusetzen, so dass ihnen letztlich der Zugang zu Gericht verwehrt wurde.[730] Die Kommission schrieb dies jedoch der Natur des geltend gemachten Anspruchs zu – der Anerkennung eines Arbeitsvertrages mit der ESA auf Grundlage des deutschen Arbeitsrechts. Hierin sah die Kommission einen der Fälle, der durch die

---

726 Siehe *ECommHR*, *Beer and Regan v. Germany*, no. 28934/95, Commission decision of 2 December 1997, Abs. 60, unreported, sowie *ECommHR*, *Waite and Kennedy v. Germany*, no. 26083/94, Commission decision of 2 December 1997, Abs. 74, unreported.

727 *ECommHR*, *Beer and Regan v. Germany*, no. 28934/95, Commission decision of 2 December 1997, Abs. 59, unreported, sowie *ECommHR*, *Waite and Kennedy v. Germany*, no. 26083/94, Commission decision of 2 December 1997, Abs. 73, unreported.

728 Siehe *ECommHR*, *Beer and Regan v. Germany*, no. 28934/95, Commission decision of 2 December 1997, Abs. 64, unreported, sowie *ECommHR*, *Waite and Kennedy v. Germany*, no. 26083/94, Commission decision of 2 December 1997, Abs. 78, unreported.

729 *ECommHR*, *Beer and Regan v. Germany*, no. 28934/95, Commission decision of 2 December 1997, Abs. 64, unreported, sowie *ECommHR*, *Waite and Kennedy v. Germany*, no. 26083/94, Commission decision of 2 December 1997, Abs. 78, unreported.

730 Siehe *ECommHR*, *Beer and Regan v. Germany*, no. 28934/95, Commission decision of 2 December 1997, Abs. 65, unreported, sowie *ECommHR*, *Waite and Kennedy v. Germany*, no. 26083/94, Commission decision of 2 December 1997, Abs. 79, unreported.

Gewährung von Immunität verhindert werden sollte. Solche Rechtsstreitigkeiten würden die Beschäftigungspolitik der internationalen Organisation untergraben.[731] Das Erfordernis der Verhältnismäßigkeit könne nicht dazu führen, dass eine internationale Organisation gezwungen wird, Fragen, die die Einstellung von Mitarbeitern betreffen, vor einem nationalen Gericht auf nationaler Grundlage zu verhandeln.[732] Vor diesem Hintergrund hätte die Bundesrepublik Deutschland ihren Ermessensspielraum nicht überschritten und die Verhältnismäßigkeit der Einschränkung des Rechts auf Zugang zu Gericht sei gewahrt.[733]

Das Erfordernis der Wahrung des Wesensgehalts des betreffenden Rechts erwähnte die Kommission lediglich im Rahmen der Erörterung der Grundsätze der Einschränkung des Rechts auf Zugang zu Gericht.

Da die Kommission im Ergebnis keine Einigkeit zwischen den Parteien erzielen konnte, überwies sie die Fälle gemäß Artt. 31 Abs. 1, 47 EMRK a. F. an den Gerichtshof.

cc. Die Entscheidung des Gerichtshofs

Die Große Kammer des Gerichtshofs entschied am 18.02.1999 einstimmig, dass in beiden Fällen keine Verletzung von Art. 6 Abs. 1 EMRK vorlag.[734]

Der Gerichtshof stellte zunächst in Übereinstimmung mit dem Arbeitsgericht Darmstadt klar, dass ein etwaiger Immunitätsverzicht der ESRO die ESA als unabhängige Organisation nicht binden würde.[735]

---

731 *ECommHR, Beer and Regan v. Germany*, no. 28934/95, Commission decision of 2 December 1997, Abs. 66, unreported, sowie *ECommHR, Waite and Kennedy v. Germany*, no. 26083/94, Commission decision of 2 December 1997, Abs. 80, unreported.

732 *ECommHR, Beer and Regan v. Germany*, no. 28934/95, Commission decision of 2 December 1997, Abs. 66, unreported, sowie *ECommHR, Waite and Kennedy v. Germany*, no. 26083/94, Commission decision of 2 December 1997, Abs. 80, unreported.

733 *ECommHR, Beer and Regan v. Germany*, no. 28934/95, Commission decision of 2 December 1997, Abs. 68, unreported, sowie *ECommHR, Waite and Kennedy v. Germany*, no. 26083/94, Commission decision of 2 December 1997, Abs. 82, unreported.

734 Siehe *ECtHR, Beer and Regan v. Germany* [GC], no. 28934/95, 18 February 1999; *ECtHR, Waite and Kennedy v. Germany* [GC], no. 26083/94, ECHR 1999-I.

735 Siehe *ECtHR, Beer and Regan v. Germany* [GC], no. 28934/95, Abs. 47, 18 February 1999; *ECtHR, Waite and Kennedy v. Germany* [GC], no. 26083/94, Abs. 57, ECHR 1999-I.

Im weiteren Verlauf besann sich der Gerichtshof sodann auf die im Hinblick auf Art. 6 Abs. 1 EMRK entwickelten Grundsätze. Das Recht auf Zugang zu Gericht sei kein absolutes Recht und seiner Natur nach regelungsbedürftig.[736] Den Konventionsstaaten käme bei der Regelung insoweit ein gewisser Ermessensspielraum zugute.[737] Aufgabe des Gerichtshofs sei es jedoch sicherzustellen, dass der Wesensgehalt des Rechts auf Zugang zu Gericht gewahrt ist, die Regelung ein legitimes Ziel verfolgt und verhältnismäßig zur Erreichung des Ziels ist.[738]

(1) Legitimes Ziel

In Übereinstimmung mit der Kommission erkannte der Gerichtshof den Erhalt der Funktionsfähigkeit einer internationalen Organisation als legitimes Ziel an.[739] Staaten verliehen einer internationalen Organisation Immunität, um deren Funktionieren frei von der Einflussnahme einzelner Regierungen zu gewährleisten.[740] Der Gerichtshof unterstrich hier die Bedeutung der diesbezüglichen Vertragspraxis der Staaten mit Blick auf die stetige Ausweitung und Stärkung der internationalen Zusammenarbeit.[741]

(2) Verhältnismäßigkeit

Ebenso in Anlehnung an die Ausführungen der Kommission, stellte der Gerichtshof in einem nächsten Schritt fest, dass die Gründung von internationalen Organisationen und die damit einhergehende Übertragung von Kompetenzen Auswirkungen auf fundamentale von der Konvention gewährleistete Rechte haben könne.[742] Es laufe dabei Sinn und Zweck der Konvention zuwider, wenn

736 *ECtHR, Beer and Regan v. Germany* [GC], no. 28934/95, Abs. 49, 18 February 1999; *ECtHR, Waite and Kennedy v. Germany* [GC], no. 26083/94, Abs. 59, ECHR 1999-I.

737 *ECtHR, Beer and Regan v. Germany* [GC], no. 28934/95, Abs. 49, 18 February 1999; *ECtHR, Waite and Kennedy v. Germany* [GC], no. 26083/94, Abs. 59, ECHR 1999-I.

738 *ECtHR, Beer and Regan v. Germany* [GC], no. 28934/95, Abs. 49, 18 February 1999; *ECtHR, Waite and Kennedy v. Germany* [GC], no. 26083/94, Abs. 59, ECHR 1999-I.

739 Siehe *ECtHR, Beer and Regan v. Germany* [GC], no. 28934/95, Abs. 53, 18 February 1999; *ECtHR, Waite and Kennedy v. Germany* [GC], no. 26083/94, Abs. 63, ECHR 1999-I.

740 *ECtHR, Beer and Regan v. Germany* [GC], no. 28934/95, Abs. 53, 18 February 1999; *ECtHR, Waite and Kennedy v. Germany* [GC], no. 26083/94, Abs. 63, ECHR 1999-I.

741 Siehe *ECtHR, Beer and Regan v. Germany* [GC], no. 28934/95, Abs. 53, 18 February 1999; *ECtHR, Waite and Kennedy v. Germany* [GC], no. 26083/94, Abs. 63, ECHR 1999-I..

742 Siehe *ECtHR, Beer and Regan v. Germany* [GC], no. 28934/95, Abs. 57, 18 February 1999; *ECtHR, Waite and Kennedy v. Germany* [GC], no. 26083/94, Abs. 67, ECHR 1999-I.

sich die Staaten so ihrer Verantwortung auf den betroffenen Gebieten entziehen könnten.[743] Hier betonte der Gerichtshof noch einmal den Wert des Rechts auf Zugang zu Gericht in einer demokratischen Gesellschaft und die Bedeutung der Effektivität der Konventionsrechte.[744]

Als wesentlichen Faktor für die Beurteilung der Rechtmäßigkeit der Gewährung von Immunität bezeichnete der Gerichtshof sodann das Vorhandensein angemessener alternativer Möglichkeiten zur effektiven Durchsetzung der Rechte der Beschwerdeführer:

> „For the Court, a material factor in determining whether granting ESA immunity from German jurisdiction is permissible under the Convention is whether the applicants had available to them reasonable alternative means to protect effectively their rights under the Convention.“[745]

Der Gerichtshof stellte daraufhin fest, dass das ESA-Übereinkommen i. V. m. Annex I und den ESA *Staff Regulations*[746] verschiedene Streitbeilegungsmechanismen vorsieht. Die Beschwerdeführer hätten sich an das *ESA Appeals Board* wenden können und sollen.[747] Dabei sei es Aufgabe des *Appeals Board* festzustellen, ob die Beschwerdeführer in ihrer Rolle als Leiharbeiter als *staff member* im Sinne der Reg. 33.6 ESA Staff Regulations zu qualifizieren sind.[748] Im Gegensatz zur Kommission griff der Gerichtshof nicht auf die *Equivalent-Protection-Doktrin* zurück.

Zusätzlich verwies der Gerichtshof auf die Möglichkeit der Beschwerdeführer, gegen die jeweils verleihenden Unternehmen vorzugehen. So sähe das

---

743 *ECtHR*, *Beer and Regan v. Germany* [GC], no. 28934/95, Abs. 57, 18 February 1999; *ECtHR*, *Waite and Kennedy v. Germany* [GC], no. 26083/94, Abs. 67, ECHR 1999-I.

744 Siehe *ECtHR*, *Beer and Regan v. Germany* [GC], no. 28934/95, Abs. 57, 18 February 1999; *ECtHR*, *Waite and Kennedy v. Germany* [GC], no. 26083/94, Abs. 67, ECHR 1999-I.

745 *ECtHR*, *Beer and Regan v. Germany* [GC], no. 28934/95, Abs. 58, 18 February 1999; *ECtHR*, *Waite and Kennedy v. Germany* [GC], no. 26083/94, Abs. 68, ECHR 1999-I.

746 *ESA*, Regulations of the European Space Agency, Staff Regulations (ESA/REG/007), abrufbar unter http://esamultimedia.esa.int/docs/LEX-L/Contracts/ESA_REG_007_EN.pdf, zuletzt abgerufen am 26.06.2019.

747 *ECtHR*, *Beer and Regan v. Germany* [GC], no. 28934/95, Abs. 59, 18 February 1999; *ECtHR*, *Waite and Kennedy v. Germany* [GC], no. 26083/94, Abs. 69, ECHR 1999-I.

748 *ECtHR*, *Beer and Regan v. Germany* [GC], no. 28934/95, Abs. 59, 18 February 1999; *ECtHR*, *Waite and Kennedy v. Germany* [GC], no. 26083/94, Abs. 69, ECHR 1999-I.

deutsche Arbeitnehmerüberlassungsgesetz unter bestimmten Voraussetzungen einen Schadensersatzanspruch gegen den Verleiher vor.[749]

In Übereinstimmung mit der Kommissionsentscheidung und unter Berücksichtigung der Besonderheiten des Falles führte der Gerichtshof weiter aus, dass das Erfordernis der Verhältnismäßigkeit nicht dazu führen könne, dass eine internationale Organisation gezwungen wird, Fragen, die Einstellungsbedingungen betreffen, vor einem nationalen Gericht auf nationaler Grundlage zu verhandeln.[750] Ein solches Verständnis von Art. 6 Abs. 1 EMRK vereitele das ordnungsgemäße Funktionieren der internationalen Organisation und widerspräche dem – abermals betonten – wachsenden Trend zur Ausweitung und Stärkung der internationalen Zusammenarbeit.[751]

(3) Wahrung des Wesensgehalts

Der Gerichtshof schloss seine Entscheidung mit der Feststellung, dass die Bundesrepublik Deutschland ihren Ermessensspielraum nicht überschritten hätte und – vor allem mit Blick auf das Vorhandensein alternativer Rechtsschutzmöglichkeiten – den Wesensgehalt des Rechts gewahrt habe und die Einschränkung des Rechts auf Zugang zu Gericht verhältnismäßig gewesen sei.[752]

b. *Die Rechtsprechung des Gerichtshofs nach den Entscheidungen* Beer and Regan v. Germany *und* Waite and Kennedy v. Germany

Nach der Leitentscheidung in den Fällen *Beer and Regan v. Germany* und *Waite and Kennedy v. Germany* befasste sich der Gerichtshof nur noch im Rahmen der Zulässigkeit entsprechender Beschwerden mit der Frage nach dem Vorhandensein angemessener alternativer Rechtsschutzmöglichkeiten. Kam er zu dem Ergebnis, dass den jeweiligen Beschwerdeführern Rechtsschutzmöglichkeiten auf Ebene der internationalen Organisation zur Verfügung standen, wies er die

---

749 Siehe *ECtHR, Beer and Regan v. Germany* [GC], no. 28934/95, Abs. 60, 18 February 1999; *ECtHR, Waite and Kennedy v. Germany* [GC], no. 26083/94, Abs. 70, ECHR 1999-I.

750 Siehe *ECtHR, Beer and Regan v. Germany* [GC], no. 28934/95, Abs. 61 f. 18 February 1999.; *ECtHR, Waite and Kennedy v. Germany* [GC], no. 26083/94, Abs. 71 f., ECHR 1999-I.

751 *ECtHR, Beer and Regan v. Germany* [GC], no. 28934/95, Abs. 62, 18 February 1999; *ECtHR, Waite and Kennedy v. Germany* [GC], no. 26083/94, Abs. 72, ECHR 1999-I.

752 Siehe *ECtHR, Beer and Regan v. Germany* [GC], no. 28934/95, Abs. 63, 18 February 1999; *ECtHR, Waite and Kennedy v. Germany* [GC], no. 26083/94, Abs. 73, ECHR 1999-I.

Beschwerde regelmäßig auf Grundlage von Art. 35 Abs. 3 lit. a, Abs. 4 EMRK als offensichtlich unbegründet ab.[753]

So beispielsweise auch im Fall *Chapmann v. Belgium*[754]. Der Beschwerdeführer war US-amerikanischer Staatsangehöriger und befristet von 1988 bis 2001 bei der NATO angestellt.[755] *Chapman* war der Ansicht, dass sich sein befristeter Vertrag nach einer Laufzeit von zehn Jahren mit Wirkung ab 1998 in einen unbefristeten umgewandelt habe. Dementsprechend versuchte er im Jahr 2001, bestimmte Leistungen und Vergünstigungen, beispielsweise Pensionsansprüche, gegenüber der NATO durchzusetzen. Im März 2002 erklärte das zuständige belgische Arbeitsgericht eine entsprechende Klage *Chapmans* in Abwesenheit der Beklagten für zulässig und begründet. Das Gericht ordnete die Wiedereinsetzung *Chapmans* in die Besoldungsgruppe A4 als Beamter der NATO an sowie die Zahlung und Gewährung weiterer Leistungen und Vergünstigungen. Sowohl die belgische Regierung als auch die NATO legten mit Verweis auf die Immunität der NATO erfolgreich Berufung gegen die Entscheidung ein. Wegen mangelnder Erfolgsaussichten verfolgte *Chapman* seinen Anspruch nicht weiter, rügte aber im September 2006 eine Verletzung des Rechts auf Zugang zu Gericht beim Europäischen Gerichtshof für Menschenrechte. In Anlehnung an *Beer and Regan v. Germany* und *Waite and Kennedy v. Germany* prüfte der Gerichtshof, ob dem Beschwerdeführer angemessene alternative Rechtsschutzmöglichkeiten auf Ebene der NATO zur Verfügung gestanden hatten.[756] Er kam zu dem Schluss, dass der Beschwerdeführer es versäumt habe sich an das *NATO Appeals Board* zu wenden, das entgegen seiner Behauptung ausweislich der NATO *Civilian Personnel Regulations* auch ehemaligen Mitarbeitern offen stehe.[757] Unter Verweis auf diese Möglichkeit sah der Gerichtshof den Wesensgehalt des Rechts auf Zugang zu Gericht als gewahrt an und wies die Beschwerde als offensichtlich unbegründet ab.[758]

---

753 Siehe bspw. *ECtHR*, *Klausecker v. Germany* (dec.), no. 415/07, Abs. 76 f., 6 January 2015; *ECtHR*, *Chapman v. Belgium* (dec.), no. 39619/06, Abs. 56 f., 5 March 2013.

754 *ECtHR*, *Chapman v. Belgium* (dec.), no. 39619/06, 5 March 2013.

755 Die Zusammenfassung des Sachverhalts beruht auf den diesbezüglichen Ausführungen des Gerichtshofs, siehe *ECtHR*, *Chapman v. Belgium* (dec.), no. 39619/06, Abs. 1 ff., 5 March 2013.

756 Siehe *ECtHR*, *Chapman v. Belgium* (dec.), no. 39619/06, Abs. 51 ff., 5 March 2013.

757 Siehe *ECtHR*, *Chapman v. Belgium* (dec.), no. 39619/06, Abs. 54, 5 March 2013.

758 *ECtHR*, *Chapman v. Belgium* (dec.), no. 39619/06, Abs. 56, 5 March 2013.

Die Entscheidung im Fall *Stichting Mothers of Srebrenica and Others v. The Netherlands*[759] stellt aus verschiedenen Gründen eine Besonderheit im Rahmen der Rechtsprechung des Gerichtshofs zur Immunität internationaler Organisationen dar und wird daher im Folgenden gesondert behandelt.

c. *Die Rechtsprechung des Gerichtshof im Fall* Stichting Mothers of Srebrenica and Others v. The Netherlands

Der Fall *Stichting Mothers of Srebrenica and Others v. The Netherlands* hebt sich von den anderen Fällen ab, da den Beschwerdeführern im konkreten Fall keine alternativen Rechtsschutzmöglichkeiten auf Ebene der internationalen Organisation zur Verfügung standen.[760] Im nationalen Verfahren vor den niederländischen Gerichten rügten die Beschwerdeführer eine Verantwortlichkeit der UN für das Massaker von Srebrenica.[761]

Das Massaker von Srebrenica fand 1995 während des Krieges in Bosnien-Herzegowina (1992–1995) in der Gemeinde Srebrenica im Osten Bosniens statt. Die UN hatten Srebrenica auf Grundlage von Resolution 819 (1993)[762] zur Schutzzone erklärt. Das Gebiet galt als vor bewaffneten Angriffen oder sonstigen feindseligen Handlungen geschützte Zone. Zur Zeit des Massakers befanden sich vor allem entwaffnete Kämpfer der bosniakischen Armee und bosniakische Zivilisten sowie eine leicht bewaffnete UN-Schutztruppe von etwa 400 niederländischen Soldaten auf dem Gebiet der Schutzzone. Am 10.07.1995 griff die Armee der bosnischen Serben Srebrenica an und tötete 7.000 Männer und Jungen. Die zahlenmäßig unterlegenen und zu schlecht ausgerüsteten niederländischen

---

759 *ECtHR, Stichting Mothers of Srebrenica and Others v. the Netherlands* (dec.), no. 65542/12, ECHR 2013 (extracts).

760 Siehe *ECtHR, Stichting Mothers of Srebrenica and Others v. the Netherlands* (dec.), no. 65542/12, Abs. 163, ECHR 2013 (extracts).

761 Sie stützen sich zum einen darauf, dass die UN mit den Einwohnern Srebrenicas, einschließlich den Antragstellern, vereinbart hätten, sie im Gegenzug zur Abrüstung zu beschützen. Dieser vertraglichen Verpflichtung seien die UN nicht nachgekommen. Zum anderen sahen sie in dem Entsenden unzureichend bewaffneter und schlecht ausgebildeter Truppen sowie in der Versagung von Luftunterstützung, eine unerlaubte Handlung der Niederlande, die von den UN geduldet wurden, siehe *ECtHR*, a. a O., Abs. 55.

762 UN, Resolution 819 (1993) adopted by the Security Council at its 3199th meeting, on 16 April 1993, abrufbar unter http://www.un.org/en/ga/search/view_doc.asp?symbol=S/RES/819(1993), zuletzt abgerufen am 26.06.2019.

Soldaten der UN-Schutztruppe konnten das Massaker nicht verhindern. Dem Ersuch des Kommandeurs um Luftunterstützung kamen die UN nicht nach.

Beschwerdeführer des anschließenden Verfahrens vor dem EGMR waren eine Stiftung, die das Verfahren im Namen von Verwandten von Opfern des Massakers von Srebrenica führte sowie zehn weitere Angehörige von Opfern des Massakers.[763] Sie klagten im Juni 2007 vor dem Landgericht in Den Haag gegen die Niederlande und die UN.[764] Nach Ansicht der Beschwerdeführer waren die Beklagten für das Massaker mit verantwortlich, da sie ihre zivilrechtliche Pflicht, den Einwohnern Srebrenicas Schutz zu gewähren, nicht erfüllt hatten, welche sie im Gegenzug für die Entwaffnung der Angehörigen der bosniakischen Armee übernommen hatten. Die Handlungen der Schutztruppe seien sowohl den Niederlanden als auch den UN zuzurechnen. Das niederländische Gericht entschied im Juli 2008 über die Vorfrage, ob den Niederlanden Jurisdiktionsgewalt über die UN zukäme und verneinte dies. Bestätigt wurde die Entscheidung im März 2010 durch das Berufungsgericht und im April 2012 durch den Obersten Gerichtshof. Daraufhin wandten sich die Beschwerdeführer an den Europäischen Gerichthof für Menschenrechte und rügten unter anderem eine Verletzung des Rechts auf Zugang zu Gericht aus Art. 6 EMRK durch die Gewährung von Immunität an die UN. Der Gerichtshof wies die Beschwerde der Stiftung von vornherein auf Grundlage von Art. 35 Abs. 3 lit. b, Abs. 4 EMRK als unzulässig *ratione personae* ab, da die Stiftung selbst nicht betroffen sei und keine Verletzung der Konvention geltend machen könne.[765]

Im Übrigen schloss sich der Gerichtshof zunächst grundsätzlich den Ausführungen in den Fällen *Beer and Regan v. Germany* und *Waite and Kennedy v. Germany* an.[766] Im Rahmen der Darlegung der anwendbaren Prinzipien griff

---

763 Die Zusammenfassung des Sachverhalts beruht auf den diesbezüglichen Ausführungen des Gerichtshofs, siehe *ECtHR*, *Stichting Mothers of Srebrenica and Others v. the Netherlands* (dec.), no. 65542/12, Abs. 5 ff., ECHR 2013 (extracts).

764 Zur Zeit der Befassung des Gerichtshofs stand die Entscheidung hinsichtlich der Verantwortlichkeit der Niederlande vor den nationalen Gerichten noch aus. Mittlerweile hat das zuständige niederländische Gericht entschieden, dass die Niederlande eine Mitschuld trifft, siehe *The Hague District Court* (Niederlande), Judgment, 16.07.2014, C/09/295247/HA ZA 07-2973 abrufbar unter https://uitspraken.rechtspraak.nl/inziendocument?id=ECLI:NL: RBDHA:2014:8748, zuletzt abgerufen am 26.06.2019.

765 Siehe *ECtHR*, *Stichting Mothers of Srebrenica and Others v. the Netherlands* (dec.), no. 65542/12, Abs. 116 f., ECHR 2013 (extracts).

766 Siehe *ECtHR*, *Stichting Mothers of Srebrenica and Others v. the Netherlands* (dec.), no. 65542/12, Abs. 139, ECHR 2013 (extracts).

er jedoch zusätzlich auf seine Rechtsprechung in Sachen Staatenimmunität zurück und nahm ohne nähere Begründung eine gleichsame Geltung für internationale Organisationen an:

> „The Convention should so far as possible be interpreted in harmony with other rules of international law of which it forms part, including those relating to the grant of immunity to a State (the Court would add: or to an international organisation) [...].
> [...] Measures taken by a High Contracting Party which reflect generally recognised rules of public international law on State immunity (the Court would add: or the immunity of international organisations) cannot in principle be regarded as imposing a disproportionate restriction on the right of access to a court as embodied in Article 6 § 1."[767]

Der Gerichtshof führte weiter aus, dass bestimmte Beschränkungen, wie auch die Immunität internationaler Organisationen als inhärenter Bestandteil des Rechts auf Zugang zu Gericht zu betrachten seien und zwei gleichzeitig anwendbare, sich auf den ersten Blick widersprechende völkerrechtliche Verpflichtungen soweit wie möglich miteinander in Einklang zu bringen seien, um beiden Verpflichtungen gerecht zu werden.[768]

Der Gerichtshof verneinte in den Ausführungen zum Umfang der Immunität der UN sodann eine Vergleichbarkeit des konkreten Falles mit anderen Fällen, die im Zusammenhang mit internationalen Organisationen entschieden wurden, da hier im Kern eine Streitigkeit zwischen den Beschwerdeführern und den UN betroffen sei, die ihren Ursprung in Befugnissen des Sicherheitsrates nach Kapitel VII UNC habe.[769] Die Konvention könne aber unter Berücksichtigung des Vorrangs der UNC (Art. 103) und mit Blick auf die Bedeutung der Friedenssicherung durch die UN nicht dahingehend ausgelegt werden, dass diesbezügliche Streitigkeiten vor nationalen Gerichten auszutragen seien.[770]

Der Gerichtshof erkannte zwar an, dass – anders als in den Fällen *Beer and Regan v. Germany* und *Waite und Kennedy v. Germany* – den Beschwerdeführern im konkreten Fall keine alternativen Rechtsschutzmöglichkeiten zur Verfügung standen, verneinte jedoch eine daraus folgende Unverhältnismäßigkeit

767 *ECtHR, Stichting Mothers of Srebrenica and Others v. the Netherlands* (dec.), no. 65542/12, Abs. 139, ECHR 2013 (extracts).
768 *ECtHR, Stichting Mothers of Srebrenica and Others v. the Netherlands* (dec.), no. 65542/12, Abs. 139, ECHR 2013 (extracts).
769 *ECtHR, Stichting Mothers of Srebrenica and Others v. the Netherlands* (dec.), no. 65542/12, Abs. 152, ECHR 2013 (extracts).
770 *ECtHR, Stichting Mothers of Srebrenica and Others v. the Netherlands* (dec.), no. 65542/12, Abs. 153, ECHR 2013 (extracts).

der Einschränkung des Rechts auf Zugang zu Gericht und zog erneut einen Vergleich zur Staatenimmunität.[771] Der IGH habe eine solche Schlussfolgerung im Rahmen der Staatenimmunität ausdrücklich verneint.[772] Auch könnten die Urteile in den Fällen *Beer and Regan v. Germany* und *Waite and Kennedy v. Germany* nicht dahingehend verstanden werden.[773] Der Gerichtshof verneinte zudem eine Verantwortlichkeit der Niederlande für das Fehlen entsprechender Rechtsschutzmöglichkeiten auf Ebene der UN und eine Verpflichtung der Niederlande mangels anderweitiger Rechtsschutzmöglichkeiten einzutreten.[774] Letzteres begründete er mit fundamentalen Unterschieden zu bisherigen Fällen, in denen sich der Gerichtshof mit der Immunität internationaler Organisationen beschäftigt habe.[775]

Der Gerichtshof wies die Beschwerde damit als offensichtlich unbegründet ab.[776]

d. Exkurs: Die Rechtsprechung des Gerichtshofs zur Staatenimmunität

Zwar haben sowohl die Staatenimmunität als auch die Immunität internationaler Organisationen ihren Ursprung im Völkerrecht, jedoch weichen sowohl die Gründe für die Gewährung der Immunität als auch die Quellen der Immunität voneinander ab. Im Gegensatz zur Staatenimmunität beruht die Immunität internationaler Organisationen regelmäßig auf einer völkervertraglichen Regelung und hat keinen Anspruch auf eine gewohnheitsrechtliche Geltung.[777] Auch

771 Siehe *ECtHR*, *Stichting Mothers of Srebrenica and Others v. the Netherlands* (dec.), no. 65542/12, Abs. 163, ECHR 2013 (extracts). Siehe auch *ECtHR*, *Ndayegamiye-Mporamazina v. Switzerland*, no. 16874/12, Abs. 64, 5 February 2019, eine jüngere Entscheidung zur Staatenimmunität, in der zur Frage der Notwendigkeit des Vorhandenseins alternativer Rechtsschutzmöglichkeiten auf die Ausführungen der Kammer in *Stichting Mothers of Srebrenica and Others v. the Netherlands* verwiesen wird.

772 *ECtHR*, *Stichting Mothers of Srebrenica and Others v. the Netherlands* (dec.), no. 65542/12, Abs. 164, ECHR 2013 (extracts) mit Verweis auf *ICJ*, ICJ Reports 2012, 99, Abs. 101.

773 *ECtHR*, *Stichting Mothers of Srebrenica and Others v. the Netherlands* (dec.), no. 65542/12, Abs. 164, ECHR 2013 (extracts).

774 Siehe *ECtHR*, *Stichting Mothers of Srebrenica and Others v. the Netherlands* (dec.), no. 65542/12, Abs. 165, ECHR 2013 (extracts).

775 *ECtHR*, *Stichting Mothers of Srebrenica and Others v. the Netherlands* (dec.), no. 65542/12, Abs. 165, ECHR 2013 (extracts)

776 Siehe *ECtHR*, *Stichting Mothers of Srebrenica and Others v. the Netherlands* (dec.), no. 65542/12, Abs. 169 f., ECHR 2013 (extracts).

777 Siehe unter Kapitel 1, B. II. 4.

der Grund der Gewährung von Immunität an eine internationale Organisation, die Erhaltung ihrer Funktionsfähigkeit, ist zumindest vordergründig ein anderer.[778] Der Umgang des Gerichtshofs mit der Immunität internationaler Organisationen im Regelungsumfeld des Völkerrechts muss deswegen auch unter Berücksichtigung der Unterschiede zur Staatenimmunität erörtert werden.

aa. Darstellung der Rechtsprechung

Der Gerichtshof hält auch bezüglich der Staatenimmunität ausdrücklich an seinen zu Art. 6 Abs. 1 S. 1 EMRK entwickelten Grundsätzen fest.[779] Demnach kann das Recht auf Zugang zu Gericht, wie bereits erörtert, nur unter drei Voraussetzungen eingeschränkt werden.[780] Die staatliche Maßnahme muss ein legitimes Ziel verfolgen, verhältnismäßig zu diesem Ziel sein und darf den Wesensgehalt des Rechts nicht beeinträchtigen.

Der Gerichtshof begreift das Handeln in Übereinstimmung mit dem geltenden Völkerrecht durch die Anerkennung der völkerrechtlich verankerten Souveränität eines fremden Staates als das mit der Gewährung von Staatenimmunität verfolgte Ziel. Dieses Ziel, welches der Förderung zwischenstaatlicher Beziehungen diene, erkennt er in ständiger Rechtsprechung als legitim an.[781]

---

778 Siehe zu den Gründen der Immunitätsgewährung an internationale Organisation unter Kapitel 1, A. und zu der Vergleichbarkeit des Hintergrundes der Gewährung mit der Staatenimmunität unter Kapitel 1, C. II. 2. a.

779 Siehe bspw. *ECtHR, Cudak v. Lithuania* [GC], no. 15869/02, Abs. 55, ECHR 2010; *ECtHR, Oleynikov v. Russia*, no. 36703/04, Abs. 55, 14 March 2013; *ECtHR, Radunović and Others v. Montenegro*, nos. 45197/13 and 2 others, Abs. 62, 25 October 2016; *ECtHR, Sabeh El Leil v. France* [GC], no. 34869/05, Abs. 47, 29 June 2011; *ECtHR, Al-Adsani v. the United Kingdom* [GC], no. 35763/97, Abs. 53, ECHR 2001-XI; *ECtHR, Fogarty v. the United Kingdom* [GC], no. 37112/97, Abs. 33, ECHR 2001-XI (extracts); *ECtHR, Jones and Others v. the United Kingdom*, nos. 34356/06 and 40528/06, Abs. 186, ECHR 2014; *ECtHR, McElhinney v. Ireland* [GC], no. 31253/96, Abs. 34, ECHR 2001-XI (extracts).

780 Siehe unter Kapitel 2, C. I. 3. b. bb.

781 Siehe bspw. *ECtHR, Cudak v. Lithuania* [GC], no. 15869/02, Abs. 60, ECHR 2010; *ECtHR, Oleynikov v. Russia*, no. 36703/04, Abs. 60, 14 March 2013; *ECtHR, Radunović and Others v. Montenegro*, nos. 45197/13 and 2 others, Abs. 67, 25 October 2016; *ECtHR, Sabeh El Leil v. France* [GC], no. 34869/05, Abs. 52, 29 June 2011; *ECtHR, Al-Adsani v. the United Kingdom* [GC], no. 35763/97, Abs. 54, ECHR 2001-XI; *ECtHR, Fogarty v. the United Kingdom* [GC], no. 37112/97, Abs. 34, ECHR 2001-XI (extracts); *ECtHR, McElhinney v. Ireland* [GC], no. 31253/96, Abs. 35, ECHR 2001-XI (extracts).

In der Verhältnismäßigkeitsprüfung, die stets dem gleichen Muster folgt, greift der Gerichtshof die Besonderheit der völkerrechtlichen Grundlage der Staatenimmunität sowie den Charakter der Konvention als menschenrechtlicher Vertrag auf:

> „[The Court] reiterates that the Convention has to be interpreted in the light of the rules set out in the Vienna Convention on the Law of Treaties of 23 May 1969, and that Article 31 § 3 (c) of that treaty indicates that account is to be taken of 'any relevant rules of international law applicable in the relations between the parties'. The Convention, including Article 6, cannot be interpreted in a vacuum. The Court must be mindful of the Convention's special character as a human rights treaty, and it must also take the relevant rules of international law into account […]."[782]

Der Gerichtshof geht dabei davon aus, dass Maßnahmen, die auf Grundlage einer universell geltenden Regelung des Völkergewohnheitsrechts getroffen werden, nicht prinzipiell als unverhältnismäßig gelten können.[783] Das Recht auf Zugang zu Gericht sei ein inhärenter Bestandteil des Rechts auf ein faires Verfahren, so wie bestimmte Beschränkungen, wie beispielsweise die Staatenimmunität, wiederum inhärenter Bestandteil des Rechts auf Zugang zu Gericht seien.[784] In jüngeren Urteilen betont der Gerichtshof im Anschluss an diese

---

782 *ECtHR, Al-Adsani v. the United Kingdom* [GC], no. 35763/97, Abs. 55, ECHR 2001-XI. Siehe auch *ECtHR, Cudak v. Lithuania* [GC], no. 15869/02, Abs. 56, ECHR 2010; *ECtHR, Oleynikov v. Russia*, no. 36703/04, Abs. 56, 14 March 2013; *ECtHR, Radunović and Others v. Montenegro*, nos. 45197/13 and 2 others, Abs. 63, 25 October 2016; *ECtHR, Sabeh El Leil v. France* [GC], no. 34869/05, Abs. 48, 29 June 2011; *ECtHR, Fogarty v. the United Kingdom* [GC], no. 37112/97, Abs. 35, ECHR 2001-XI (extracts); *ECtHR, McElhinney v. Ireland* [GC], no. 31253/96, Abs. 36, ECHR 2001-XI (extracts).

783 Siehe *ECtHR, Cudak v. Lithuania* [GC], no. 15869/02, Abs. 57, ECHR 2010; *ECtHR, Oleynikov v. Russia*, no. 36703/04, Abs. 57, 14 March 2013; *ECtHR, Radunović and Others v. Montenegro*, nos. 45197/13 and 2 others, Abs. 64, 25 October 2016; *ECtHR, Sabeh El Leil v. France* [GC], no. 34869/05, Abs. 49, 29 June 2011; *ECtHR, Al-Adsani v. the United Kingdom* [GC], no. 35763/97, Abs. 56, ECHR 2001-XI; *ECtHR, Fogarty v. the United Kingdom* [GC], no. 37112/97, Abs. 35, ECHR 2001-XI (extracts); *ECtHR, McElhinney v. Ireland* [GC], no. 31253/96, Abs. 37, ECHR 2001-XI (extracts).

784 *ECtHR, Cudak v. Lithuania* [GC], no. 15869/02, Abs. 57, ECHR 2010; *ECtHR, Oleynikov v. Russia*, no. 36703/04, Abs. 57, 14 March 2013; *ECtHR, Radunović and Others v. Montenegro*, nos. 45197/13 and 2 others, Abs. 64, 25 October 2016; *ECtHR, Sabeh El Leil v. France* [GC], no. 34869/05, Abs. 49, 29 June 2011; *ECtHR, Al-Adsani v. the United Kingdom* [GC], no. 35763/97, Abs. 56, ECHR 2001-XI; *ECtHR, Fogarty v. the United Kingdom* [GC], no. 37112/97, Abs. 35, ECHR 2001-XI (extracts); *ECtHR, McElhinney v. Ireland* [GC], no. 31253/96, Abs. 37, ECHR 2001-XI (extracts).

Feststellungen noch einmal das Prinzip der effektiven Auslegung der Konventionsrechte, bezieht aber auch die Entwicklung der Staatenimmunität hin zu einer restriktiven Immunität in seine Prüfung mit ein.[785] Im Ergebnis nimmt der Gerichtshof eine unverhältnismäßige Maßnahme im Zusammenhang mit der Staatenimmunität regelmäßig nur an, wenn die entsprechenden völkerrechtlichen Regelungen nicht hinreichend beachtet bzw. falsch angewandt wurden.[786] Der Staat überschreite in diesen Fällen seinen Ermessensspielraum, was zur Beeinträchtigung des Wesensgehalts des Rechts auf Zugang zu Gericht führe.[787] Maßnahmen, die in Übereinstimmung mit den völkerrechtlichen Regelungen zur Staatenimmunität vorgenommen werden, sind dagegen nach der Rechtsprechung des Gerichtshofs regelmäßig verhältnismäßig.[788] In der Entscheidung *Jones and Others v. The United Kingdom*[789] formuliert der Gerichtshof diese Schlussfolgerung ausdrücklich:

> „In these circumstances, the Court is satisfied that the grant of immunity to the State officials in this case reflected generally recognised rules of public international law. The application of the provisions of the 1978 Act to grant immunity to the State officials in the applicants' civil cases did not therefore amount to an unjustified restriction on the applicants' access to a court."[790]

Bejaht der Gerichtshof die Verhältnismäßigkeit der Einschränkung auf dieser Grundlage, sieht er von einer Prüfung der Wahrung des Wesensgehalts des Rechts

---

785 Siehe bspw. *ECtHR, Oleynikov v. Russia*, no. 36703/04, Abs. 58, 61, 14 March 2013; *ECtHR, Sabeh El Leil v. France* [GC], no. 34869/05, Abs. 50, 53, 29 June 2011.

786 Siehe bspw. *ECtHR, Cudak v. Lithuania* [GC], no. 15869/02, Abs. 60 ff., ECHR 2010; *ECtHR, Oleynikov v. Russia*, no. 36703/04, Abs. 62 ff., 14 March 2013; *ECtHR, Radunović and Others v. Montenegro*, nos. 45197/13 and 2 others, Abs. 70 ff., 25 October 2016; *ECtHR, Sabeh El Leil v. France* [GC], no. 34869/05, Abs. 55 ff., 29 June 2011.

787 *ECtHR, Cudak v. Lithuania* [GC], no. 15869/02, Abs. 74, ECHR 2010; *ECtHR, Oleynikov v. Russia*, no. 36703/04, Abs. 72, 14 March 2013; *ECtHR, Radunović and Others v. Montenegro*, nos. 45197/13 and 2 others, Abs. 81, 25 October 2016; *ECtHR, Sabeh El Leil v. France* [GC], no. 34869/05, Abs. 67, 29 June 2011.

788 Siehe bspw. *ECtHR, Al-Adsani v. the United Kingdom* [GC], no. 35763/97, Abs. 57 ff., ECHR 2001-XI; *ECtHR, Fogarty v. the United Kingdom* [GC], no. 37112/97, Abs. 37 ff., ECHR 2001-XI (extracts); *ECtHR, McElhinney v. Ireland* [GC], no. 31253/96, Abs. 38 ff., ECHR 2001-XI (extracts).

789 *ECtHR, Jones and Others v. the United Kingdom*, nos. 34356/06 and 40528/06, ECHR 2014.

790 *ECtHR, Jones and Others v. the United Kingdom*, nos. 34356/06 and 40528/06, Abs. 215, ECHR 2014.

auf Zugang zu Gericht ab.[791] Geschieht die Gewährung von Staatenimmunität in Übereinstimmung mit geltendem Völkerrecht, ist sie in der Rechtsprechung des Gerichtshofs verhältnismäßig und eine Verletzung von Art. 6 Abs. 1 S. 1 EMRK liegt nicht vor.

bb. Bewertung der Rechtsprechung

Der Gerichtshof hält auch im Rahmen der Staatenimmunität prinzipiell an seinen zur Einschränkung von Art. 6 Abs. S. 1 EMRK entwickelten Grundätzen fest und verlangt ein legitimes Ziel, die Verhältnismäßigkeit der Maßnahme zu diesem Ziel und die Wahrung des Wesensgehalts des Rechts auf Zugang zu Gericht.

Die Annahme, dass die Gewährung von Immunität an einen fremden Staat ein legitimes Ziel verfolgt, ist nicht zu beanstanden. Die Staatenimmunität ist Ausfluss der souveränen Gleichheit der Staaten (Art. 2 Ziff. 1 UNC).[792] Hintergrund der Gewährung von Immunität im Einzelfall ist dementsprechend der Respekt der Souveränität des fremden Staates. Die völkerrechtlich verankerte Souveränität eines fremden Staates anzuerkennen und somit in Übereinstimmung mit dem geltenden Völkerrecht zu handeln, erkennt der Gerichtshof deswegen zu Recht als legitimes Ziel an.

In der Verhältnismäßigkeitsprüfung stellt der Gerichtshof darauf ab, dass die Gewährung von Staatenimmunität unter Berücksichtigung von Art. 31 Abs. 3 lit. c WÜV nicht grundsätzlich unverhältnismäßig sein kann. Auch dieser Aussage ist zuzustimmen, da weder das Recht auf Zugang zu Gericht noch die Regelungen zur Staatenimmunität in Anwendung von Art. 31 Abs. 3 lit. c WÜV per se vorrangig sein können. Art. 31 Abs. 3 WÜV verlangt seinem ausdrücklichen Wortlaut[793] nach lediglich die Berücksichtigung der Regelungen zur Staatenimmunität bei einer Auslegung von Art. 6 Abs. 1 S. 1 EMRK. Aus der Einbeziehung an sich kann aber kein Vorrang, weder des Rechts auf Zugang zu

---

791 Siehe *ECtHR*, *Al-Adsani v. the United Kingdom* [GC], no. 35763/97, Abs. 57 ff., ECHR 2001-XI; *EGMR*, Case of Fogarty v. The United Kingdom (Application no. 37112/97), Judgment, 21 November 2001, Rn. 37 ff.; *ECtHR*, *McElhinney v. Ireland* [GC], no. 31253/96, Abs. 38 ff., ECHR 2001-XI (extracts); *ECtHR*, *Jones and Others v. the United Kingdom*, nos. 34356/06 and 40528/06, Abs. 190 ff., ECHR 2014.

792 *Crawford*, Brownlie's Principles of Public International Law, S. 488; *Kau*, in: Vitzthum/Proelß (Hrsg.), Völkerrecht, 3. Abschn., Rn. 89; *Hobe*, Völkerrecht, S. 295 f.; *Jennings/Watts*, Oppenheim's International Law, Vol. 1, § 109; *Kempen*, in: ders./Hillgruber, Völkerrecht, § 32, Rn. 19.

793 „There shall be taken into account, together with the context […].“

Gericht noch der Staatenimmunität gefolgert werden.[794] Der Gerichtshof nimmt jedoch an, dass in der Staatengemeinschaft allgemein akzeptierte Regelungen, wie die universell geltenden Regelungen zur Staatenimmunität, immanente Beschränkungen des Rechts auf Zugang zu Gericht darstellen:

> „Just as the right of access to court is an inherent part of the fair trial guarantee in that Article, so some restrictions on access must likewise be regarded as inherent, an example being those limitations generally accepted by the community of nations as part of the doctrine of State immunity."[795]

Dieser Annahme geht aber keine Auslegung des Rechts auf Zugang zu Gericht unter Berücksichtigung der Regelungen zur Staatenimmunität im Sinne des WÜV voraus. Der Gerichtshof erweckt hingegen den Eindruck, dass er unter Rückgriff auf Art. 31 Abs. 3 lit. c WÜV vielmehr die Grenzen bzw. den Umfang des Rechts auf Zugang zu Gericht zu bestimmen versucht.[796] Eine Auslegung von Art. 6 Abs. 1 S. 1 EMRK im Sinne des Art. 31 Abs. 3 lit. c WÜV erfordert eine Gegenüberstellung der verschiedenen Interessen und den Versuch, diese in Ausgleich zu bringen. Dabei ist es nicht ausreichend, auf einen ohnehin beschränkten Umfang der Staatenimmunität zu verweisen. Der Gerichtshof müsste sich vielmehr mit der Frage auseinandersetzen, ob eine Versagung des Zugangs zu Gericht in den Fällen, die vom Umfang der Immunität erfasst sind, unter der Berücksichtigung der Effektivität der Konventionsrechte und der Konvention als menschenrechtlicher Vertrag verhältnismäßig ist. Nicht jede in ihrem Umfang begrenzte Immunität steht zwingend im Einklang mit dem Recht auf Zugang zu Gericht.

---

794 Kritisch auch *Orakhelashvili*, in: EJIL 14 (2003), 529, 537 sowie *Kloth*, Immunities and the Right of Access to Court under Article 6 of the European Convention on Human Rights, S. 33.

795 *ECtHR, Al-Adsani v. the United Kingdom* [GC], no. 35763/97, Abs. 56, ECHR 2001-XI. Siehe auch *ECtHR, Cudak v. Lithuania* [GC], no. 15869/02, Abs. 57, ECHR 2010; *ECtHR, Oleynikov v. Russia*, no. 36703/04, Abs. 57, 14 March 2013; *ECtHR, Sabeh El Leil v. France* [GC], no. 34869/05, Abs. 49, 29 June 2011; *ECtHR, Fogarty v. the United Kingdom* [GC], no. 37112/97, Abs. 35, ECHR 2001-XI (extracts); *ECtHR, McElhinney v. Ireland* [GC], no. 31253/96, Abs. 37, ECHR 2001-XI (extracts).

796 *Kloth*, Immunities and the Right of Access to Court under Article 6 of the European Convention on Human Rights, S. 33, der zur recht kritisiert, dass die Anwendung von Art. 31 Abs. 3 S. 1 EMRK nicht der Festlegung von Beschränkungen der auszulegenden Vertragsbestimmung dient. Bezüglich der Auslegung von Art. 3 EMRK ähnlich *Orakhelashvili*, in: EJIL 14 (2003), 529, 553 f.

Die Rechtsprechung des Gerichtshofs zur Staatenimmunität steht außerdem im Widerspruch zur grundsätzlichen Annahme, dass das Recht auf Zugang nur insoweit beschränkt werden darf, als der Wesensgehalt des Rechts gewahrt wird. Stellt der Gerichthof fest, dass eine Maßnahme von der Staatenimmunität erfasst ist, vermeidet er eine Prüfung der Wahrung des Wesensgehalts des Rechts auf Zugang zu Gericht. Unter Berücksichtigung der Grundsätze, die der Gerichtshof zu Art. 6 Abs. 1 S. 1 EMRK aufgestellt hat, müsste er in konsequenter Anwendung zu dem Ergebnis kommen, dass die gänzliche Versagung des Zugangs zu Gericht jedenfalls den Wesensgehalt des Rechts auf Zugang zu Gericht beschränkt.[797] Eine andere Entscheidung bedarf jedenfalls einer näheren Auseinandersetzung. Der Gerichtshof umgeht eine Prüfung der Wahrung des Wesensgehalts jedoch stillschweigend.[798]

Eine Auslegung des Rechts auf Zugang zu Gericht unter Berücksichtigung der Staatenimmunität kann diese Bearbeitung nicht leisten. Deswegen bleibt es an dieser Stelle bei der Kritik an der Vorgehensweise des Gerichtshofs. Es wäre insofern wünschenswert, dass sich der Gerichtshof zukünftig mit den verschiedenen aufeinandertreffenden Interessen im konkreten Fall auseinandersetzt. Im Fall *Jones and Others v. The United Kingdom* hielt das Gericht eine Überweisung zur Klärung der hier erörterten Probleme an die Große Kammer leider nicht für

---

797 *Kloth*, Immunities and the Right of Access to Court under Article 6 of the European Convention on Human Rights, S. 18 mit Verweis auf die abweichende Meinung von Richter *Loucaides* im Fall *McElhinney v. Ireland*, *ECtHR*, *McElhinney v. Ireland* [GC], no. 31253/96, Dissenting Opinion of Judge Loucaides, ECHR 2001-XI (extracts): „As in the cases of Al-Adsani and Fogarty (judgments of 21 November 2001), I would like to repeat here that I believe that a blanket immunity which is applied by a court in order to block completely the judicial determination of a civil right without balancing the competing interests, namely those connected with the particular immunity and those relating to the nature of the specific claim which is the subject matter of the proceedings, amounts to a disproportionate restriction on the right of access to court. [...] It is correct that Article 6 may be subject to inherent limitations, but these limitations should not affect the core of the right. Procedural conditions such as time-limits, the need for leave to appeal etc. do not affect the substance of the right. But completely preventing somebody from having his case determined by a court, without any fault on his part and regardless of the nature of the case, contravenes, in my opinion, Article 6 § 1 of the Convention."

798 Dies kritisiert auch *Kloth*, Immunities and the Right of Access to Court under Article 6 of the European Convention on Human Rights, S. 18 ff., schlägt aber auch ohne nähere Begründung vor, deswegen im Hinblick auf Immunitäten von der dreistufigen Prüfung einer Einschränkung des Rechts auf Zugang zu Gericht abzusehen.

erforderlich.[799] Die Kammer begnügte sich mit der Feststellung, dass die Große Kammer im Fall *Al-Adsani v. The United Kingdom*[800] in Übereinstimmung mit ihrer Verpflichtung handelte, die im Verhältnis der Vertragsparteien anwendbaren Völkerrechtssätze in die Auslegung von Art. 6 Abs. 1 S. 1 EMRK miteinzubeziehen und die Konvention soweit wie möglich in Übereinstimmung mit anderen Regeln des Völkerrechts zu interpretieren.[801]

3. *Zusammenfassung und Bewertung der Rechtsprechung zur Immunität internationaler Organisationen*

In den Leitentscheidungen *Beer and Regan v. Germany* und *Waite and Kennedy v. Germany* äußerte sich der Gerichtshof grundlegend zum Verhältnis zwischen der Immunität internationaler Organisationen dem Recht auf Zugang zu Gericht.

Ebenso wie im Rahmen der Staatenimmunität hält der Gerichtshof auch im Hinblick auf die Gewährung von Immunität an internationale Organisationen an seinen Prüfungsgrundsätzen zur Einschränkung des Rechts auf Zugang zu Gericht fest. Der Gerichtshof prüft dementsprechend das Ziel der Gewährung von Immunität, die Verhältnismäßigkeit der Maßnahme zu dem verfolgten Ziel und die Wahrung des Wesensgehalts des Rechts auf Zugang zu Gericht.

Die Ausführungen des Gerichtshofs im Fall *Stichting Mothers of Srebrenica and Others v. The Netherlands* unterscheiden sich in einigen Punkten von den aufgestellten Prinzipien, können aufgrund der Beteiligung der UN aber nicht verallgemeinert werden. Der Gerichtshof geht in dieser Entscheidung überdies fälschlicherweise davon aus, dass die Immunität internationaler Organisationen eine anerkannte Regelung des Völkerrechts sei und die Konvention deswegen so weit wie möglich im Einklang mit dieser Regelung gebracht werden müsse. Aufgrund der Qualifizierung als allgemein anerkannte Regelung des Völkerrechts zieht der Gerichtshof einen Vergleich zur Rechtsprechung des Gerichts im Rahmen der Staatenimmunität. In Anlehnung daran nimmt er an, dass die Immunität internationaler Organisationen ein immanenter Bestandteil des Rechts auf Zugang zu Gericht sei und die Regelungen zur Immunität nicht grundsätzlich als unverhältnismäßige Beschränkung angesehen werden können. Wiederum

799 Siehe *ECtHR, Jones and Others v. the United Kingdom*, nos. 34356/06 and 40528/06, Abs. 193 ff., ECHR 2014.

800 *ECtHR, Al-Adsani v. the United Kingdom* [GC], no. 35763/97, ECHR 2001-XI.

801 Siehe *ECtHR, Jones and Others v. the United Kingdom*, nos. 34356/06 and 40528/06, Abs. 195, ECHR 2014.

in Anlehnung an die Staatenimmunität verneint er auch eine aus dem Fehlen alternativer Rechtsschutzmöglichkeiten folgende Unverhältnismäßigkeit der Einschränkung des Rechts auf Zugang zu Gericht.

Im Rahmen der Bewertung der Rechtsprechung des Gerichtshofs muss aber berücksichtigt werden, dass alle Konventionsstaaten auch Mitglieder der UN sind und dass die UNC mit Art. 103 eine Kollisionsnorm enthält.

a. Die Erhaltung der Funktionsfähigkeit internationaler Organisationen als legitimes Ziel

Der Gerichtshof geht davon aus, dass Immunitätsregelungen mit der Erhaltung der Funktionsfähigkeit einer internationalen Organisation regelmäßig ein legitimes Ziel verfolgen und verweist in diesem Zusammenhang auf eine langjährige Praxis der Staaten, internationalen Organisationen im Gründungsvertrag oder in zusätzlichen Abkommen zur Gewährleistung ihrer Funktionsfähigkeit Immunität zu verleihen.

Dem Gerichtshof ist insofern zuzustimmen, als dass Immunitätsregelungen das Ziel verfolgen, die Funktionsfähigkeit einer internationalen Organisation zu erhalten.[802] Die Erhaltung der Funktionsfähigkeit einer internationalen Organisation ist jedoch nur mittelbares Ziel der in Frage stehenden staatlichen Maßnahme. Die Gewährung von Immunität und die damit einhergehende Versagung des Zugangs zu Gericht verfolgt in erster Linie das Ziel, in Übereinstimmung mit einer völkerrechtlichen Verpflichtung zu handeln, nämlich der völkervertraglich geregelten Immunität. Dies verkennt der Gerichtshof, wenn er lediglich auf die Erhaltung der Funktionsfähigkeit einer internationalen Organisation als legitimes Ziel der Gewährung von Immunität abstellt.

Folgt man den Ausführungen des Gerichtshofs, so würde grundsätzlich auch die Gewährung von Immunität ohne rechtliche Grundlage – jedenfalls dann, wenn sie die Funktionsfähigkeit einer internationalen Organisation schützt – ein legitimes Ziel verfolgen. Besteht aber tatsächlich keine Immunität, ist eine Einschränkung des Rechts auf Zugang zu Gericht nur schwer zu rechtfertigen. Der eigentliche legitime Grund besteht eben vielmehr in der Verpflichtung des betroffenen Staates zur Gewährung von Immunität an eine internationale Organisation.

Auch im Rahmen der Staatenimmunität stellt der Gerichtshof auf das Handeln in Übereinstimmung mit einer völkerrechtlichen Verpflichtung als maßgebliches Ziel der staatlichen Maßnahme ab, ebenso wie in anderen Fällen, die

---

802 Siehe hierzu bereits unter Kapitel 1, A.

nicht die Immunität einer internationalen Organisation betreffen. In der bereits dargestellten Entscheidung *Bosphorus Hava Yolları Turizm ve Ticaret Anonim Şirketi v. Ireland* sah der Gerichtshof beispielsweise die Erfüllung der sich für Irland aus der Mitgliedschaft in der Europäischen Gemeinschaft ergebenden rechtlichen Verpflichtung, als das mit der Beschlagnahme des Flugzeugs verfolgte Allgemeininteresse an.[803] Rechtsgrundlage für diese Maßnahme war eine Verordnung der Europäischen Gemeinschaft, die wiederum eine Entschließung des Sicherheitsrates der UN über Sanktionen gegen die ehemalige Bundesrepublik Jugoslawien umsetzte. Somit war mittelbares Ziel – wie auch die Erhaltung der Funktionsfähigkeit einer internationalen Organisation nur mittelbares Ziel ist – die Sanktionierung der ehemaligen Bundesrepublik Jugoslawien. Unmittelbar handelte Irland jedoch in Erfüllung einer sich aus der Mitgliedschaft in der Europäischen Gemeinschaft ergebenen Verpflichtung. Dass der Gerichtshof das Handeln in Übereinstimmung mit einer völkerrechtlichen Verpflichtung angesichts der Bedeutung und Notwendigkeit zwischenstaatlicher Beziehungen als ein legitimes Ziel anerkennt, ist nicht zu beanstanden. Der Gerichtshof verweist in diesem Zusammenhang richtigerweise darauf, dass das Handeln zur Erfüllung einer völkerrechtlichen Verpflichtung als Ausfluss des zwischen allen Konventionsstaaten geltenden Grundsatzes *pacta sunt servanda* über Art. 31 Abs. 3 lit. c WÜV auch in die Auslegung der Konvention miteinzubeziehen ist. Dies gilt jedoch nicht ohne Weiteres für den Inhalt der Verpflichtung, denn dafür muss die entsprechende Regelung selbst den Anforderungen von Art. 31 Abs. 3 lit. c WÜV genügen.[804] Der Grundsatz *pacta sunt servanda* rechtfertigt es jedoch, das Handeln in Übereinstimmung mit einer völkerrechtlichen Verpflichtung grundsätzlich als legitimes Ziel einer die Rechte der EMRK einschränkenden

803 Siehe *ECtHR, Bosphorus Hava Yolları Turizm ve Ticaret Anonim Şirketi v. Ireland* [GC], no. 45036/98, Abs. 150, ECHR 2005-VI. Zwar bezeichnete der Gerichtshof in diesem Zusammenhang auch die Notwendigkeit des Schutzes der Funktionsfähigkeit einer internationalen Organisation als “long recognized”, stellt im Ergebnis aber ausdrücklich auf das Handeln in Übereinstimmung mit einer völkerrechtlichen Verpflichtung ab: “This Court has accordingly accepted that compliance with Community law by a Contracting Party constitutes a legitimate general-interest objective within the meaning of Article 1 of Protocol No. 1 (see, mutatis mutandis, S.A. Dangeville, cited above, §§ 47 and 55).”

804 Siehe *ECtHR, Bosphorus Hava Yolları Turizm ve Ticaret Anonim Şirketi v. Ireland* [GC], no. 45036/98, Abs. 150, ECHR 2005-VI. Zu der Frage inwiefern völkervertragliche Immunitätsklauseln über Art. 31 Abs. 3 lit. c WÜV in die Auslegung von Art. 6 Abs. 1 S. 1 EMKR einbezogen werden müssen siehe sogleich unter Kapitel 2, C. II. 3. b. aa.

staatlichen Maßnahme anzuerkennen und das mit der Verpflichtung verfolgte Ziel in die Verhältnismäßigkeitsprüfung einer Einschränkung der einzubeziehen.

Legitimes Ziel der Versagung des Zugangs zu nationalen Gerichten ist also zuvorderst die Erfüllung einer völkerrechtlichen Verpflichtung und mittelbar die Erhaltung der Funktionsfähigkeit einer internationalen Organisation.

b. Die Verhältnismäßigkeit der Einschränkung

Im Rahmen der Verhältnismäßigkeit ist neben der Frage nach der Rolle angemessener alternativer Rechtsschutzmöglichkeiten auf Ebene der internationalen Organisation zunächst auf das grundsätzliche Verhältnis zwischen dem Recht auf Zugang zu Gericht aus Art. 6 Abs. 1 S. 1 EMRK und der Befreiung internationaler Organisationen von der nationalen Gerichtsbarkeit einzugehen.

aa. Vorüberlegung: Das Verhältnis zwischen dem Konventionsrecht auf Zugang zu Gericht und der völkerrechtlich gewährleisteten Immunität internationaler Organisationen

Mangels Existenz einer völkergewohnheitsrechtlichen Regelung zur Immunität internationaler Organisation kommt es für die Beurteilung des Verhältnisses zwischen dem Recht auf Zugang zu Gericht und der Immunität internationaler Organisationen nur auf völkervertraglich normierte Immunitätsklauseln an.[805]

(1) Harmonisierung durch Auslegung?

Als völkerrechtlicher Vertrag ist die Europäische Menschenrechts-konvention im Sinne der Artt. 31–33 EMRK auszulegen. Im Verhältnis zu den auf völkerrechtlicher Ebene gewährleisteten Immunitätsregelungen ist Art. 31 Abs. 3 lit. c WÜV von besonderer Bedeutung. Dieser schreibt vor, dass die Interpretation eines völkerrechtlichen Vertrages unter Berücksichtigung jedes in den Beziehungen zwischen den Vertragsparteien anwendbaren einschlägigen Völkerrechtssatzes zu erfolgen hat. Hintergrund ist die Annahme, dass die Parteien eines völkerrechtlichen Vertrages grundsätzlich auch anderen völkerrechtlichen Verpflichtungen nachkommen und einen Vertrag in Übereinstimmung mit der internationalen Rechtsordnung schließen wollen.[806] Das heißt, dass

---

805 Siehe zur Existenz einer gewohnheitsrechtlichen Regelung zur Immunität internationaler Organisation unter Kapitel 1, B. II.

806 *Dörr*, in: ders./Schmalenbach (Hrsg.), Vienna Convention on the Law of Treaties, Art. 31, Rn. 90.

grundsätzlich auch Regelungen, die völkerrechtlich gewährleistete Immunitäten betreffen, in die Auslegung der Konvention einbezogen werden können.

Eine völkervertragliche Regelung zur Immunität internationaler Organisationen fällt als Völkerrechtssatz auch grundsätzlich in den Anwendungsbereich von Art. 31 Abs. 3 lit. c WÜV. Dieser umfasst die Quellen des Völkerrechts im Sinne von Art. 38 Abs. 1 IGH-Statut.[807] Gemäß Art. 31 Abs. 3 lit. c WÜV muss der entsprechende Völkerrechtssatz jedoch auch zwischen den Vertragsparteien anwendbar sein. Unproblematisch ist dies, wenn alle Konventionsstaaten Mitgliedstaaten der betroffenen internationalen Organisation sind. Fraglich ist jedoch, ob eine Einbeziehung über Art. 31 Abs. 3 lit. c WÜV auch möglich ist, wenn dies nicht der Fall ist. Im Gegensatz zur Staatenimmunität handelt es sich bei der Immunität internationaler Organisationen nicht um eine für alle Konventionsstaaten geltende gewohnheitsrechtliche Norm.[808]

Vertreter eines restriktiven Ansatzes verlangen stets, dass alle Vertragsparteien des auszulegenden Vertrages an den zur Auslegung heranzuziehenden Völkerrechtssatz gebunden sind.[809] Ein weniger restriktiver Ansatz lässt im konkreten Einzelfall hingegen eine Einbeziehung des Völkerrechtssatzes im Verhältnis der Vertragsparteien, die von beiden Verträgen gebunden sind, zu.[810] Jedoch hilft auch letzterer Ansatz aufgrund des objektiven Charakters der Konvention nicht weiter. Im Rahmen der Auslegung von Art. 6 EMRK geht es nicht um synallagmatische Beziehungen zwischen Staaten, sondern um den Schutz des Individuums, so dass die Einbeziehung einer völkervertraglichen Immunitätsklausel in die Auslegung von Art. 6 Abs. 1 S. 1 EMRK jedenfalls nicht aus einem etwaigen Gegenseitigkeitsverhältnis zwischen zwei oder mehreren Konventionsstaaten folgen kann. Hier kommt die bereits erwähnte *erga omnes*-Wirkung der Konventionsrechte zum Tragen, aufgrund derer die Einhaltung der Konventionsrechte von jedem anderen Konventionsstaat eingefordert werden kann.[811] Anders ist der Fall zu beurteilen, wenn alle Konventionsstaaten auch Mitgliedstaaten der betroffenen internationalen Organisation sind. Jedoch kann eine Auslegung des

807 *Dörr*, in: ders./Schmalenbach (Hrsg.), Vienna Convention on the Law of Treaties, Art. 31, Rn. 92.

808 Siehe unter Kapitel 2, C. II. 4.

809 So bspw. *Villiger*, Vienna Convention on the Law of Treaties, Art. 31, Rn. 25.

810 So bspw. *Dörr*, in: ders./Schmalenbach (Hrsg.), Vienna Convention on the Law of Treaties, Art. 31, Rn. 100; *McLachlan*, in: ICLQ 54 (2005), 279, 315.

811 Gegen eine Ausweitung bei einer *erga omnes*-Wirkung auch *Dörr*, in: ders./Schmalenbach (Hrsg.), Vienna Convention on the Law of Treaties, Art. 31, Rn. 100.

Rechts auf Zugang zu Gericht aus Art. 6 Abs. 1 S. 1 EMRK auch unter Berücksichtigung einer völkervertraglich geregelten Immunität im Ergebnis nicht zum Vorrang der einen oder der anderen Norm führen. Artikel 31 Abs. 3 lit. c WÜV kann und soll nicht dazu dienen einen Konflikt zwischen zwei Normen aufzulösen, sondern soll helfen den Inhalt der auszulegenden Norm auch unter Zuhilfenahme anderer einschlägiger Völkerrechtssätze zu bestimmen.[812] Hinsichtlich seiner Versagung ist das Recht auf Zugang zu Gericht schon nicht auslegungsbedürftig. Das Konventionsecht auf Zugang zu Gericht und eine völkerrechtliche Norm, die einer internationalen Organisation Immunität verleiht, stehen im Widerspruch zueinander.

(2) Vorrang der zeitlich nachfolgenden Regelung?

Stehen völkervertragliche Regelungen im Widerspruch zueinander, sieht der auch gewohnheitsrechtlich geltende Art. 30 WÜV verschiedene Kollisionsregeln vor.[813] Voraussetzung für die Anwendbarkeit der normierten Kollisionsregeln ist, vorbehaltlich Art. 103 UNC, gemäß Art. 30 Abs. 1 WÜV das Vorliegen zwei aufeinanderfolgender Verträge über denselben Gegenstand. In Abwesenheit einer Kollisionsnorm im Sinne des Art. 30 Abs. 2 WÜV gilt bei Identität der Vertragsparteien gemäß Absatz 3 die *Lex-posterior-derogat-legi-priori-Regel.* Gehören nicht alle Vertragsparteien des früheren Vertrages zu den Vertragsparteien des späteren Vertrages, so kommt die Regel gemäß Art. 30 Abs. 4 lit. a WÜV nur zwischen den Staaten zur Anwendung, die Parteien beider Verträge sind. Im Übrigen gilt gegenüber einem Staat, der nur Partei eines Vertrages ist, gemäß Art. 30 Abs. 4 lit. b WÜV dieser Vertrag.

Uneinigkeit besteht hinsichtlich der Anwendungsvoraussetzung, dass beide Verträge denselben Gegenstand betreffen müssen. Schwierigkeiten bereitet der Fall, dass zwei aufeinanderfolgende Verträge zwar auf einen bestimmten Gegenstand anwendbar sind, aber unterschiedliche Verhaltensweisen vorschreiben.

Zum Teil wird vertreten, dass im Falle der Kollision zweier Verträge, wenn also eine Partei beider Verträge durch das Handeln in Übereinstimmung mit dem

812 *Heintschel von Heinegg*, in: Ipsen (Hrsg.), Völkerrecht, § 14, Rn. 14. Siehe hierzu auch schon die Ausführungen im Rahmen der Bewertung der Rechtsprechung des Gerichtshofs zur Staatenimmunität unter Kapitel 2, C. II. 2. d. bb.

813 Siehe zur gewohnheitsrechtlichen Geltung *Villiger*, Vienna Convention on the Law of Treaties, Art. 30, Rn. 4.

einen Vertrag den anderen Vertrag verletzt, stets derselbe Gegenstand betroffen sein müsse.[814] Andernfalls könne es nicht zu einer Kollision kommen.[815]

Gemäß Art. 30 Abs. 1 WÜV ist der Umstand, dass zwei Verträge denselben Gegenstand betreffen aber überhaupt erst Voraussetzung für die Anwendung der nachfolgenden Absätze des Art. 30 WÜV, die sodann bestimmte Regelungen für den Fall der Unvereinbarkeit vorsehen.[816] Die Systematik und der Wortlaut von Art. 30 WÜV lassen den Schluss, dass zwei Verträge denselben Gegenstand betreffen, weil sie unvereinbar sind, demnach nicht ohne Weiteres zu. Die Annahme scheint eher zirkelschlüssig, da nicht von der Unvereinbarkeit zweier Verträge im Sinne der Absätze 3 und 4 auf den in Absatz 1 normierten Anwendungsbereich der Absätze 3 und 4 geschlossen werden kann.

In diesem Zusammenhang wird oft auf das Beispiel kollidierender Umweltschutz- und Handelsverträge verwiesen, bei denen der Nachweis desselben Vertragsgegenstandes nicht gelingen dürfte.[817] Die Anwendung von Art. 30 WÜV auf solche Verträge würde im Einzelfall zu nicht gewollten Ergebnissen führen.[818] Die Berechtigung der *lex posterior*-Regel ergibt sich gerade aus dem Umstand, dass der nachfolgende Vertrag denselben Gegenstand betrifft und nicht daraus, dass dieser zufällig mit einem früheren Vertrag kollidiert. Dafür spricht auch die Bezugnahme auf die nicht erfolgte Beendigung oder Suspendierung des früheren Vertrages in Art. 30 Abs. 3 WÜV. Eine darüber hinausgehende Ausweitung des Anwendungsbereichs von Art. 30 WÜV ist deswegen abzulehnen.[819]

Dementsprechend ist auch im vorliegenden Fall der Anwendungsbereich des Art. 30 WÜV nicht eröffnet. Zwar kollidiert das Recht auf Zugang zu Gericht aus der Europäischen Menschenrechtkonvention mit einer völkerrechtlichen Norm aus einem Gründungsvertrag oder einem multilateralen Vertrag über

---

814 So bspw. *von der Decken* in: Dörr/Schmalenbach (Hrsg.), Vienna Convention on the Law of Treaties, Art. 30, Rn. 13, wie zuvor schon *Odendahl*, in: Dörr/Schmalenbach (Hrsg.), Vienna Convention on the Law of Treaties (1. Aufl.), Art. 30, Rn. 13.

815 *Von der Decken* in: Dörr/Schmalenbach (Hrsg.), Vienna Convention on the Law of Treaties, Art. 30, Rn. 13, wie zuvor schon *Odendahl*, in: Dörr/Schmalenbach (Hrsg.), Vienna Convention on the Law of Treaties (1. Aufl.), Art. 30, Rn. 13.

816 Siehe auch *Heintschel von Heinegg*, in: Ipsen (Hrsg.), Völkerrecht, § 15, Rn. 21.

817 Bspw. angeführt von *Heintschel von Heinegg*, in: Ipsen (Hrsg.), Völkerrecht, § 15, Rn. 21; *Matz-Lück*, in: Wolfrum (Hrsg.), MEPIL, Vol. IX, S. 1100, Abs. 13.

818 *Heintschel von Heinegg*, in: Ipsen (Hrsg.), Völkerrecht, § 15, Rn. 21; *Matz-Lück*, in: Wolfrum (Hrsg.), MEPIL, Vol. IX, S. 1100, Abs. 13.

819 So auch *Heintschel von Heinegg*, in: Ipsen (Hrsg.), Völkerrecht, § 15, Rn. 21; *Matz-Lück*, in: Wolfrum (Hrsg.), MEPIL, Vol. IX, S. 1100, Abs. 13; *Villiger*, Vienna Convention on the Law of Treaties, Art. 30, Rn. 5.

die Privilegien einer internationalen Organisation, die einen Konventionsstaat verpflichtet die betroffene Organisation von der nationalen Gerichtsbarkeit zu befreien – es handelt sich aber dennoch nicht um Verträge, die denselben Gegenstand betreffen.

Unabhängig davon begegnet eine Anwendung der in Art. 30 WÜV normierten Regeln auf menschenrechtliche Verträge weiteren Schwierigkeiten. Aufgrund der *erga omnes*-Wirkung der Konventionsrechte können diese im Sinne des Art. 30 WÜV nur durch einen späteren Vertrag abbedungen werden, an dem alle Konventionsstaaten beteiligt sind.[820] Sind nicht alle Konventionsstaaten auch Mitgliedstaaten einer internationalen Organisation, so steht die zeitlich nachfolgende Verpflichtung zur Gewährung von Immunität ohnehin neben dem Konventionsrecht auf Zugang zu Gericht.

(3) Zwischenergebnis

Die völkervertragliche Verpflichtung zur Gewährung von Immunität an eine internationale Organisation und die Verpflichtung, dem Einzelnen ein Recht auf Zugang zu Gericht zu gewährleisten, stehen also grundsätzlich nebeneinander. Auch im Falle der Identität der Vertragsparteien ist weder eine Harmonisierung der kollidierenden Vorschriften durch eine Auslegung möglich noch ist der zeitlich nachfolgenden Regelung Vorrang einzuräumen. Der Gerichtshof versucht diese beiden Verpflichtungen im Rahmen der Verhältnismäßigkeitsprüfung der Einschränkung des Rechts auf Zugang zu Gericht in Einklang zu bringen. Dabei prüft er regelmäßig, ob den Beschwerdeführern angemessene alternative Rechtsschutzmöglichkeiten zur Verfügung standen.

bb. Die Rolle angemessener alternativer Rechtsschutzmöglichkeiten

Fraglich ist, welche Konsequenzen das Fehlen angemessener alternativer Rechtsschutzmöglichkeiten für die Verhältnismäßigkeit der Einschränkung des Rechts auf Zugang zu Gericht hat und unter welchen Voraussetzungen diese als angemessen angesehen werden können. Klar ist zunächst nur, dass das Vorhandensein entsprechender Rechtsschutzmöglichkeiten jedenfalls die Verhältnismäßigkeit einer Einschränkung des Rechts auf Zugang zu Gericht zur Folge hat.

(1) Die Anforderungen an die Rechtsschutzmöglichkeiten

Der Gerichtshof trifft keine Aussage über die allgemeinen Anforderungen an die Angemessenheit alternativer Rechtsschutzmöglichkeiten. Festhalten lässt sich

---

820 *Fastenrath*, in: Pabel/Schmahl (Hrsg.), IntKommEMRK, Art. 1, Rn. 128.

nur, dass er sowohl das *ESA Appeals Board* als auch das *NATO Administrative Tribunal* für angemessen erachtet.[821]

Das *ESA Appeals Board* beruht auf Art. XXVII Anlage I ESA-Konvention. Darin verpflichtet sich die Organisation zur geeigneten Vorsorge zur zufriedenstellenden Regelung von Streitigkeiten. Die Kompetenzen des *Appeals Board* sowie seine Zusammensetzung werden in Kapitel VIII ESA Staff Regulations konkretisiert. Regulation 33 ESA Staff Regulations regelt die Kompetenzen des Gremiums. Gemäß Reg. 33.1 ESA Staff Regulations ist das *Appeals Board* ein von der ESA unabhängig Berufungsgremium, welches dafür zuständig ist, Streitigkeiten zwischen der Organisation und ihren Bediensteten und ehemalig Bediensteten zu hören. Regulation 33.2 ESA Staff Regulations normiert die rechtlichen Grundlagen der Entscheidungsfindung. Regulation 34 ESA Staff Regulations regelt die Zusammensetzung und bestimmt, dass das Gremium aus sieben Mitgliedern verschiedener Nationalitäten besteht, die vom ESA-Rat in einem zuvor festgelegten Verfahren auf Vorschlag der Mitgliedstaaten für eine Dauer von sechs Jahren ernannt werden. Die Mitglieder müssen gemäß Reg. 34.2 ESA Staff Regulations unabhängig sein und dürfen weder Angestellte der ESA noch Repräsentanten der Mitgliedstaaten sein und sind weisungsunabhängig. Das Verfahren vor dem *Appeals Board* ist in Reg. 41 ESA Staff Regulations geregelt.

Das *NATO Administrative Tribunal* findet seine Grundlage in Art. XXIV Übereinkommen über den Status der Nordatlantikvertrags-Organisation, der nationalen Vertreter und des internationalen Personals. Die Kompetenzen und Zusammensetzung sind geregelt in Annex IX NATO Civilian Personnel Regulations[822].Gemäß Art. 6.2.1 Annex IX NATO Civilian Personnel Regulations, der auch die rechtlichen Grundlagen der Entscheidungsfindung normiert, entscheidet das Gericht über Streitigkeiten zwischen der NATO und Bediensteten sowie ehemaligen Bediensteten. Gemäß Art. 6.1.1 Annex IX NATO Civilian Personnel Regulations besteht das Gericht aus fünf Mitgliedern, die weder Angestellte der NATO noch Repräsentanten der Mitgliedstaaten sind und bestimmte fachliche Voraussetzungen erfüllen. Sie werden gemäß Art. 6.1.2 Annex IX NATO Civilian Personnel Regulations für die Dauer von drei Jahren vom Nordatlantikrat ernannt. Artikel 6.1.5 Annex IX NATO Civilian Personnel Regulations trifft

821 Siehe zum *ESA Appeals Board ECtHR*, *Beer and Regan v. Germany* [GC], no. 28934/95, Abs. 58 ff., 18 February 1999; *ECtHR*, *Waite and Kennedy v. Germany* [GC], no. 26083/94, Abs. 68 ff., ECHR 1999-I und zum *NATO Appeals Board ECtHR*, *Chapman v. Belgium* (dec.), no. 39619/06, Abs. 51 ff., 5 March 2013.

822 Abrufbar unter http://www.nato.int/nato_static_fl2014/assets/pdf/pdf_2015_07/20150702_150702-cpr-en.pdf, zuletzt abgerufen am 26.06.2019.

Vorkehrungen für den Fall eines Interessenkonflikts und Art. 6.1.6 Annex IX NATO Civilian Personnel Regulations regelt die Unabhängigkeit der Mitglieder des Gerichts. Das Verfahren vor dem Administrative Tribunal ist geregelt in Appendix 1 to Annex IX NATO Civilian Personnel Regulations.

Sowohl das *ESA Appeals Board* als auch das *NATO Administrative Tribunal* lassen sich grundsätzlich unter den materiellen Gerichtsbegriff des Art. 6 Abs. 1 S. 1 EMRK subsumieren. Es handelt sich jeweils um einen Spruchkörper, der auf Grundlage des Rechts in einem geregelten Verfahren über Streitigkeiten zu entscheiden befugt ist. Die Einrichtung und die Grundzüge der Organisation der Spruchkörper haben ihre rechtliche Grundlage in den jeweiligen Dienstvorschriften der Organisationen. Die Dienstvorschriften treffen auch Vorkehrungen für die Unabhängigkeit des Spruchkörpers und seiner Mitglieder. Sie werden in einem vorgesehenen Verfahren für einen festgelegten Zeitraum ernannt und sind ausdrücklich weisungsunabhängig. Ebenso bestehen keine grundsätzlichen Zweifel an der Unparteilichkeit der Mitglieder. Zudem regeln die jeweiligen Dienstvorschriften bestimmte Inkompatibilitäten im Rahmen der Zusammensetzung. Die Verhältnismäßigkeit der Versagung des Zugangs zu nationalen Gerichten ist folglich grundsätzlich und zumindest gewahrt, wenn die Rechtsschutzmöglichkeit die Anforderungen der Organisationsgarantie aus Art. 6 Abs. 1 S. 1 EMRK erfüllt. Die Entscheidung des Gerichtshofs lässt eine vertiefte Auseinandersetzung hiermit jedoch vermissen.[823] So beschränkt er sich im Fall *Waite and Kennedy v. Germany* beispielsweise auf folgende Aussage:

> „The ESA Convention, together with its Annex I, expressly provides for various modes of settlement of private-law disputes, in staff matters as well as in other litigation (see paragraphs 31 to 40 above).
> Since the applicants argued an employment relationship with ESA, they could and should have had recourse to the ESA Appeals Board. In accordance with Regulation 33 § 1 of the ESA Staff Regulations, the ESA Appeals Board, which is ‚independent of the Agency', has jurisdiction ‚to hear disputes relating to any explicit or implicit decision taken by the Agency and arising between it and a staff member' (see paragraph 40 above).[…]“[824]

Auch der Verweis des Gerichtshofs auf die Abs. 31–40 des Urteils hilft nicht weiter. Die hinsichtlich der Anforderungen an die Angemessenheit einzig relevante Passage ist Abs. 39 f.:

---

823 Dies wurde insbesondere auch in der Literatur kritisiert, siehe bspw. *Reinisch/Weber*, in: IOLR 59 (2004), 59, 79, 109; *Neumann/Peters*, in: Ryngaert u. a. (Hrsg.), Judicial Decisions on the Law of International Organizations, S. 401.

824 *ECtHR, Beer and Regan v. Germany* [GC], no. 28934/95, Abs. 69, 18 February 1999.

„39. [...]According to Article XXVII of Annex I, the Agency shall make suitable provision for the satisfactory settlement of disputes arising between the Agency and the Director General, staff members or experts in respect of their conditions of service.
40. Chapter VIII of the ESA Staff Regulations (Regulations 33 to 41) concerns disputes within ESA. As regards the competence of its Appeals Board, Regulation 33 provides as follows: ‚33.1 There shall be set up an Appeals Board, independent of the Agency, to hear disputes relating to any explicit or implicit decision taken by the Agency and arising between it and a staff member, a former staff member or persons entitled under him.' [...]"[825]

Offen lässt der Gerichtshof, woran er sich bezüglich der Anforderungen an die Angemessenheit der Rechtschutzalternativen orientiert und ob die Erfüllung der Organisationsgarantie zwingend ist. Letztlich können diese Fragen auch nur im Rahmen einer Prüfung der Verantwortlichkeit der Vertragsstaaten für das Vorhandensein angemessener Rechtsschutzmöglichkeiten auf Ebene der Organisation beantwortet werden. Denn sind die Konventionsstaaten in vollem Umfang selbst verantwortlich für die Verletzung des Rechts auf Zugang zu Gericht im Zusammenhang mit der Immunität internationaler Organisationen, ist fraglich, warum ihnen überhaupt die Möglichkeit zugute kommt, sich über das Vorhandensein interner Rechtsschutzmöglichkeiten auf Ebene der Organisation gewissermaßen exkulpieren zu können. Nach der Rechtsprechung des Gerichtshofs ist dies sonst nur im Anwendungsbereich der *Equivalent-Protection-Doktrin* möglich.[826] Anders als der Gerichtshof griff die Kommission in den Fällen *Beer and Regan v. Germany* und *Waite and Kennedy v. Germany* auch auf die *Equivalent-Protection-Doktrin* zurück und führte aus, dass die Verhältnismäßigkeit der Einschränkung davon abhängig sei, ob den Beschwerdeführern in Übereinstimmung mit der *Equivalent-Protection-Doktrin* entsprechende Möglichkeiten zu Verfügung standen, ihre Rechte geltend zu machen.[827] Ob eine Anwendung der *Equivalent-Protection-Doktrin* auf die Verpflichtung der Konventionsstaaten zur Gewährung von Immunität an eine internationale Organisation möglich ist, soll deswegen im Anschluss an die Bewertung der Rechtsprechung des Gerichtshofs untersucht werden.

---

825 *ECtHR, Beer and Regan v. Germany* [GC], no. 28934/95, Abs. 39 f., 18 February 1999.

826 Siehe unter Kapitel 2, B. II.

827 Siehe *ECommHR, Beer and Regan v. Germany*, no. 28934/95, Commission decision of 2 December 1997, Abs. 60, unreported, sowie *ECommHR, Waite and Kennedy v. Germany*, no. 26083/94, Commission decision of 2 December 1997, Abs. 74, unreported.

(2) Vorhandensein alternativer Rechtsschutzmöglichkeiten als Voraussetzung der Verhältnismäßigkeit

In den Fällen *Waite and Kennedy v. Germany* und *Beer and Regan v. Germany* spricht die Große Kammer des Gerichtshofs mit Blick auf das Vorhandensein angemessener alternativer Rechtsschutzmöglichkeiten von einem „material factor"[828] [wesentlicher Faktor] zur Beurteilung der Verhältnismäßigkeit einer Einschränkung des Rechts auf Zugang zu Gericht.

Er schränkt seine Aussage jedoch dahingehend ein, dass das Kriterium der Verhältnismäßigkeit nicht dazu führen dürfe, dass eine internationale Organisation gezwungen wird, Fragen, die Einstellungsbedingungen betreffen, vor einem nationalen Gericht auf nationaler Grundlage zu verhandeln:

> „The Court shares the Commission's conclusion that, bearing in mind the legitimate aim of immunities of international organisations [...], the test of proportionality cannot be applied in such a way as to compel an international organisation to submit itself to national litigation in relation to employment conditions prescribed under national labour law."[829]

Bröhmer merkt zu Recht an, dass der Gerichtshof hier die Verhältnismäßigkeit des vom deutschen Recht vorgesehenen Anspruchs in die Prüfung miteinzubeziehen scheint.[830] Ob nationale Regelungen über die Einstellung von Arbeitnehmern auf internationale Organisationen anwendbar sein sollten, ist aber keine Frage, die im Rahmen von Art. 6 EMRK beantwortet werden kann. Die Anwendbarkeit des von Art. 6 EMRK geschützten Rechts auf Zugang zu Gericht setzt nur voraus, dass überhaupt ein zivilrechtlicher Anspruch nach nationalem Recht bestehen kann. Eine Bewertung des konkreten nationalen Anspruchs findet aber keine Grundlage in der Konvention. Das Recht auf Zugang zu Gericht verlangt weder, dass das nationale Recht bestimmte Ansprüche bereithält, noch verbietet es bestimmte Ansprüche.[831]

Dem Gerichtshof kann deswegen nicht zugestimmt werden, wenn er davon spricht, dass die Verhältnismäßigkeitsprüfung einer Einschränkung von Art. 6 EMRK nicht dazu führen darf, dass ein bestimmter Anspruch aus dem nationalen

---

828 Siehe *ECtHR*, *Beer and Regan v. Germany* [GC], no. 28934/95, Abs. 58, 18 February 1999; *ECtHR*, *Waite and Kennedy v. Germany* [GC], no. 26083/94, Abs. 68, ECHR 1999-I.

829 *ECtHR*, *Beer and Regan v. Germany* [GC], no. 28934/95, Abs. 61 f., 18 February 1999; *ECtHR*, *Waite and Kennedy v. Germany* [GC], no. 26083/94, Abs. 71 f., ECHR 1999-I.

830 Siehe *Bröhmer*, in: ders. (Hrsg.) Der Grundrechtsschutz in Europa, 85, 90.

831 *Bröhmer*, in: ders. (Hrsg.) Der Grundrechtsschutz in Europa, 85, 90. Siehe zur Voraussetzung der Anwendbarkeit auch unter Kapitel 2, C. I. 2.

Recht des Vertragsstaates Anwendung findet. Dann wäre für eine Verletzung des Rechts auf Zugang zu Gericht entscheidend, welcher Anspruch nach nationalem Recht zugrunde liegt.

Im Fall *Stichting Mothers of Srebrenica and Others v. The Netherlands* spricht sich die zuständige Kammer unter Bezugnahme auf die Staatenimmunität darüber hinaus allgemein gegen die Unverhältnismäßigkeit einer Einschränkung bei Fehlen alternativer Rechtsschutzmöglichkeiten aus und nimmt dabei ausdrücklich Bezug auf die Entscheidung im Fall *Waite and Kennedy v. Germany* und *Beer and Regan v. Germany*:

> „It does not follow, however, that in the absence of an alternative remedy the recognition of immunity is ipso facto constitutive of a violation of the right of access to a court. In respect of the sovereign immunity of foreign States, the ICJ has explicitly denied the existence of such a rule [...]. As regards international organisations, this Court's judgments in Waite and Kennedy and Beer and Regan cannot be interpreted in such absolute terms either."[832]

Auch wenn die Entscheidung im Ergebnis und im konkreten Fall aufgrund des aus Art. 103 UNC folgenden Vorrangs der UNC gerechtfertigt sein mag, kann sie aus mehreren Gründen nicht verallgemeinert werden. Zunächst ist der von der Kammer gezogene Vergleich zur Staatenimmunität grundsätzlich verfehlt.[833] Anders als die Staatenimmunität findet die Immunität internationaler Organisationen keine Grundlage im Völkergewohnheitsrecht.[834] Der Gerichtshof stützt seine Schlussfolgerungen hinsichtlich des Verhältnisses der Staatenimmunität zum Recht auf Zugang zu Gericht aber auf den Umstand, dass die Staatenimmunität als völkergewohnheitsrechtliche Regelung eine inhärente Beschränkung des Rechts auf Zugang zu Gericht darstelle.[835] Die gewohnheitsrechtliche Natur der Staatenimmunität steht einer Übertragung auf die Immunität internationaler Organisationen jedoch entgegen. Selbst angenommen, die Immunität internationaler Organisation fände eine Grundlage im Völkergewohnheitsrecht, ist trotzdem nicht ersichtlich, warum die Ausführungen des IGH zur Staatenimmunität auf internationale Organisationen übertragbar sein sollten. In dem von der Kammer des EGMR angeführten Urteil des IGH verneint dieser lediglich die

832 *ECtHR, Stichting Mothers of Srebrenica and Others v. the Netherlands* (dec.), no. 65542/12, Abs. 164, ECHR 2013 (extracts).

833 Kritisch auch *Grütters*, in: IOLR 13 (2016), 211, 246.

834 Siehe unter Kapitel 1, B. II. 4.

835 Siehe unter Kapitel 2, C. II. 2. d. aa. Siehe zur Kritik auch dieser Annahme unter Kapitel 2, C. II. 2. d. bb.

Existenz einer gewohnheitsrechtlichen Regelung, die die Staatenimmunität von dem Vorhandensein alternativer Rechtsschutzmöglichkeiten abhängig macht.[836] Eine Übertragbarkeit würde auch im Falle einer gewohnheitsrechtlichen Geltung der Immunität internationaler Organisationen eine Begründung erfordern.

Die *obiter dictum*-Annahme, dass auch die Entscheidung in Sachen *Waite and Kennedy v. Germany* und *Beer and Regan v. Germany* nicht dahingehend verstanden werden könnten, dass das Vorhandensein angemessener alternativer Rechtsschutzmöglichkeiten Voraussetzung für die Verhältnismäßigkeit der Versagung des Rechts auf Zugang zu Gericht ist, begründet die Kammer sodann nicht näher. Die Behauptung kann jedoch nicht als Interpretation der Rechtsprechung der Großen Kammer in den genannten Fällen verstanden werden, mag sie auch für den Sonderfall der Beteiligung der UN zutreffen. Die grundsätzliche Annahme, dass eine Einschränkung des Rechts auf Zugang zu Gericht im Falle der gänzlichen Versagung des Zugangs auch verhältnismäßig sein kann, wenn dem Beschwerdeführer keine angemessenen alternativen Rechtsschutzmöglichkeiten zur Verfügung standen, ist den Ausführungen der Großen Kammer nicht zu entnehmen und begegnet auch anderen Bedenken.[837]

In der Konsequenz würde der Verpflichtung eines Konventionsstaates zur Gewährung von Immunität an eine internationale Organisation zum Schutz von deren Funktionsfähigkeit ein Vorrang vor dem Recht des Einzelnen auf Zugang zu Gericht eingeräumt. Denn im Rahmen der Immunität internationaler Organisationen bedeutet eine Einschränkung des Rechts stets die gänzliche Versagung. Die gänzliche Versagung des Zugangs zu Gericht verletzt jedoch regelmäßig den Wesensgehalt des Rechts. Im Unterschied zur Staatenimmunität ist hier zu berücksichtigen, dass die Immunität einer internationalen Organisation gerade keine allgemein anerkannte Regel des Völkerrechts ist, sondern stets der vertraglichen Vereinbarung bedarf.[838] Das Verständnis der Immunität internationaler Organisationen als inhärente Beschränkung des Rechts auf Zugang zu Gericht scheidet damit aus. Außerdem besteht im Rahmen der Staatenimmunität regelmäßig die zumindest theoretische Möglichkeit, in dem betroffenen Staat selbst vorzugehen, so dass grundsätzlich eine Rechtsschutzmöglichkeit

---

836 Siehe *ICJ*, ICJ Reports 2012, 99, Abs. 101.

837 Siehe auch *Grütters*, in: IOLR 13 (2016), 211, 246, der die Entscheidung im Fall *Stichting Mothers of Srebrenica v. The Netherlands* mangels ausreichender Begründung und in Abkehr des in der Entscheidung des Gerichtshofs in den Fällen *Waite and Kennedy v. Germany* und *Beer and Regan v. Germany* entwickelten Tests, als politische Entscheidung bezeichnet sowie *Henquet*, in: IOLR 10 (2013), 538, 561.

838 Siehe unter Kapitel 1, B. II. 4.

besteht. Das Recht auf Zugang zu Gericht kann mit Blick auf die Verpflichtung eines Konventionsstaates zur Gewährung von Immunität an eine internationale Organisation deswegen nur gewahrt werden, wenn dem Einzelnen angemessene alternative Rechtsschutzmöglichkeiten zur Verfügung stehen.

Ist der Anwendungsbereich von Art. 6 Abs. 1 S. 1 EMRK eröffnet, so bezieht sich das Recht auf Zugang zu Gericht stets auf einen bestimmten Anspruch. Es ist jedoch zu bezweifeln, dass das *Appeals Board* seiner Entscheidung einen Anspruch zugrunde legen würde, der sich auf das nationale Arbeitsrecht der Bundesrepublik Deutschland stützt. Der Verweis auf alternative Rechtsschutzmöglichkeiten erscheint deswegen wenig sinnvoll, wenn der Beschwerdeführer den konkreten Anspruch nicht geltend machen kann. Zudem berücksichtigt der Gerichtshof in diesem Zusammenhang auch die Möglichkeit der Beschwerdeführer gegen die jeweils verleihenden Unternehmen vorzugehen, um Schadensersatz geltend zu machen.[839] Hierbei handelte es sich jedoch im Kern um einen anderen Anspruch mit anderen Voraussetzungen, so dass diese Möglichkeit vor allem mit Blick auf die Bejahung der vollumfänglichen Verantwortlichkeit der Vertragsstaaaten kein angemessener Ausgleich für die Versagung des Rechts auf Zugang bezüglich des von den Beschwerdeführern geltend gemachten Anspruchs sein kann.[840] Wenn Voraussetzung der Anwendbarkeit von Art. 6 Abs. 1 S. 1 EMRK das Bestehen eines Anspruchs ist, wäre es inkonsequent, wenn das Recht auf Zugang zu Gericht durch die Geltendmachung eines anderen Anspruchs gewahrt werden könnte. Für die Wahrung des Wesensgehalts des Rechts auf Zugang zu Gericht muss zumindest das Anspruchsziel das Gleiche sein.[841]

---

839 Siehe *ECtHR, Beer and Regan v. Germany* [GC], no. 28934/95, Abs. 60, 18 February 1999; *ECtHR, Waite and Kennedy v. Germany* [GC], no. 26083/94, Abs. 70, ECHR 1999-I.

840 Siehe auch die abweichenden Meinungen in der Entscheidung *ECommHR, Beer and Regan v. Germany*, no. 28934/95, Commission decision of 2 December 1997, Dissenting Opionion of Mr. G. Ress joined by E. Busuttil, A.S. Gözübüyük, A. Weiztel, J.-C. Soyer, C.L. Rozakis, L. Loucaides, M.A. Nowicki, I. Cabral Barreto, B. Conforti, I. Békés, J. Mucha, A. Perinic, E.A. Alkema and R. Nicolini, unreported, sowie *ECommHR, Waite and Kennedy v. Germany*, no. 26083/94, Commission decision of 2 December 1997, Dissenting Opionion of Mr. G. Ress joined by E. Busuttil, A.S. Gözübüyük, A. Weiztel, J.-C. Soyer, C.L. Rozakis, L. Loucaides, M.A. Nowicki, I. Cabral Barreto, B. Conforti, I. Békés, J. Mucha, A. Perinic, E.A. Alkema and R. Nicolini, unreported.

841 Siehe auch *ECommHR, Beer and Regan v. Germany*, no. 28934/95, Commission decision of 2 December 1997, Dissenting Opionion of Mr. G. Ress joined by E. Busuttil, A.S. Gözübüyük, A. Weiztel, J.-C. Soyer, C.L. Rozakis, L. Loucaides, M.A. Nowicki,

(3) Zwischenergebnis

Hinsichtlich der Anforderungen an die Angemessenheit alternativer Rechtsschutzmöglichkeiten lässt sich der Rechtsprechung des Gerichtshofs insoweit nur entnehmen, dass die Verhältnismäßigkeit der Versagung des Zugangs zu nationalen Gerichte jedenfalls gewahrt ist, wenn die Rechtsschutzmöglichkeit die Anforderungen der Organisationsgarantie aus Art. 6 Abs. 1 S. 1 EMRK erfüllt. Offen lässt der Gerichtshof jedoch, ob die Erfüllung der Anforderungen der Organisationgarantie zwingend ist und woran er sich hinsichtlich der Angemessenheit orientiert.

Entgegen den Ausführungen in der Entscheidung *Stichting Mothers of Srebrenica and Others v. The Netherlands* ist das Vorhandensein alternativer Rechtsschutzmöglichkeiten als Voraussetzung der Verhältnismäßigkeit einer Versagung des Rechts auf Zugang zu den nationalen Gerichten zu verstehen. Die Kammer weicht in ihrem *obiter dictum* insofern von der Rechtsprechung der Großen Kammer in den Fällen *Waite and Kennedy v. Germany* und *Beer and Regan v. Germany* ab. Dort qualifiziert der Gerichtshof das Vorhandensein alternativer Rechtsschutzmöglichkeiten als „material factor"[842].[843] Die Interpretation durch die Kammer im Fall Stichting *Mothers of Srebrenica and Others v. The Netherlands* findet keine Grundlage in den Ausführungen des Gerichtshofs und hat jedenfalls bisher auch keine Bestätigung durch die Große Kammer erfahren. Mit Blick auf das Erfordernis der Wahrung des Wesensgehalts des Rechts auf Zugang zu Gericht kann das Vorhandensein alternativer Rechtsschutzmöglichkeiten auch nur als zwingende Voraussetzungen der Verhältnismäßigkeit begriffen werden. Wenn die Große Kammer im Rahmen der erwähnten Entscheidungen jedoch davon spricht, dass das Erfordernis der Verhältnismäßigkeit nicht dazu führen dürfe, dass eine internationale Organisation gezwungen wird, Fragen

I. Cabral Barreto, B. Conforti, I. Békés, J. Mucha, A. Perinic, E.A. Alkema and R. Nicolini, unreported, sowie *ECommHR, Waite and Kennedy v. Germany*, no. 26083/94, Commission decision of 2 December 1997, Dissenting Opionion of Mr. G. Ress joined by E. Busuttil, A.S. Gözübüyük, A. Weiztel, J.-C. Soyer, C.L. Rozakis, L. Loucaides, M.A. Nowicki, I. Cabral Barreto, B. Conforti, I. Békés, J. Mucha, A. Perinic, E.A. Alkema and R. Nicolini, unreported.

842 *ECtHR, Beer and Regan v. Germany* [GC], no. 28934/95, Abs. 58, 18 February 1999; *ECtHR, Waite and Kennedy v. Germany* [GC], no. 26083/94, Abs. 68, ECHR 1999-I.

843 Siehe *ECtHR, Beer and Regan v. Germany* [GC], no. 28934/95, Abs. 58, 18 February 1999; *ECtHR, Waite and Kennedy v. Germany* [GC], no. 26083/94, Abs. 68, ECHR 1999-I.

bezüglich Einstellungsbedingungen vor einem nationalen Gericht auf nationaler Grundlage zu verhandeln, überschreitet sie ihre Kompetenzen, sofern sie den nationalen Anspruch bewerten möchte. Denn eine Bewertung des konkreten nationalen Anspruchs findet keine Grundlage in der Konvention.

Anlass zu Kritik gibt auch das Versäumnis des Gerichtshofs, im konkreten Fall die tatsächliche Möglichkeit des Zugangs zu den alternativen Rechtsschutzmöglichkeiten zu prüfen, da ein Abstellen auf das Vorhandensein alternativer Rechtsschutzmöglichkeiten nur sinnvoll ist, wenn der Einzelne im konkreten Fall auch tatsächlichen Zugang hatte. Eine Rechtfertigung der Versagung des Zugangs zu nationalen Gerichten ist in diesem Fall nicht haltbar.

III. Zwischenergebnis

Die Europäische Menschenrechtskonvention gewährleistet in Art. 6 Abs. 1 EMRK neben dem Recht auf ein faires Verfahren ein subjektives Recht des Einzelnen auf Zugang zu einem unabhängigen, unparteiischen, auf Gesetz beruhenden Gericht. Anwendungsvoraussetzung ist, dass das Vorliegen eines Anspruchs oder einer Verpflichtung nach nationalen Recht grundsätzlich möglich ist und dass es sich um eine zivilrechtliche Streitigkeit handelt. Ist der Anwendungsbereich von Art. 6 Abs. 1 EMRK eröffnet, verlangt das Recht auf Zugang zu Gericht eine eindeutige und praktikable Möglichkeit der Geltendmachung etwaiger zivilrechtlicher Ansprüche. Dabei wird das Recht auf Zugang nicht absolut gewährleistet, sondern kann bestimmten Einschränkungen unterworfen werden. Den Vertragsstaaten kommt diesbezüglich ein Einschätzungsspielraum zugute. Um den Wesensgehalt des Rechts zu wahren, muss die einschränkende Maßnahme ein legitimes Ziel verfolgen und verhältnismäßig sein.

Die völkervertraglich geregelte Befreiung internationaler Organisationen von der nationalen Gerichtsbarkeit steht in einem Konflikt zum Recht auf Zugang zu Gericht, der sich unter Rückgriff auf die völkerrechtlichen Regelungen zur Vertragskonkurrenz nicht auflösen lässt. Der Gerichtshof versucht, das Spannungsverhältnis im Rahmen der Verhältnismäßigkeitsprüfung einer Einschränkung des Rechts auf Zugang zu Gericht aufzuklären. Dabei geht er davon aus, dass die Versagung des Zugangs zu den nationalen Gerichten durch einen Konventionsstaat mit der Erhaltung der Funktionsfähigkeit einer internationalen Organisation ein legitimes Ziel verfolgt und im Falle des Vorhandenseins angemessener alternativer Rechtsschutzmöglichkeiten auf Ebene der internationalen Organisation verhältnismäßig ist.

Richtig ist, dass die Gewährung von Immunität mittelbar das Ziel der Erhaltung der Funktionsfähigkeit einer internationalen Organisation verfolgt. Unmittelbar will der Konventionsstaat mit der Versagung des Zugangs zu Gericht jedoch eine völkerrechtliche Verpflichtung aus der Mitgliedschaft in einer internationalen Organisation erfüllen. Das Handeln in Übereinstimmung mit einer völkerrechtlichen Verpflichtung erkennt der Gerichtshof in anderen Fällen zu Recht auch als legitimes Ziel an. Mit Blick auf die Anforderungen an die Verhältnismäßigkeit einer entsprechenden Versagung lässt sich der Rechtsprechung des Gerichtshofs lediglich entnehmen, dass diese jedenfalls gewahrt ist, wenn die Rechtsschutzmöglichkeiten auf Ebene der internationalen Organisation den Anforderungen der Organisationsgarantie aus Art. 6 Abs. 1 EMRK erfüllen. Dabei lässt der Gerichtshof leider offen, ob dies zwingend ist und an welchen Maßstäben er sich bei der Verhältnismäßigkeitsprüfung orientiert. Inkonsequent ist auch der Verweis des Gerichtshofs auf die Möglichkeit andere Ansprüche geltend zu machen. Ist ein Konventionsstaat im Falle der Gewährung von Immunität aufgrund einer völkerrechtlichen Verpflichtung, wovon der Gerichtshof ausgeht, vollumfänglich unter Konvention verantwortlich, ist weder nachvollziehbar warum sich der betroffene Staat über das Vorhandensein alternativer Rechtsschutzmöglichkeiten auf Ebene der Organisation exkulpieren kann, noch warum eine Verletzung des Rechts auf Zugang zu Gericht durch die Geltendmachung eines anderen Anspruchs gewahrt werden kann.

D. Die Anwendung der *Equivalent-Protection-Doktrin* auf die Gewährung von Immunität an internationale Organisationen

Der Gerichtshof wendet die *Equivalent-Protection-Doktrin* in Übereinstimmung mit seiner Rechtsprechung in der Sache *Matthews v. The United Kingdom* nicht auf den Fall der Immunitätsgewährung an internationale Organisationen an.[844] Hintergrund ist, dass der Staat Verpflichtungen, die sich unmittelbar aus einem völkerrechtlichen Vertrag ergeben, freiwillig eingeht und ihm deswegen der

844 Der Gerichtshof stellte die umfassende Bindung der Bundesrepublik Deutschland in seinen Leitentscheidungen *Beer and Regan v. Germany* und *Waite and Kennedy v. Germany* nicht in Frage und stieg direkt in die materiell-rechtliche Prüfung ein, siehe *ECtHR*, *Beer and Regan v. Germany* [GC], no. 28934/95, Abs. 37 ff., 18 February 1999 Rn. 37 ff.; *ECtHR*, *Waite and Kennedy v. Germany* [GC], no. 26083/94, Abs. 47 ff., ECHR 1999-I.

eingeschränkte Bindungsumfang der Konvention im Rahmen der *Equivalent-Protection-Doktrin* nicht zugute kommen soll.

Die Untersuchung der *Equivalent-Protection-Doktrin* hat gezeigt, dass es dem Gerichtshof gelungen ist, einen angemessenen Ausgleich zwischen der Notwendigkeit zwischenstaatlicher Kooperation und dem Interesse an einem effektiven Konventionsschutz zu schaffen.[845] Die Untersuchung der Rechtsprechung des Gerichtshofs zur Immunität internationaler Organisationen hingegen ist zu einem weniger befriedigenden Ergebnis gelangt.[846] Dies führt zu der Frage, ob sich eine Erweiterung der Anwendungsfälle der *Equivalent-Protection-Doktrin* auf die Immunitätsgewährung an internationale Organisation anbietet.

I. Die Verpflichtung zur Gewährung von Immunität als vergleichbarer Anwendungsfall

In *Matthews v. The United Kingdom* sprach sich der Gerichtshof ausdrücklich für die Verantwortlichkeit der Konventionsstaaten aus, wenn sie die Verpflichtung, auf die sie ihre Handlung stützen, freiwillig eingegangen sind.[847] Ist hingegen eine zwischengeschaltete Handlung einer internationalen Organisation, wie beispielsweise eine Verordnung der EU, Rechtsgrundlage des Handelns, kommt den Konventionsstaaten unter den bereits erörterten Voraussetzungen die Vermutung der zugute.[848]

Die Erweiterung der *Equivalent-Protection-Doktrin* allgemein auf Fälle, in denen ein Staat freiwillig eine Verpflichtung eingegangen ist und auch konkret auf die Gewährung von Immunität an internationale Organisationen, wird in der Literatur oftmals angedacht, jedoch nicht abschließend beantwortet.[849] Da das Vorhandensein von Rechtsschutzmöglichkeiten auf Ebene der internationalen Organisation auch Voraussetzung im Rahmen der *Equivalent-Protection-Doktrin* ist, wurde vor allem im Anschluss an die Leitentscheidungen *Waite and Kennedy v. Germany* und *Beer and Regan v. Germany* teilweise auch von einem Gleichlauf der von der Kommission bereits grundsätzlich anerkannten

845 Siehe unter Kapitel 2, B. II. 3.

846 Siehe unter Kapitel 2, C. II. 3.

847 Siehe *ECtHR*, *Matthews v. the United Kingdom* [GC], no. 24833/94, Abs. 26 ff., ECHR 1999-I.

848 Siehe unter Kapitel 2, B. II.

849 Siehe allgemein zur Erweiterung der Doktrin bspw. *Peters/Altwicker*, Europäische Menschenrechtskonvention, § 2, Rn. 26 und konkret in Bezug auf die Immunität internationaler Organisation, siehe bspw. *Janik*, in: ZaöRV 2010, 127, 170 ff..

equivalent protection und den vom Gerichtshof geforderten *reasonable alternative means* ausgegangen.[850] Doch auch nach der Bestätigung und Konkretisierung der *Equivalent-Protection-Doktrin* in der *Bosphorus*-Entscheidung hat der Gerichtshof seine Vorgehensweise und die Begrifflichkeiten in Immunitätsfällen nicht an die *Equivalent-Protection-Doktrin* angepasst.[851]

Ist die völkervertragliche Verpflichtung selbst Rechtsgrundlage, besteht zunächst insofern ein Unterschied, als dass die Übertragung von Hoheitsrechten auf die internationale Organisation keine Eigendynamik entwickeln kann. *Bröhmer* weist darauf hin, dass im Rahmen von Mehrheitsentscheidungen auf EU-Ebene ein Konventionsstaat im schlimmsten Fall zu einer Handlung gezwungen wird, die er selbst vermeiden wollte.[852] Allerdings folgt auch hier die eigentliche Verpflichtung zur Vornahme der Handlung aus einer freiwillig eingegangenen völkervertraglichen Regelung.[853] Der Konflikt, dem sich der Konventionsstaat ausgesetzt sieht, folgt gerade nicht unmittelbar aus der gegebenenfalls eigendynamischen Entscheidung der internationalen Organisation, sondern aus der freiwillig eingegangenen Verpflichtung.

Auch die *raison d'être* der *Equivalent-Protection-Doktrin* spricht für eine Anwendung auf völkervertragliche Immunitätsklauseln. Hintergrund der Doktrin ist die Berücksichtigung der Autonomie einer internationalen Organisation und die Eigenständigkeit ihrer Rechtsordnung.[854] Grund für die Vereinbarung von Immunitätsklauseln ist der Schutz der Funktionsfähigkeit der internationalen Organisation.[855] Gemeinsam ist beiden Zielen die Erkenntnis der Notwendigkeit zwischenstaatlicher Zusammenarbeit.

Über eine Anwendung der Doktrin auf Immunitätsklauseln kann auch der Widerspruch in der Rechtsprechung des Gerichtshofs aufgelöst werden, dass ein Staat zwar umfassend an die Konvention gebunden ist und sich dennoch über den Schutz einer anderen Handlungseinheit seiner Verantwortung entziehen kann. Dies ist eine Vorgehensweise, die sonst nur im Anwendungsbereich der

---

850 Siehe bspw. *Ress*, in: ZEUS 2 (1999), 471, 485; *Orakhelashvilli*, in: ders. (Hrsg.), Jurisdictional immunity of international organization, 497, 522 ff. Kritisch jedoch damals bereits *Reinisch*, in: AJIL 93 (1999), 933, 937.

851 Siehe bspw. aus dem Jahr 2013 *ECtHR*, *Chapman v. Belgium* (dec.), no. 39619/06, Abs. 42 ff., 5 March 2013.

852 Siehe *Bröhmer*, in: ders. (Hrsg.), Der Grundrechtsschutz in Europa, 85, 91.

853 Siehe für den Fall der EU Art. 288 Abs. 2 und 3 AEUV.

854 Siehe unter Kapitel 2, B. II. 3. b.

855 Siehe unter Kapitel 1, A.

Equivalent-Protection-Doktrin möglich ist und zwar nur unter den erläuterten Voraussetzungen, aus denen sich überhaupt erst eine entsprechende Vorgehensweise rechtfertigt. Daraus folgt ein weiterer Vorteil der Erweiterung des Anwendungsbereichs der Doktrin, da so auch die Unsicherheiten hinsichtlich der Anforderungen an die Angemessenheit alternativer Rechtsschutzmöglichkeiten reduzieren lassen. So würde die Konventionskonformität der Versagung des Zugangs zu den nationalen Gerichten vermutet, wenn auf Ebene der betroffenen Organisation ein der Konvention vergleichbarer Grundrechtsschutz gewährleistet wird und diese im konkreten Fall nicht offensichtlich mangelhaft ist. Letztlich wird man bei Vorliegen eines offensichtlichen Mangels im konkreten Fall auch nicht von der Angemessenheit der alternativen Rechtsschutzmöglichkeit ausgehen dürfen, jedoch wäre insofern jedenfalls die Schwelle geklärt, was zu mehr Rechtssicherheit führen würde.

Die Anwendung der *Equivalent-Protection-Doktrin* auf die Immunität internationaler Organisation könnte zudem noch einen weiteren dogmatischen Mangel der Rechtsprechung des Gerichtshofs zur Immunität internationaler Organisationen beheben. Steigt der Gerichtshof in die materiell-rechtliche Prüfung von Art. 6 EMRK ein, müsste er eigentlich prüfen, ob die Durchsetzung des konkreten, vor den nationalen Gerichten geltend gemachten Anspruchs auf Ebene der internationalen Organisation möglich ist. Denn wenn Voraussetzung der Anwendbarkeit von Art. 6 Abs. 1 S. 1 EMRK das Bestehen eines konkreten Anspruchs ist, ist nicht nachzuvollziehen, warum das Recht auf Zugang zu Gericht, welches aus dem Vorhandensein des Anspruchs folgt, durch die Geltendmachung eines anderen Anspruchs gewahrt werden kann. Im Anwendungsbereich der *Equivalent-Protection-Doktrin* kommt es auf die Geltendmachung eines bestimmten Anspruchs jedoch nicht an. Wird auf Ebene der internationalen Organisation ein der Konvention äquivalenter Grundrechtsschutz gewährleistet und liegt im konkreten Fall kein offensichtlicher Mangel im Grundrechtsschutz vor, steigt der Gerichtshof nicht in eine materiell-rechtliche Prüfung von Art. 6 Abs. 1 S. 1 EMRK ein.

II. Die Anwendung der *Equivalent-Protection-Doktrin* auf den konkreten Fall

Um aufzuzeigen, dass sich die Erweiterung der *Equivalent-Protection-Doktrin* nicht nur in der Theorie anbietet, soll der Fall *Waite and Kennedy v. Germany* unter Rückgriff auf die Doktrin beispielhaft gelöst werden.

1. *Vorfrage: Anwendbarkeit der Konvention*

Es wurde bereits festgestellt, dass die Anwendbarkeit der Konvention bei Versagung des Rechts auf Zugang zu Gericht durch ein nationales Gericht zu bejahen ist.[856] Will der Beschwerdeführer direkt vor dem EGMR gegen einen internen Akt einer internationalen Organisation vorgehen, ist die Anwendbarkeit der Konvention *ratione personae* hingegen regelmäßig zu verneinen.[857] Zu Recht muss sich der Beschwerdeführer deswegen zuvor an den Staat wenden und versuchen, seinen Anspruch vor einem nationalen Gericht durchzusetzen. Erst wenn ihm dies aufgrund der Versagung des Zugangs zu Gericht nicht gelingt, kann er sich an den Gerichtshof wenden und eine Verletzung seines Konventionsrechts durch eine staatliche Maßnahme rügen.

2. *Umfang der Konventionsbindung*

Ist die Anwendbarkeit der Konvention geklärt, muss zunächst die Grundlage der staatlichen Maßnahme bestimmt werden, um einen etwaigen Handlungsspielraum auszuschließen. Anschließend ist eine Untersuchung des von der betroffenen internationalen Organisation gewährten Grundrechtsschutzes im Allgemeinen und im konkreten Fall erforderlich.

a. *Rechtsgrundlage der staatlichen Maßnahme*

Die Verpflichtung zur Gewährung von Immunität folgt in der Regel aus nationalem Recht in Verbindung mit der völkerrechtlichen Immunitätsklausel. In der Bundesrepublik Deutschland folgt die Immunität einer internationalen Organisation beispielsweise aus § 20 Abs. 2 GVG i. V. m. der einschlägigen völkerrechtlichen Bestimmung. Für den Fall *Waite and Kennedy v. Germany* bedeutet dies, dass die ESA gemäß § 20 Abs. 2 GVG i. V. m. Art. VX i. V. m. Art. IV Anlage I ESA-Konvention Immunität genießt, außer einer der in Art. IV Anlage I ESA-Konvention aufgezählten Ausnahmetatbestände ist einschlägig. Einen Ermessenspielraum sieht die Vorschrift insofern nicht vor.

Schwieriger dürfte jedenfalls für die nationalen Gerichte die Frage zu beantworten sein, ob im konkreten Fall Immunität besteht. In Kapitel 1 wurde festgestellt, dass die Immunität internationaler Organisationen regelmäßig funktional begrenzt und dementsprechend in ihrem Umfang nicht absolut ist.[858]

---

856 Siehe unter Kapitel 2, B. I. 1.
857 Siehe unter Kapitel 2, B. I. 2. a.
858 Siehe unter Kapitel 1, C.

Der Gerichtshof ist jedoch beschränkt darauf, festzustellen, ob die Anwendung oder Auslegung der betroffenen Norm willkürlich und deswegen unvereinbar mit der Konvention ist.[859] In den Grenzen der Konvention überlässt es der Gerichtshof den Konventionsstaaten, Recht anzuwenden und auszulegen. Entsprechende Anhaltspunkte für eine Überschreitung der Willkürgrenze sind in der Sache *Waite and Kennedy v. Germany* nicht ersichtlich.[860] Zweck der ESA ist es ausweislich von Art. II ESA-Konvention „die Zusammenarbeit europäischer Staaten für ausschließlich friedliche Zwecke auf dem Gebiet der Weltraumforschung, der Weltraumtechnologie und ihrer weltraumtechnischen Anwendungen im Hinblick auf deren Nutzung für die Wissenschaft und für operationelle Weltraumanwendungssysteme sicherzustellen und zu entwickeln". Gemäß Art. VI Abs. 1 lit. a ESA-Konvention „hält die Organisation die für die Vorbereitung und Überwachung ihrer Aufgaben erforderlichen Eigenkapazität aufrecht und errichtet und betreibt zu diesem Zwecke die für ihre Tätigkeiten erforderlichen Niederlassungen und Anlagen".

Die Beschwerdeführer waren als Programmierer in einer solchen Anlage – namentlich im Kontrollzentrum in Darmstadt – tätig, so dass ihre Einstellung wohl in einem unmittelbaren Zusammenhang mit den Funktionen der ESA stehen dürfte und das Beschäftigungsverhältnis selbst von einer funktional begrenzten Immunität gedeckt wäre.[861].

b. Äquivalenter Grundrechtsschutz auf Ebene der internationalen Organisation

Die Kommission stellte in ihren Ausführungen zur Gewährleistung eines mit der Konvention vergleichbaren Grundrechtsschutzes im Verfahren *Waite and Kennedy v. Germany* bereits fest, dass das Rechtssystem der ESA verschiedene Mechanismen zur Streitbeilegung mit Privaten bereithält:

> „Thus members of staff or experts may have recourse to an Appeals Board in respect of their conditions of service. Arbitration is provided for in respect of disputes concerning written contracts other than those concluded in accordance with the Staff Regulations."[862]

---

859 Siehe *ECtHR, Waite and Kennedy v. Germany* [GC], no. 26083/94, Abs. 54, ECHR 1999-I.

860 Siehe zuletzt die Entscheidung des *BAG*, in: IPrax 15 (1995), 33, in der das BAG die Rechtsgrundlage und deren Ausnahmetatbestände prüft.

861 Siehe zur Bestimmung der Reichweiter einer funktional begrenzten Immunität unter Kapitel 1, C. II.

862 Siehe *ECommHR, Waite and Kennedy v. Germany*, no. 26083/94, Commission decision of 2 December 1997, Abs. 77, unreported.

Im Rahmen der Untersuchung der Rechtsprechung des EGMR zur Immunität internationaler Organisationen wurde zudem bereits festgestellt, dass das ESA *Appeals Board* im Grunde nach die Anforderungen, die Art. 6 Abs. 1 S. 1 EMRK an einen Spruchkörper stellt, erfüllt.[863] Die Einrichtung und die Grundzüge der Organisation des *Appeals Board* haben ihre rechtliche Grundlage in den Dienstvorschriften der ESA, welche auch Vorkehrungen für dessen Unabhängigkeit und die Unabhängigkeit seiner Mitglieder treffen.[864] Die Mitglieder werden in einem vorgesehenen Verfahren für einen festgelegten Zeitraum ernannt und sind ausdrücklich weisungsunabhängig.[865] Die Dienstvorschriften sehen außerdem bestimmte Inkompatibilitäten im Rahmen der Zusammensetzung vor.[866]

Insgesamt ist deswegen von einem mit der Konvention vergleichbarem Schutz auf Ebene der ESA auszugehen. Die Bundesrepublik Deutschland ist damit ihrer Schutzverantwortung, die durch die Übertragung von Hoheitsrechten auf die ESA ausgelöst wurde, nachgekommen. Insofern ist anzunehmen, dass die Versagung des Zugangs zu den nationalen Gerichten nicht gegen die Konvention verstößt.

c. *Kein offensichtlicher Mangel im Schutzstandard im konkreten Fall*

Ist ein äquivalenter Grundrechtsschutz auf Ebene der internationalen Organisation zu bejahen, bleibt die Frage, ob im konkreten Fall ein offensichtlicher Mangel im Schutz vorliegt. Dabei trifft den Beschwerdeführer eine Darlegungslast.

Aus der Zulässigkeitsentscheidung der Kommission geht hervor, dass die Beschwerdeführer im Fall *Waite and Kennedy v. Germany* hilfsweise geltend gemacht haben, dass auf Ebene der ESA kein effektiver Durchsetzungsmechanismus existiert, der allen dort tätigen Personen offen steht.[867] In Anlehnung an die von Richter *Ress* in seinem Sondervotum im Verfahren *Bosphorus Hava Yolları Turizm ve Ticaret Anonim Şirketi v. Ireland* genannten Beispiele[868] kommt

863 Siehe unter Kapitel 2, C. II. 3. b. bb. (1).

864 Siehe Kapitel 2, C. II. 3. b. bb. (1).

865 Siehe unter Kapitel 2, C. II. 3. b. bb. (1).

866 Siehe unter Kapitel 2, C. II. 3. b. bb. (1).

867 Siehe *ECommHR, Waite and Kennedy v. Germany*, no. 26083/94, Commission decision of 24 February 1997, unreported: "They submit, as a subsidiary consideration, that Germany whenparticipating in the negotiations for the establishment of the EuropeanSpace Agency as well as for the operation of the European Space Operations Centre failed to ensure a system of efficient legal protection covering all persons working for the European Space Agency."

868 Siehe *ECtHR, Bosphorus Hava Yolları Turizm ve Ticaret Anonim Şirketi v. Ireland* [GC], no. 45036/98, Concurring Opionion of Judge Ress, Abs. 3, ECHR 2005-VI.

hier demnach eine fehlende Prüfungskompetenz des *Appeals Board* im konkreten Fall als Mangel in Betracht.

Das *ESA Appeals Board* hat gemäß Reg. 33.1 ESA Staff Regulations die Kompetenz für Streitigkeiten zwischen der ESA und ihren Bediensteten, zwischen der ESA und ihren ehemaligen Bediensteten oder diesen unterstehenden Personen. Dabei obliegt es ihm gemäß Reg. 33.6 ESA Staff Regulations auch, Streitigkeiten über seine Zuständigkeit zu klären. Gemäß Art. XXV Anlage I ESA-Konvention ist zudem in allen schriftlichen Verträgen, die nicht unter das Dienstrecht der ESA fallen, ein Schiedsverfahren vorzusehen.

Die Beschwerdeführer hätten sich demnach jedenfalls an das *Appeals Board* wenden können. Dass der konkrete arbeitsrechtliche Anspruch nach deutschem Recht gegebenenfalls nicht durchgegriffen hätte, ist im Rahmen der Anwendung der *Equivalent-Protection-Doktrin* nicht relevant. Das Recht auf Zugang zu Gericht aus Art. 6 Abs. 1 S. 1 EMRK begründet keine zivilrechtlichen Ansprüche.[869] Das Vorliegen eines offensichtlichen Mangels im Grundrechtschutz im konkreten Fall kann deswegen entgegen der Ansicht der Beschwerdeführer nicht bestätigt werden.

Der Gerichtshof müsste die Beschwerde daher an dieser Stelle als offensichtlich unbegründet abweisen.

3. *Einstieg in die materiell-rechtliche Prüfung*

Kann ein äquivalenter Grundrechtsschutz auf Ebene einer internationalen Organisation nicht bejaht werden oder ist ein Mangel im konkreten Fall offensichtlich, steigt der Gerichtshof in die materielle Prüfung ein. Im Rahmen der Rechtsfertigungsprüfung ist der Gerichtshof auch nicht daran gehindert zu berücksichtigen, dass eine völkerrechtliche Verpflichtung zum Handeln bestand. Allerdings kann dies im Ergebnis natürlich dann nicht mehr dazu führen, dass sich der Konventionsstaat über einen entsprechenden Grundrechtsschutz auf Ebene der internationalen Organisation exkulpiert. Dies bietet aber die Möglichkeit, weitere Erwägungen in die Entscheidung einfließen zu lassen, wie beispielsweise die Vorrangregelung des Art. 103 UNC.

---

869 *ECtHR*, *James and Others v. the United Kingdom*, 21 February 1986, Abs. 81, Series A no. 98; *Grabenwarter/Pabel*, in: Dörr/Grote/Marauhn (Hrsg.), EMRK/GG, Kap. 14, Rn. 16; *Jacobs/White/Ovey*, The European Convention on Human Rights, S. 278 f.; *Peters/Altwicker*, Europäische Menschenrechtskonvention, § 19, Rn. 6.

III. Zwischenergebnis

Die Ausführungen haben gezeigt, dass die Anwendung der *Equivalent-Protection-Doktrin* auf Fälle, in denen ein Staat den Zugang zu Gericht aufgrund einer völkerrechtlichen Verpflichtung in Verbindung mit seiner Mitgliedschaft in einer internationalen Organisation versagt, dogmatisch sinnvoll ist und zu befriedigenden Ergebnissen führt.

Ebenso wie im bisherigen Anwendungsbereich der *Equivalent-Protection-Doktrin* folgt der Konflikt, dem sich der Konventionsstaat ausgesetzt sieht, im Ergebnis aus einer freiwillig eingegangenen völkerrechtlichen Verpflichtung. Insofern besteht schon kein Unterscheid zu den vom Gerichtshof anerkannten Fällen. Auch das Ziel der Gewährung von Immunität, der Schutz der Funktionsfähigkeit einer internationalen Organisation, steht in Einklang mit der Legitimation der *Equivalent-Protection-Doktrin*, der Notwendigkeit zwischenstaatlicher Kooperation.

Eine Erweiterung der Anwendungsfälle der Doktrin auf die Gewährung von Immunität würde außerdem einen Beitrag zur Rechtssicherheit auf diesem Gebiet leisten. So wäre Grundvoraussetzung, dass auf Ebene der internationalen Organisation ein mit der Konvention vergleichbarer Grundrechtsschutz gewährleistet wird. Zudem wäre hinsichtlich der Anforderungen an die Angemessenheit alternativer Rechtsschutzmöglichkeiten geklärt, dass ein Mangel die Schwelle der Offensichtlichkeit überschreiten muss. Ein weiterer Vorteil ist, dass die Prüfung im Sinne der *Equivalent-Protection-Doktrin* nicht unter Berücksichtigung eines konkreten Anspruchs vorgenommen werden muss und so die Schwächen in der Vorgehensweise des Gerichtshofs vermeidet.

E. Ergebnis zur Immunität internationaler Organisationen im Kontext der Europäischen Menschenrechtskonvention

Das Verhalten der Konventionsstaaten im Zusammenhang mit ihrer Mitgliedschaft in einer internationalen Organisation stellt den Gerichtshof vor verschiedene Herausforderungen. Internationale Organisationen sind unabhängige Handlungseinheiten mit Rechtspersönlichkeit und mangels Status als Vertragspartei nicht selbst an die Konvention gebunden, ihre Mitglieder hingegen möglicherweise schon.

Zunächst stellt sich im Zusammenhang mit internationalen Organisationen deswegen oft die Frage, ob die Konvention *ratione personae* anwendbar ist. Maßgeblich dafür ist, wer für das streitige Verhalten völkerrechtlich verantwortlich ist. Eine Untersuchung der Rechtsprechung des Gerichtshofs hat gezeigt, dass dieser eine Verantwortlichkeit teilweise anhand eigenständiger Kriterien zu beurteilen scheint, die keine Grundlage im allgemeinen Völkerrecht finden. Um Widersprüchlichkeiten zur geltenden Völkerrechtsordnung zu vermeiden, sollte der Gerichtshof seine diesbezügliche Rechtsprechung an das allgemeine Völkerrecht anpassen, welches anerkannte Instrumente zur Bestimmung der Verantwortlichkeit bereithält.

Ist die Anwendbarkeit der Konvention positiv geklärt, ist mit Blick auf die Mitgliedschaft in einer internationalen Organisationen dennoch zu beachten, dass der verantwortliche Konventionsstaat gegebenenfalls völkerrechtlich zur Vornahme der Handlung verpflichtet war. Dabei ist aber auch zu berücksichtigen, dass sich die Konventionsstaaten durch die Übertragung von Hoheitsrechten auf eine internationale Organisation nicht grundsätzlich von ihrer Verantwortung unter der Konvention lösen können, da dies dem Konventionszweck zuwiderlaufen würde. Der Gerichtshof löst dieses Dilemma über die *Equivalent-Protection-Doktrin*. Den Staaten wird eine Schutzverantwortung auferlegt, die durch die Übertragung von Hoheitsrechten auf eine internationale Organisation ausgelöst wird. Sie müssen einen mit der Konvention vergleichbaren Grundrechtsschutz in materieller und prozessualer Hinsicht auf Ebene der internationalen Organisation gewährleisten. Gelingt es ihnen, wird vermutet, dass Handlungen, die in Erfüllung einer Verbindlichkeit aus der Mitgliedschaft in der betroffenen Organisation vorgenommen werden mit der Konvention vereinbar sind. Den Konventionsstaaten kommt die Vermutung der Doktrin in der Rechtsprechung des Gerichtshofs nur zugute, wenn sie eine Entscheidung der internationalen Organisation umsetzen oder ausführen und ihnen dabei kein Handlungsspielraum zur Verfügung steht. Dogmatisch lässt sich dieses Konstrukt als Rechtfertigung für ein Verhalten im Zusammenhang mit der Mitgliedschaft in einer internationalen Organisation, auf deren Ebene ein der Konvention äquivalenter Grundrechtsschutz gewährleistet wird, erfassen. Diese Rechtfertigungsvermutung greift jedoch nicht, wenn der Grundrechtsschutz im konkreten Fall offensichtlich mangelhaft ist. Fehlt ein mit der Konvention vergleichbarer Grundrechtsschutz oder ist dieser offensichtlich mangelhaft, steigt der Gerichtshof in eine materiell-rechtliche Prüfung der Verletzungshandlung ein, andernfalls weist er die Beschwerde auf Zulässigkeitsebene als offensichtlich unbegründet ab. Dem Gerichtshof gelingt es mit dieser Vorgehensweise einem effektiven Konventionsschutz unter Anerkennung der Autonomie und Funktionsfähigkeit der internationalen Organisationen gerecht zu werden. Der durch das Erfordernis eines vergleichbaren und nicht identischen Schutzes sowie durch die Schwelle der Offensichtlichkeit eines Mangels abgesenkte Schutzstandard im Kontext internationaler Organisationen rechtfertigt sich durch die Notwendigkeit zwischenstaatlicher Kooperation.

Eine andere Hürde, die der Gerichtshof im Zusammenhang mit internationalen Organisationen nehmen muss, ist der unter Rückgriff auf die Regelungen zur Vertragskonkurrenz nicht zu lösende Konflikt zwischen der Immunität internationaler Organisationen vor der nationalen Gerichtsbarkeit und speziell Art. 6 Abs. 1 EMRK. Dieser gewährleistet nicht nur das Recht auf ein faires Verfahren, sondern auch ein subjektives Recht des Einzelnen auf Zugang zu einem unabhängigen, unparteiischen, auf Gesetz beruhenden Gericht. Voraussetzung ist, dass das Vorliegen eines Anspruchs nach nationalem Recht grundsätzlich möglich ist. Dann verlangt Art. 6 Abs. 1 S. 1 EMRK eine eindeutige und praktikable Möglichkeit dieses Recht auch geltend zu machen. Das Recht auf Zugang zu Gericht wird jedoch nicht absolut gewährleistet, sondern kann bestimmten Einschränkungen unterworfen werden. Grenze ist dabei die Wahrung des Wesensgehalts des Rechts. Die einschränkende Maßnahme muss dafür ein legitimes Ziel verfolgen und verhältnismäßig sein. Versagt ein Konventionsstaat den Zugang zu seinen nationalen Gerichten aufgrund der Immunität internationaler Organisationen, hält der Gerichtshof an diesen Grundsätzen fest. Er geht davon aus, dass die Versagung des Zugangs mit der Erhaltung der Funktionsfähigkeit einer internationalen Organisation ein legitimes Ziel verfolgt und im Falle des Vorhandenseins angemessener alternativer Rechtsschutzmöglichkeiten auf Ebene der internationalen Organisation verhältnismäßig ist. Der Gerichtshof berücksichtigt hinsichtlich des Bindungsumfangs der Konvention nicht, dass der betroffene Staat zur Vornahme der Handlung völkerrechtlich verpflichtet ist und eine Verbindlichkeit aus der Mitgliedschaft in einer internationalen Organisation erfüllt, sondern steigt unmittelbar in eine materiell-rechtliche Prüfung der Verletzungshandlung ein. Die Rechtsprechung des Gerichtshofs lässt nicht erkennen, welche Anforderungen an die Angemessenheit alternativer Rechtsschutzmöglichkeiten zur Rechtfertigung der Versagung des Zugangs zu Gericht gestellt werden. Es wird nicht einmal deutlich, ob das Vorhandensein entsprechender Rechtsschutzmöglichkeiten zwingende Voraussetzung für die Bejahung der Verhältnismäßigkeit ist. In der Entscheidung im Fall *Stichting Mothers of Srebrenica* sprach sich die Kammer ausdrücklich gegen ein solches Verständnis aus. Neben diesen Unklarheiten ist auch die dogmatische Vorgehensweise des Gerichtshofs nicht durchgehend nachvollziehbar. Er geht zum einen davon aus, dass der Konventionsstaat umfassend verantwortlich ist, lässt aber zu, dass er sich über den Schutz seitens einer internationalen Organisation exkulpiert.

Vor diesem Hintergrund stellt sich die Frage, ob sich eine Anwendung der *Equivalent-Protection-Doktrin* auf solche Fälle anbietet, in denen ein Staat den

Zugang zu Gericht aufgrund einer völkerrechtlichen Verpflichtung in Verbindung mit seiner Mitgliedschaft in einer internationalen Organisation versagt. Eine entsprechende Untersuchung hat gezeigt, dass die Erweiterung des Anwendungsbereichs dogmatisch sinnvoll ist und zu zufriedenstellenden Ergebnissen führt. Zwar ist im Falle der Gewährung von Immunität an eine internationale Organisation keine Entscheidung der Organisation zwischengeschaltet, jedoch folgt auch in diesen Fällen die Verpflichtung zur Vornahme der Handlung aus einer freiwillig eingegangenen völkerrechtlichen Verpflichtung. Da Immunitätsklauseln der Erhaltung der Funktionsfähigkeit einer internationalen Organisation dienen, stünde eine Erweiterung des Anwendungsbereichs der Vermutung auch in Einklang mit der Rechtfertigung eines eingeschränkten Schutzstandards der Konvention. Zudem könnten bestimmte Unzulänglichkeiten, die die Rechtsprechung des Gerichtshofs zur Immunität internationaler Organisationen aufweist, vermieden werden. Das Erfordernis eines vergleichbaren Grundrechtsschutzes sowohl in materieller als auch prozessualer Hinsicht klärt die Frage, ob das Vorhandensein alternativer Rechtsschutzmöglichkeiten zwingende Voraussetzung ist. Das Erfordernis des Vorliegens eines offensichtlichen Mangels zur Widerlegung der Vermutung stellt klar, welche Voraussetzungen im konkreten Fall erfüllt sein müssen. Schließlich kann so vermieden werden, dass ein konkreter, nach nationalem Recht bestehender Anspruch, Einfluss auf die Abwägungen des Gerichtshofs hat.

Schlussbetrachtung

Die Bearbeitung hat gezeigt, dass es möglich ist, das Konventionsrecht auf Zugang zu Gericht und die Befreiung internationaler Organisationen von der nationalen Gerichtsbarkeit unter Wahrung der Effektivität der Konventionsrechte und der Funktionsfähigkeit internationaler Organisationen miteinander in Einklang zu bringen. Voraussetzung ist die Gewährleistung eines mit der Konvention vergleichbaren Grundrechtsschutzes auf Ebene der internationalen Organisation. Wollen die Mitgliedstaaten einer internationalen Organisation verhindern, dass Handlungen und Entscheidungen der Organisation von nationalen Gerichten beurteilt werden, müssen sie auf einen entsprechenden Schutzstandard auf Ebene der Organisation hinwirken. So kann sowohl das Recht des Einzelnen auf Zugang zu Gericht gewahrt, als auch die Funktionsfähigkeit der internationalen Organisationen geschützt werden.

Im Ergebnis bedeutet dies, dass nationale Gerichte bei der Entscheidung über die Zulässigkeit einer Klage gegen eine internationale Organisation dementsprechende Erwägungen anstellen müssen, um eine Verletzung des Rechts auf Zugang zu Gericht zu vermeiden.

In einem ersten Schritt hat das nationale Gericht die Rechtsgrundlage der Immunität der betroffenen internationalen Organisation zu ermitteln. Dabei ist zu beachten, dass lediglich das Völkervertragsrecht als Quelle in Betracht kommt. Die vorgenommene Analyse der Staatenpraxis hat auch unter Berücksichtigung der verbreiteten Vertragspraxis gezeigt, dass – jedenfalls bislang – keine gewohnheitsrechtliche Regelung existiert, die einer internationalen Organisation Immunität verleiht. Allerdings können die Mitgliedstaaten eine internationale Organisation im Einzelfall auch ohne ausdrückliche vertragliche Regelung über den Grundsatz *pacta sunt servanda* zur Gewährung von Immunität verpflichtet sein, da die Mitgliedstaaten den Vertragszweck nicht gefährden dürfen.

Im Anschluss an die Ermittlung der Rechtsgrundlage stellt sich in einem zweiten Schritt die Frage, ob der Klagegegenstand im konkreten Fall von der Immunität gedeckt ist. Eine Untersuchung des Umfangs der Immunität hat ergeben, dass diese regelmäßig funktional begrenzt ist. Dies hat zur Folge, dass das nationale Gericht im Einzelfall eine Auslegung des Gründungsvertrages der betroffenen internationalen Organisation hinsichtlich ihrer Ziele und Aufgaben vornehmen muss. Steht die streitige Handlung in einem unmittelbaren Zusammenhang zu den ermittelten Funktionen der Organisation, greift der Immunitätsschutz. Dabei gilt es zwischen Handlungen, die für den täglichen Betrieb einer internationalen Organisation erforderlich sind, und Handlungen, die der Erfüllung der vertraglichen Funktionen der Organisation dienen, zu unterscheiden. Nur Letztere sind von einer funktional begrenzten Immunität geschützt. Den nationalen Gerichten kommt hierbei ein Einschätzungsspielraum zugute, da es nicht Aufgabe des EGMR ist, nationales Recht oder in diesem Fall die einschlägige völkervertragliche Regelung anzuwenden oder auszulegen. Der Gerichtshof prüft nur, ob sich die gewählte Auslegung oder die Art und Weise der Anwendung in den Grenzen der Konvention hält.

Kommt das nationale Gericht zu dem Ergebnis, dass im Einzelfall Immunität besteht, muss es in einem dritten Schritt ermitteln, ob auf Ebene der internationalen Organisation ein mit der Konvention vergleichbarer Grundrechtsschutz in materieller und prozessualer Hinsicht gewährleistet wird. Ist dies zu bejahen und ist der Schutz im konkreten Fall nicht offensichtlich mangelhaft, liegt in der Versagung des Zugangs kein Konventionsverstoß. Ist hingegen ein äquivalenter Grundrechtsschutz zu verneinen oder ist ein Mangel im Schutz offensichtlich, muss der Konventionsstaat, wenn keine sonstigen Rechtsfertigungsgründe ersichtlich sind, in der Sache entscheiden, wenn er einen Konventionsverstoß vermeiden will.

Dies sollte den Konventionsstaaten als Mitgliedstaaten einer internationalen Organisation ein Anreiz sein, auf einen effektiven Grundrechtsschutz auf Ebene der Organisation hinzuwirken. Nur so vermeiden sie, entweder gegen die Verpflichtung zur Gewährung von Immunität oder gegen die Konvention zu verstoßen und nur so behält das Recht auf Zugang zu Gericht auch unter Berücksichtigung des Schutzes der Funktionsfähigkeit internationaler Organisationen seine Bedeutung als „Schlussstein im Gewölbe des Rechtsstaats“[870].

870 *Thoma*, in: Wandersleb (Hrsg.), Recht Staat Wirtschaft, 9.

Gesamtergebnis

Die Arbeit leitet folgende Thesen her:

Der Grund für die Gewährung von Immunität zugunsten einer internationalen Organisation ist die Erhaltung der Funktionsfähigkeit der Organisation.[871]

Rechtsquelle der völkerrechtlichen Immunität internationaler Organisationen ist das Völkervertragsrecht. Die Existenz einer gewohnheitsrechtlichen Regelung, die einer internationalen Organisation Immunität verleiht, ist bisher nicht nachweisbar.[872]

Im Einzelfall kann der Gründungsvertrag einer internationalen Organisation auch ohne spezielle Regelung zur Immunität die Mitgliedstaaten über den völkerrechtlichen Grundsatz *pacta sunt servanda* zur Gewährung von Immunität verpflichten.[873]

Der Umfang der völkervertraglich gewährten Immunität ist regelmäßig funktional begrenzt. Der Immunitätsschutz beschränkt sich grundsätzlich auf Handlungen, die der Erfüllung der vertraglich verankerten Funktionen einer internationalen Organisation dienen.[874]

Die Anwendbarkeit der EMRK *ratione personae* im Zusammenhang mit internationalen Organisationen setzt entweder eine direkte oder indirekte staatliche Mitwirkungshandlung oder ein den Konventionsstaaten nach völkerrechtlichen Regelungen zurechenbares Verhalten der internationalen Organisation voraus.[875]

Die Konventionsstaaten können sich durch die Übertragung von Kompetenzen auf eine internationale Organisation nicht ihrer Verantwortung unter der Konvention entziehen. Gleichzeitig ist zu berücksichtigen, dass ein Konventionsstaat bei Handlungen in Erfüllung einer Verbindlichkeit aus der Mitgliedschaft in einer internationalen Organisation völkerrechtlich gebunden ist.[876]

Wird auf der Ebene der Organisation ein mit der Konvention vergleichbarer Grundrechtsschutz gewährleistet, wird im Sinne der *Equivalent-Protection-Doktrin* zugunsten eines Konventionsstaates vermutet, dass seine Handlungen zur

---

871 Kapitel 1, A.
872 Kapitel 1, B. I. und II.
873 Kapitel 1, B. III.
874 Kapitel 1, C.
875 Kapitel 2, B. I.
876 Kapitel 2, B. II. 1.

Erfüllung einer Verbindlichkeit aus seiner Mitgliedschaft in einer internationalen Organisation konventionskonform sind.[877]

Die Vermutung der *Equivalent-Protection-Doktrin* kann durch die Darlegung eines offensichtlichen Mangels im materiellen oder prozessualen Grundrechtsschutz auf der Ebene der internationalen Organisation im konkreten Fall widerlegt werden.[878]

Die *Equivalent-Protection-Doktrin* bringt das Interesse an einem effektiven Konventionsschutz und der Notwendigkeit zwischenstaatlicher Zusammenarbeit in einen angemessenen Ausgleich.[879]

Die Europäische Menschenrechtskonvention gewährleistet in Art. 6 Abs. 1 EMRK neben dem Recht auf ein faires Verfahren ein subjektives Recht des Einzelnen auf Zugang zu einem unabhängigen, unparteiischen, auf Gesetz beruhenden Gericht.[880]

Die völkervertraglich geregelte Immunität internationaler Organisationen steht in einem Konflikt zu dem Recht auf Zugang zu Gericht aus Art. 6 Abs. 1 EMRK, der sich weder unter Rückgriff auf die völkerrechtlichen Regelungen zur Vertragskonkurrenz noch – entgegen der Vorgehensweise des EGMR – im Rahmen der Verhältnismäßigkeitsprüfung einer Einschränkung des Rechts auf Zugang zu Gericht überzeugend lösen lässt.[881]

Sowohl der *Equivalent-Protection-Doktrin* als auch der Gewährung von Immunität liegt die Erkenntnis der Notwendigkeit zwischenstaatlicher Zusammenarbeit zugrunde. Auch im Rahmen der vom EGMR bisher anerkannten Anwendungsfälle der *Equivalent-Protection-Doktrin* folgt die eigentliche Verpflichtung zur Handlung aus einer freiwillig eingegangenen völkervertraglichen Verpflichtung.[882]

Über eine Erweiterung des Anwendungsbereichs der *Equivalent-Protection-Doktrin* auf die völkervertragliche Verpflichtung zur Gewährung von Immunität lässt sich das damit verfolgte Interesse an dem Schutz der Funktionsfähigkeit einer internationalen Organisation mit dem Interesse an einem effektiven Konventionsschutz in einen angemessenen Ausgleich bringen.[883]

877 Kapitel 2, B. II. 2.
878 Ebenda.
879 Kapitel 2, B. II. 3.
880 Kapitel 2, C. I.
881 Kapitel 2, C. II.
882 Kapitel 2, D. I.
883 Kapitel 2, D. II.

The immunity of international organizations in the Contracting States of the ECHR

This work leads to the following conclusions:

The reason for according immunity to an international organization is to maintain the functioning of the organization.

The immunity of international organizations is solely based on treaty law. So far there is no evidence for the existence of international customary law that accords immunity to an international organization.

In the absence of a treaty provision on immunity, the founding treaty of an international organization may oblige Member States – in particular cases – to grant immunity under the international law principle of *pacta sunt servanda.*

The scope of international immunity accorded to international organizations is usually limited to acts that serve to fulfil the treaty-based functions of an international organization (functional immunity).

The scope of application of the ECHR *ratione personae*, as it pertains to international organizations, presupposes either a direct or an indirect state participation or an action of the international organization attributable to the Convention State under international law.

The Convention States cannot evade their responsibility under the Convention by transferring powers to an international organization. At the same time, Convention States are bound under international law to comply with obligations arising from their membership in international organizations.

If the protection of fundamental rights, comparable to the ECHR, is guaranteed by an international organization, it is assumed that actions of a Contracting State undertaken to fulfil a binding obligation, arising from its membership in said organization, are in conformity with the Convention (equivalent protection doctrine).

The presumption of the equivalent protection doctrine can be rebutted if, in any particular case, the protection of substantive or procedural fundamental rights by the international organization is manifestly deficient.

The equivalent protection doctrine balances the effective protection of the fundamental rights guaranteed by the Convention with the need for intergovernmental cooperation.

Article 6 (1) of the ECHR provides the right to a fair trial and an individual right of access to an independent, impartial tribunal established by law.

The treaty-based immunity of international organizations conflicts with the right of access to court under Article 6 (1) of the ECHR. This conflict can neither be solved by international treaty law nor by the proportionality test developed by the ECtHR.

Both, the equivalent protection doctrine and the granting of immunity to an international organization, are based on the need for intergovernmental cooperation. As in the case of granting immunity, obligations in the context of the equivalent protection doctrine follow from treaties that have been entered into voluntarily.

Broadening the scope of the equivalent protection doctrine to apply to international treaty obligations providing for the granting of immunity, balances the functioning of an international organization with the effective protection of the fundamental rights guaranteed by the Convention.

Literaturverzeichnis

Ahlborn, Christiane, To Share or Not to Share? The Allocation of Responsibility between International Organizations and their Member States, in: Die Friedens-Warte, Band 88, 2013, S. 45–75 (zit.: *Ahlborn*, in: Die Friedens-Warte 88 (2013), 45, S.)

Amerasinghe, Chittharanjan Felix, Principles of the Institutional Law of International Organizations, 2. Aufl. 2005 (zit.: *Amerasinghe*, Principles of the Institutional Law of International Organizations, S.)

Bekker, Peter H. F., The Legal Position of Intergovernmental Organizations, A Functional Necessity Analysis of their Legal Status and Immunities, 1994 (zit.: *Bekker*, The Legal Position of Intergovernmental Organizations, S.)

Bekker, Peter H. F., The Work of The International Law Commission on "Relations between States and International Organizations" Discontinued: an Assessment, in: Leiden Journal of International Law, Volume 6, 1993, S. 3–16 (zit.: *Bekker*, in: Leiden Journal of International Law 6 (1993), 3, S.)

Bernhardt, Rudolf, Encyclopedia of Public International Law, Volume Three, 1997 (zit.: *Bearbeiter*, in: Bernhardt (Hrsg.), EPIL, Vol. III, S.)

Bernhardt, Rudolf, Encyclopedia of Public International Law, Volume Two, 1995 (zit.: *Bearbeiter*, in: Bernhardt (Hrsg.), EPIL, Vol. II, S.)

Bernhardt, Rudolf, Encyclopedia of Public International Law, Volume One, 1992 (zit.: *Bearbeiter*, in: Bernhardt (Hrsg.), EPIL, Vol. I, S.)

Blokker, Niels, International Organizations: the Untouchables?, in: International Organizations Law Review, Volume 10, 2013, S. 259–275 (zit.: *Blokker*, in: IOLR 10 (2013), 259, S.)

Bravo, Luigi Ferrari, Méthodes de recherche de la coutume internationale dans la pratique des états, in: Recueil des cours, Tome 192, 1985, S. 233–330 (zit.: *Bravo*, in: RdC 192 (1985), 233, S.)

Breuer, Martin, Die Völkerrechtspersönlichkeit Internationaler Organisationen, in: Archiv des Völkerrechts, Band 49, 2011, S. 4–33 (zit.: *Breuer*, in: AVR 49 (2011), 4, S.)

Bröhmer, Jürgen, Die Bosphorus-Entscheidung des Europäischen Gerichtshof für Menschenrechte – Der Schutz der Grund- und Menschenrechte in der EU und das Verhältnis zur EMRK, in: Europäische Zeitschrift für Wirtschaftsrecht, 17. Jahrgang 2006, S. 71–76 (zit.: *Bröhmer*, in: EuZW 2006, 71, S.)

Bröhmer, Jürgen, Die völkerrechtliche Immunität von der staatlichen Gerichtsbarkeit und die Verfahrensgarantien der EMRK – Einige Anmerkungen zu den Urteilen des Europäischen Gerichtshofs für Menschenrechte in den Fällen Waite & Kennedy und Beer & Regan gegen die Bundesrepublik Deutschland, in: Bröhmer, Jürgen (Hrsg.), Der Grundrechtsschutz in Europa, Wissenschaftliches Kolloquium aus Anlass des 65. Geburtstages von Prof. Dr. Dr. Dr. h.c. mult. Georg Ress, 2002, S. 85–94 (zit.: *Bröhmer*, in: ders. (Hrsg.), Der Grundrechtsschutz in Europa, 85, S.)

Cogan, Jacob Katz/Hurd, Ian/Johnstone, Ian (Hrsg.), The Oxford Handbook of International Organizations, 1. Aufl. 2016 (zit.: *Bearbeiter*, in: Cogan/Hurd/Johnstone (Hrsg.), The Oxford Handbook of International Organizations, S.)

Crawford, James, Brownlie's Principles of Public International Law, 8. Aufl. 2012 (zit.: *Crawford*, Brownlie's Principles of Public International Law, S.)

Dahm, Georg (Bgr.)/*Delbrück, Jost/Wolfrum, Rüdiger* (Hrsg.), Völkerrecht, Band I/2, 2. Aufl. 2002 (zit.: *Bearbeiter*, in: Dahm/Delbrück/Wolfrum, Völkerrecht, Band I/2, S.)

Dahm, Georg (Bgr.)/*Delbrück, Jost/Wolfrum, Rüdiger* (Hrsg.), Völkerrecht, Band I/1, 2. Aufl. 1989 (zit.: *Bearbeiter*, in: Dahm/Delbrück/Wolfrum, Völkerrecht, Bd. I/1, S.)

Damian, Helmut, Staatenimmunität und Gerichtszwang, 1985 (zit.: *Damian*, Staatenimmunität und Gerichtszwang, S.)

Di Filippo, Marcello, Immunity from suit of international organisations versus individual right of acces to justice: a overview of recent domestic and international case lase, in: Pavón Piscitello (Hrsg.), Derecho internacional de los derechos humanos: manifestaciones, violaciones y respuestas actuales, Tomo I, Especial referencia al ámbito universal, 2014, S. 203–247 (zit.: *Di Filippo*, in: Pavón Piscitello (Hrsg.), Derecho internacional de los derechos humanos, 203, S.)

Doehring, Karl, Völkerrecht, Ein Lehrbuch, 2. Aufl. 2004 (zit.: *Doehring*, Völkerrecht, Rn.)

Doehring, Karl, Gewohnheitsrecht aus Verträgen, in: Zeitschrift für ausländisches öffentliches Recht und Völkerrecht, 36. Jahrgang 1976, S. 77–95 (zit.: *Doehring*, in: ZaöRV 1976, 77, S.)

Dörr, Oliver, Staatliche Immunität auf dem Rückzug?, in: Archiv des Völkerrechts, Band 41, 2003, S. 201–219 (zit.: *Dörr*, in: AVR 41 (2003), 201, S.)

Dörr, Oliver/Grote, Rainer/Marauhn, Thilo (Hrsg.), EMRK/GG, Konkordanzkommentar zum europäischen und deutschen Grundrechtsschutz, 2. Aufl. 2013 (zit.: *Bearbeiter*, in: Dörr/Grote/Marauhn (Hrsg.), Kap., Rn.)

Dörr, Oliver/Schmalenbach, Kirsten (Hrsg.), Vienna Convention on the Law of Treaties, A Commentary, 2. Aufl. 2018 (zit.: *Bearbeiter*, in: Dörr/Schmalenbach (Hrsg.), Vienna Convention on the Law of Treaties, Art., Rn.)

Dörr, Oliver/Schmalenbach, Kirsten (Hrsg.), Vienna Convention on the Law of Treaties, A Commentary, 1. Aufl. 2012 (zit.: *Bearbeiter*, in: Dörr/Schmalenbach (Hrsg.), Vienna Convention on the Law of Treaties (1. Aufl.), Art., Rn.)

Dominicé, Christian, L'immunité de juridiction et d'exécution des organisations internationales, in: Recueil des cours, Tome 187, 1984, S. 145–238 (zit.: *Dominicé*, in: RdC 187 (1984), 145, S.)

Engel, Daniel, Der Beitritt der Europäischen Union zur EMRK, 2015 (zit.: *Engel*, Der Beitritt der Europäischen Union zur EMRK, S.)

Frowein, Jochen/Peukert, Wolfgang, Europäische Menschenrechtskonvention, EMRK-Kommentar, 3. Aufl. 2009 (zit.: *Bearbeiter*, in: Frowein/Peukert, EMRK, Art., Rn.)

Fox, Hazel/Webb, Philippa, The Law of State Immunity, 3. Aufl. 2013 (zit.: *Fox/Webb*, The Law of State Immunity, S.)

Gaillard, Emmanuel/Pingel-Lenuzza, Isabelle, International Organizations and Immunity from Jurisdiction: To Restrict or to Bypass, in: The International and Comparative Law Quarterly, Volume 51, 2002, S. 1–15 (zit.: *Gaillard/Pingel-Lenuzza*, in: ICLQ 51 (2002), 1, S.)

Geiger, Rudolf, Staatenimmunität: Grundsatz und Ausnahme, in: Neue Juristische Wochenschrift, 40. Jahrgang 1987, S. 1124–1126 (zit.: *Geiger*, in: NJW 1987, 1124, S.)

Geimer, Reinhold, Internationales Zivilprozessrecht, 7. Aufl. 2015 (zit.: *Geimer*, Internationales Zivilprozessrecht, Rn.)

Grabenwarter, Christoph, European Convention on Human Rights, Commentary, 2014 (zit.: *Grabenwarter*, ECHR, Art., Rn.)

Grabenwarter, Christoph/Pabel, Katharina, Europäische Menschenrechtskonvention, Ein Studienbuch, 6. Aufl. 2016 (zit.: *Grabenwarter/Pabel*, Europäische Menschenrechts-konvetion, §, Rn.)

Grütters, Daniël M., NATO, International Organizations and Functional Immunity, in: International Organizations Law Review, Volume 13, 2016, S. 211–254 (zit.: *Grütters*, in: IOLR 13 (2016), 211, S.)

Haratsch, Andreas, Die Solange-Rechtsprechung des Europäischen Gerichthofs für Menschenrechte – Das Kooperationsverhältnis zwischen EGMR und EuGH –, in: Zeitschrift für ausländisches öffentliches Recht und Völkerrecht, 66. Jahrgang 2006, S. 927–947 (zit.: *Haratsch*, in: ZaöRV 2006, 927, S.)

Heer-Reißmann, Christine, Straßburg oder Luxemburg? – Der EGMR zum Grundrechtsschutz bei Verordnungen der EG in der Rechtssache Bosphorus, in: Neue Juristische Wochenschrift 2006, S. 192–194 (zit.: *Heer-Reißmann*, in: NJW 2006, 192, S.)

Henquet, Thomas, The Jurisdictional Immunity of International Organizations in the Netherlands and the View from Strasbourg, in: International Organizations Law Review, Volume 10, 2013, S. 538–571 (zit.: *Henquet*, in: IOLR 10 (2013), 538, S.)

Hobe, Stephan, Einführung in das Völkerrecht, 10. Aufl. 2014 (zit.: *Hobe*, Völkerrecht, S.)

Ipsen, Knut, Völkerrecht, 7. Aufl. 2018 (zit.: Bearbeiter, in: *Ipsen* (Hrsg.), Völkerrecht, §, Rn.)

Ipsen, Knut, Völkerrecht, 6. Aufl. 2014 (zit.: Bearbeiter, in: *Ipsen* (Hrsg.), Völkerrecht (6. Aufl.), §, Rn.)

Isensee, Josef/Kirchhof, Paul (Hrsg.), Handbuch des Staatsrechts der Bundesrepublik Deutschland, Band II, Verfassungsstaat, 3. Aufl. 2004 (zit.: *Bearbeiter*, in: Isensee/Kirchhof (Hrsg.), Handbuch des Staatsrechts, Bd. II, §, Rn.)

Jacobs, Francis G./White, Robin/Ovey, Clare, The European Convention on Human Rights, 7. Aufl. 2017 (zit.: *Jacobs/White/Ovey*, The European Convention on Human Rights, S.)

Janik, Cornelia, Die EMRK und internationale Organisationen – Ausdehnung und Restriktion der equivalent protection-Formel in der neuen Rechtsprechung des EGMR -, in: Zeitschrift für ausländisches öffentliches Recht und Völkerrecht, 70. Jahrgang 2010, S. 127–179 (zit.: *Janik*, in: ZaöRV 2010, 127, S.)

Jenks, C. Wilfred, International Immunities, 1961 (zit.: *Jenks*, International Immunities, S.)

Jennings, Robert/ Watts, Arthur, Oppenheim's International Law, Volume 1, Peace, Introduction and Part 1, 9. Aufl. 1992 (zit.: *Jennings/ Watts*, Oppenheim's International Law, Vol. 1, §)

Karpenstein, Ulrich/Mayer, Franz, EMRK, Konvention zum Schutz der Menschenrechte und Grundfreiheiten, Kommentar, 2. Aufl. 2015 (zit.: *Bearbeiter*, in: Karpenstein/Mayer (Hrsg.), EMRK, Art., Rn.)

Kempen, Bernhard/Hillgruber, Christian, Völkerrecht, 2. Aufl. 2012 (zit.: *Bearbeiter* in: Kempen/Hillgruber, Völkerrecht, §, Rn.)

Klabbers, Jan, An Introduction to International Institutional Law, 3. Aufl. 2015 (zit.: *Klabbers*, International Institutional Law, S.)

Klabbers, Jan, Advanced Introduction to the Law of International Organizations, 2015 (zit.: *Klabbers*, The Law of International Organizations, S.)

Klabbers, Jan/Wallendahl, Åsa (Hrsg.), Research Handbook on the Law of international Organizsations, 2011 (zit.: *Bearbeiter*, in: Klabbers/Wallendahl, Research Handbook on the Law of International Organizations, S.)

Kloth, Matthias, Immunities and the Right of Access to Court under Article 6 of the European Convention on Human Rights, 2010 (zit.: *Kloth*, Immunities and the Right of Access to Court under Article 6 of the European Convention on Human Rights, S.)

Kunz-Hallstein, Hans Peter, Die Gerichtsbefreiung Internationaler Organisationen in der deutschen Praxis, in: Jochum, Georg/Fritzmeyer, Wolgang/Kau, Marcel (Hrsg.), Grenz-überschreitendes Recht - Crossing Frontiers, Festschrift für Kay Hailbronner, 2013, S. 597–614 (zit.: *Kunz-Hallstein*, in: Jochum/Fritzmeyer/Kau (Hrsg.), Grenzüberschreitendes Recht, 597, S.)

Lalive, Jean-Flavien, L'immunité de juridiction des états et des organisation internationales, in: Recueil des cours, Tome 84, 1953, S. 205–396 (zit.: Lalive, in: RdC 84 (1953), 205, S.)

Lammers, Johan G., Immunity of International Organizations, The Work of the International Law Commission, in: International Organizations Law Review, Volume 10, 2013, S. 276–286 (zit.: *Lammers*, in: IOLR 10 (2013), 276, S.)

McKinnon Wood, Hugh/Hurst, Cecil J. B., Legal Relations between Individuals and a World Organization of States, in: Transactions of the Grotius Society, Volume 30, 1944, S. 141–164 (zit.: *McKinnon Wood/Hurst*, in: Transactions of the Gortius Society 30 (1944), 141, S.)

McLachlan, Campbell, The Principle of Systemic Integration and Article 31(3) (C) of the Vienna Convention, in: The International and Comparative Law Quarterly, Volume 54, 2005, S. 279–319 (zit.: *McLachlan*, in: ICLQ 54 (2005), 279, S.)

Meyer-Ladewig, Jens/Nettesheim, Martin/von Raumer, Stefan, EMRK, Europäische Menschenrechtskonvention, Handkommentar, 4. Aufl. 2017 (zit.: *Bearbeiter*, in: Meyer-Ladewig/Nettesheim/von Raumer (Hrsg.), EMRK, Art., Rn.)

Moremen, Philip M., National court decisions as state practice: A transnational judicial dialogue?, in: North Carolina Journal of International Law and Commercial Regulation, Volume 32, 2006, S. 259–309 (zit.: *Moremen*, in: North Carolina Journal of International Law and Commercial Regulation 32 (2006), 259, S.)

Müller, Lydia Friederike, Richterliche Unabhängigkeit und Unparteilichkeit nach Art. 6 EMRK, Anforderungen der Europäischen Menschenrechtskonvention und spezifische Probleme in den östlichen Europaratsstaaten, 2015 (zit.: *Müller*, Richterliche Unabhängigkeit und Unparteilichkeit nach Art. 6 EMRK, S.)

Nußberger, Angelika, The Concept of 'Jurisdicton' in the Jurisprudence of the European Court of Human Rights, in: Current Legal Problem, Volume 65,

2012, S. 241–268 (zit.: *Nußberger*, in: Current Legal Problems 65 (2012), 241, S.)

Orakhelashvili, Alexander, Jurisdictional immunity of international organizations: from abstract functionality to absolute immunity, in: ders. (Hrsg.), Research Handbook on Jurisdiction and Immunities in Internationale Law, 2015, S. 497–527 (zit.: *Orakhelashvili*, in: ders. (Hrsg.), Jurisdictional immunity of international organization, 497, S.)

Orakhelashvili, Alexander, Restrictive Interpretation of Human Rights Treaties in the Recent Jurisprudence of the European Court of Human Rights, in: European Journal of International Law, Volume 14, 2003, S. 529–568 (zit.: *Orakhelashvili*, in: EJIL 14 (2003), 529, S.)

Orzan, Massimo Francesco, International Organizations and Immunity from Legal Process, An Uncertain Evolution, in: Virzo, Roberto/Ingravallo, Ivan (Hrsg.), Evolutions in the Law of International Organizations, 2015, S. 364–380 (zit.: *Orzan*, in: Virzo, Roberto/Ingravallo, Ivan (Hrsg.), Evolutions in the Law of International Organizations, 364, S.)

Pabel, Katharina/Schmahl, Stefanie, Internationaler Kommentar zur Europäischen Menschenrechtskonvention, Loseblattsammlung, Stand: Dezember 2018 (zit.: *Bearbeiter*, in: Pabel/Schmahl (Hrsg.), IntKommEMRK, Art., Rn.)

Pustorino, Pietro, The Control Criterion between Responsibility of States and Responsibility of International Organizations, in: Virzo, Roberto/Ingravallo, Ivan (Hrsg.), Evolutions in the Law of International Organizations, 2015, S. 406–422 (zit.: *Pustorino*, in: Virzo, Roberto/Ingravallo, Ivan (Hrsg.), Evolutions in the Law of International Organizations, 406, S.)

Peters, Anne, Die funktionale Immunität internationaler Organisationen und die Rechtsweggarantie, Zugleich Anmerkung zur Entscheidung des schweizerischen Bundesgerichts zur Immunität der Bank für Internationalen Zahlungsausgleich (BIZ), vom 12. Juli 2010 (BGE 136 III 379, 5A_360/2010), in: Schweizerische Zeitschrift für internationales und europäisches Recht 21. Jahrgang 2011, S. 397–428 (zit.: *Peters*, in: SZIER 2011, 397, S.)

Peters, Anne, Die Anwendbarkeit der EMRK in Zeiten komplexer Hoheitsgewalt und das Prinzip der Grundrechtstoleranz, in: Archiv des Völkerrechts, Band 48, 2010, S. 1–57 (zit.: *Peters*, in: AVR 48 (2010), 1, S.)

Peters, Anne/Altwicker, Tilmann, Europäische Menschenrechtskonvention, Mit rechtsvergleichenden Bezügen zum deutschen Grundgesetz, 2. Aufl. 2012 (zit.: *Peters/Altwicker*, Europäische Menschenrechtskonvention, §, Rn.)

Peters, Birgit, The Rule of Law Dimensions of Dialogues Between National Courts and Strasbourg, in: Kanetake, Machiko/Nollkaemper, André (Hrsg.), The Rule of Law at the National and International Levels, Contestations and

Deference, S. 201–225 (zit.: *Peters*, in: Kanetake/Nollkaemper, The Rule of Law at the National and International Levels, 201, S.)

Pullen, Julia, Die Immunität von Staatsunternehmen im zivilrechtlichen Erkenntnis- und Vollstreckungsverfahren, 2012 (zit.: *Pullen*, Die Immunität von Staatsunternehmen im zivilrechtlichen Erkenntnis- und Vollstreckungsverfahren, S.)

Randelzhofer, Albrecht, Rechtsschutz gegen Maßnahmen von INTERPOL vor deutschen Gerichten, in: von Münch, Ingo (Hrsg.), Staatsrecht – Völkerrecht – Europarecht, Festschrift für Hans-Jürgen Schlochauer zum 75. Geburtstag am 28. März 1981, 1981, S. 531–555 (zit.: *Randelzhofer*, in: von Münch (Hrsg.), Staatsrecht – Völkerrecht – Europarecht, 531, S.)

Rauscher, Thomas/Krüger, Wolfgang, Münchener Kommentar zur Zivilprozessordnung mit Gerichtsverfassungsgesetz und Nebengesetzen, Band 1, §§ 1–354, 5. Aufl. 2016 (zit.: *Bearbeiter*, in: Rauscher/Krüger (Hrsg.), MünchKomm ZPO, §, Rn.)

Reinisch, August, The Conventions on the Privileges and Immunities of the United Nations and its specialized Agencies, A Commentary, 1. Aufl. 2016 (zit.: Bearbeiter, in: Reinisch (Hrsg.), The Conventions on the Privileges and Immunities of the United Nations and its specialized Agencies, S., Rn.)

Reinisch, August (Hrsg.), The Privileges and Immunities of International Organizations in Domestic Courts, 2013 (zit.: *Bearbeiter*, in: Reinisch (Hrsg.), The Privileges and Immunities of International Organizations in Domestic Courts, S.)

Reinisch, August, Challenging Acts of International Organizations before National Courts, 2010 (zit.: Bearbeiter, in: *Reinisch* (Hrsg.), Challenging Acts of International Organizations before National Courts, S.)

Reinisch, August, International Organizations Before National Courts, 1. Aufl. 2000 (zit.: *Reinisch*, International Organizations Before National Courts, S.)

Reinisch, August, Waite and Kennedy v. Germany; Beer and Regan v. Germany, European Court of Human Rights decision on whether granting European Space Agency immunity from soit in German labour courts violates dismissed employees' rights, in: Oxman, Bernard H. (Hrsg.), International Decisions, S. 933 – 938, in: American Journal of International Law, Volume 93, 1999, S. 913–942 (zit.: *Reinisch*, in: AJIL 93 (1999), 933, S.)

Reinisch, August/Weber, Andreas, In the Shadow of Waite and Kennedy, The Jurisdictional Immunity of International Organizations, The Individual's Right of Access to the Court and Administrative Tribunals as Alternative Means of Dispute Settlement, in: International Organizations Law Review. Volume 59, 2004, S. 59–110 (zit.: *Reinisch/Weber*, in: IOLR 59 (2004), 59, S.)

Rensmann, Thilo, Internationale Organisationen im Privatrechtsverkehr, in: Archiv des Völkerrechts, Band 36, 1998, S. 305–344 (zit.: *Rensmann*, in: AVR 36 (1998), 305, S.)

Ress, Georg, Die EMRK und das europäische Gemeinschaftsrecht: Überlegungen zu den Beziehungen zwischen den Europäischen Gemeinschaften und der Europäischen Menschenrechtskonvention, in: Zeitschrift für Europarechtliche Studien 2. Jahrgang 1999, S. 471–485 (zit.: *Ress*, in: ZEuS 1999, 471, S.).

Ryngaert, Cedric/Dekker, Ige F./Wessel, Ramses A./Wouters, Jan (Hrsg.), Judicial Decisions on the Law of International Organizations, 1. Aufl. 2016 (zit.: *Bearbeiter*, in: Ryngaert u. a. (Hrsg.), Judicial Decisions on the Law of International Organizations, S.)

Ruffert, Matthias/Walter, Christian, Institutionalisiertes Völkerrecht, Das Recht der Internationalen Organisationen und seine wichtigsten Anwendungsfelder, 2. Aufl. 2015 (zit.: *Ruffert/Walter*, Institutionalisiertes Völkerrecht, Rn.)

Schabas, William A., The European Convention on Human Rights, A Commentary, 1. Aufl. 2015 (zit.: *Schabas*, ECHR, Art., S.)

Schermers, Henry/Blokker, Niels M., International Institutional Law, Unity within diverstiy, 6. Aufl. 2018 (zit.: *Schermers/Blokker*, International Institutional Law, §)

Schiffbauer, Björn, Über Hoheitsrechte und deren „Übertragbarkeit“, in: Archiv des öffentlichen Rechts, Band 141, 2016, S. 551–593 (zit.: *Schiffbauer*, in: AöR 141 (2016), 551, S.)

Schöbener, Burkhard (Hrsg.), Völkerrecht, Lexikon zentraler Begriffe und Themen, 2014 (zit.: Bearbeiter, in: *Schöbener* (Hrsg.), S.)

Seidl-Hohenveldern, Ignaz, Functional Immunity of International Organizations and Human Rights, in: Benedek, Wolfgang/Isak, Hubert/Kicker, Renate (Hrsg.), Development and Developing International and European Law, Essays in Honour of Konrad Ginther on the Occasion of his 65th Birthday, 1999, S. 137–149 (zit.: *Seidl-Hohenveldern*, in: Benedek/Isak/Kicker (Hrsg.), Development and Developing International and European Law, 137, S.)

Seidl-Hohenveldern, Ignaz, Die Immunität internationaler Organisationen in Dienstrechtsstreitfällen, Rechtsgutachten für Eurocontrol, 1981 (zit.: *Seidl-Hohenveldern*, Die Immunität internationaler Organisationen in Dienstrechtsstreitfällen, S.)

Seidl-Hohenveldern, Ignaz, Dienstrechtliche Klagen gegen Internationale Organisationen, in: von Münch, Ingo (Hrsg.), Staatsrecht – Völkerrecht – Europarecht, Festschrift für Hans-Jürgen Schlochauer zum 75. Geburtstag am 28. März 1981, 1981, S. 615–634 (zit.: *Seidl-Hohenveldern*, in: von Münch, Ingo (Hrsg.), Staatsrecht – Völkerrecht – Europarecht, 615, S.)

Seidl-Hohenveldern, Ignaz/Loibl, Gerhard, Das Recht der Internationalen Organisationen einschließlich der Supranationalen Gemeinschaften, 7. Aufl. 2000 (zit.: *Seidl-Hohenveldern/Loibl*, Das Recht der Internationalen Organisationen, Rn.)

Seyersted, Finn, Objective international personality of intergovernmental organizations, Do their capacities really depend upon the conventions establishing them?, in: Nordisk Tidskrift for International Ret, Volume 34, 1964, S. 3–112 (zit.: *Seyersted*, in: Nordisk Tidskrift for International Ret 34 (1964), 3, S.)

Simma, Bruno/Kahn, Daniel-Erasmus/Nolte, Georg/Paulus, Andreas (Hrsg.), The Charter of the United Nations, A Commentary, Volume II, 3. Aufl. 2012 (zit.: *Bearbeiter*, in: Simma u. a. (Hrsg.), The Charter of the United Nations, Vol. II, Art., Rn.)

Simma, Bruno/Mosler, Hermann/Paulus, Andreas/Chitidou, Eleni (Hrsg.), The Charter of the United Nations, A Commentary, Volume I, 2. Aufl. 2002 (zit.: *Bearbeiter*, in: Simma u. a. (Hrsg.), The Charter of the United Nations, Vol. I (2. Aufl.), Art., Rn.)

Singer, Michael, Jurisdictional Immunity of International Organizations: Human Rights and Functional Necessity Concerns, in: Vanderbilt Journal of International Law, Volume 36, 1995–1996, S. 53–165 (zit.: *Singer*, in: Vanderbilt Journal of International Law 36 (1995–1996), 53, S.)

Stahl, Sandra, Schutzpflichten im Völkerrecht – Ansatz einer Dogmatik, Heidelberg 2012 (zit.: *Stahl*, Schutzpflichten im Völkerrecht – Ansatz einer Dogmatik, S.)

Tauchmann, Stefanie, Die Immunität internationaler Organisationen gegenüber Zwangs-vollstreckungsmaßnahmen, 2005 (zit.: *Tauchmann*, Die Immunität internationaler Organisationen gegenüber Zwangsvollstreckungsmaßnahmen, S.)

Tesfagabir, Kibrom, The State of Functional Immunity of International Organizations and Their Officials and Why it Should be Streamlined, in: Chinese Journal of International Law, Volume 10, 2011, S. 97–128 (zit.: *Tesfagabir*, in: Chinese Journal of International Law 10 (2011), 97, S., Abs.)

Thoma, Richard, Über die Grundrechte im Grundgesetz für die Bundesrepublik Deutschland, in: Wandersleb, Hermann (Hrsg.), Recht Staat Wirtschaft, Dritter Band, 1951, S. 9–19 (zit.: *Thoma*, in: Wandersleb (Hrsg.), Recht Staat Wirtschaft, 9, S.)

Villiger, Mark E., Commentary on the 1969 Vienna Convention on the Law of Treaties, 2009 (zit.: *Villiger*, Vienna Convention on the Law of Treaties, Art., Rn.)

Vitzthum, Wolfgang/Proelß, Alexander (Hrsg.), Völkerrecht, 7. Aufl. 2018 (zit.: *Bearbeiter*, in: Vitzthum/Proelß (Hrsg.), Völkerrecht, Abschn., Rn.)

Wenckstern, Manfred, Handbuch des Internationalen Zivilverfahrensrechts, Band II/1, Die Immunität internationaler Organisationen, 1994 (zit.: *Wenckstern*, Handbuch des Internationalen Zivilverfahrensrechts, Bd. II/1, Rn.)

Wolfrum, Rüdiger (Hrsg.), The Max Planck Encyclopedia of Public International Law, Volume II, 1. Aufl. 2012 (zit.: *Bearbeiter*, in: Wolfrum (Hrsg.), MEPIL, Vol. II, S., Abs.)

Wolfrum, Rüdiger (Hrsg.), The Max Planck Encyclopedia of Public International Law, Volume V, 1. Aufl. 2012 (zit.: *Bearbeiter*, in: Wolfrum (Hrsg.), MEPIL, Vol. V, S., Abs.)

Wolfrum, Rüdiger (Hrsg.), The Max Planck Encyclopedia of Public International Law, Volume VI, 1. Aufl. 2012 (zit.: *Bearbeiter*, in: Wolfrum (Hrsg.), MEPIL, Vol. VI, S., Abs.)

Wolfrum, Rüdiger (Hrsg.), The Max Planck Encyclopedia of Public International Law, Volume VII, 1. Aufl. 2012 (zit.: *Bearbeiter*, in: Wolfrum (Hrsg.), MEPIL, Vol. VII, S., Abs.)

Wolfrum, Rüdiger (Hrsg.), The Max Planck Encyclopedia of Public International Law, Volume VIII, 1. Aufl. 2012 (zit.: *Bearbeiter*, in: Wolfrum (Hrsg.), MEPIL, Vol. VIII, S., Abs.)

Wolfrum, Rüdiger (Hrsg.), The Max Planck Encyclopedia of Public International Law, Volume IX, 1. Aufl. 2012 (zit.: *Bearbeiter*, in: Wolfrum (Hrsg.), MEPIL, Vol. IX, S., Abs.)

Wolfrum, Rüdiger (Hrsg.), Handbuch Vereinte Nationen, 2. Aufl. 1991 (zit.: *Bearbeiter*, in: Wolfrum (Hrsg.), Handbuch UN, S., Rn.)

Wood, Michael, Do International Organizations Enjoy Immunity Under Customary International Law?, in: International Organizations Law Review, Volume 10, 2013, S. 287–318 (zit.: *Wood*, in: IOLR 10 (2013), 287, S.)

Rechtsprechungsverzeichnis

Belgien

Court of Cassation, Final appeal judgment, 21.12.2009, Cass Nr C 03 0328 F, General Secretariat of the ACP Group v Lutchmaya, in: Oxford Reports on International Law in Domestic Courts 1573 (BE 2009) (zit.: *Court of Cassation* (Belgien), ILDC 1573 (BE 2009), Abs.)

Court of Cassation, Final appeal judgment, 21.12.2009, Cass nr C 07 0407 F, General Secretariat of the ACP Group v BD, Belgium, in: Oxford Reports on International Law in Domestic Courts 1576 (BE 2009) (zit.: *Court of Cassation* (Belgien), ILDC 1576 (BE 2009), Abs.)

Court of Cassation, Appeal Judgment, 21.12.2009, Cass No S 04 0129 F, Western European Union v Siedler, in: Oxford Reports on International Law in Domestic Courts 1625 (Belgium) (zit.: *Court of Cassation* (Belgien), ILDC 1625 (BE 2009), Abs.)

Court of Cassation, Appeal Judgment, 12.03.2001, Cass no. S. 99.0103.F, League of Arab States v TM, in: Oxford Reports on International Law in Domestic Courts 42 (BE 2001) (zit.: *Court of Cassation* (Belgien), in: ILDC 42 (BE 2001), Abs.)

China

Supreme People's Court, Notice on the relevant issues concerning the acceptance by the People's Courts of civil cases involving privileges and immunities, 22.05.2007, Fa [2007] No 69, Oxford Reports on International Law in Domestic Courts 2756 (CN 2007) (zit.: *Supreme People's Court* (China), ILDC 2756 (CN 2007), Abs.)

Deutschland

Amtsgericht Bonn, Beschluss vom 23.08.1961 – 23 M 2339/61, in: Monatzeitschrift für deutsches Recht 1962, S. 315 (zit.: *AG Bonn*, in: MDR 1962, 315, S.)

Bayerischer Verwaltungsgerichtshof, Urteil vom 15.03.1995 – 7 B92.2689, 7 B 92.2690, 7 B 92.2692, 7 B 92.2693, 7 B 92.2743, juris (zit.: *Bayerischer VGH*, Urteil vom 15.03.1995 – 7 B92.2689, 7 B 92.2690, 7 B 92.2692, 7 B 92.2693, 7 B 92.2743, juris, Rn.)

Bayerischer Verwaltungsgerichtshof, Beschluss vom 23.08.1989 – 7 CS 89.90 u.a., in: Bayrische Verwaltungsblätter 1990, S. 469–472 (zit.: *VGH Bayern*, in: BayVBl. 1990, 469, S.)

Bundesarbeitsgericht, Urteil vom 10.11.1993 – 7 AZR 600/92, in: Praxis des Internationalen Privat- und Verfahrensrecht, 15 (1995), S. 33–35 (zit.: *BAG*, in: IPrax 15 (1995), 33, S.)

Bundesarbeitsgericht, Urteil vom 25.01.1973 – 5 AZR 399/72, in: Die deutsche Rechtsprechung auf dem Gebiete des Internationalen Privatrechts im Jahre 1973, S. 347–350 (zit.: *BAG*, in: IPRspr. 1973, 347, S.)

Bundesverwaltungsgericht, Beschluss vom 09.10.1995 – 6 B 51/95, juris (zit.: *BVerwG*, Beschluss vom 09.10.1995 – 6 B 51/95, juris, Rn.)

Bundesverfassungsgericht, Beschluss vom 22.10.1986 – 2 BvR 197/83, in: Entscheidungen des Bundesverfassungsgerichts, Band 73, S. 339–388 (zit.: *BVerfG*, BVerfGE 73, 339, S.)

Bundesverfassungsgericht, Beschluss vom 10.11.1981 – 2 BvR 1058/79, in: Entscheidungen des Bundesverfassungsgerichts, Band 59, S. 63–95 (zit.: *BVerfG*, BVerfGE 59, 63, S.)

Bundesverfassungsgericht, Beschluss vom 30.04.1963 – 2 BvM 1/62, in: Entscheidungen des Bundesverfassungsgerichts, Band 16, S. 27–64 (zit.: *BVerfG*, BVerfGE 16, 27, S.)

Landesarbeitsgericht Rheinland-Pfalz, Urteil vom 23.02.1960 – 1 Sa 133/59, nicht veröffentlicht, relevante Passage abgedruckt bei Schröer, in: Revue Générale de Droit International Public, Tome LXXV (1971), S. 712–741 (zit.: *LAG Rheinland-Pfalz*, in: RGDIP 75 (1971), 712, 723, Fn. 31)

Verwaltungsgerichtshof Baden-Württemberg, Beschluss vom 07.08.1979 – IV 1355/79, in: Deutsche Verwaltungsblatt 95 (1980), S. 127–129 (zit.: *VGH Baden-Württemberg*, in: DVBl 95 (1980), 127, S.)

Frankreich

Conseil d'Etat, 17.07.1931, Dame Adrien and Others, in: Annual Digest of Public International Law Cases, Volume 6, S. 33–34 (zit.: *Conseil d'Etat* (Frankreich), in: 6 AD 33, S.)

Cour d'appel de Paris, 13.01.1993, in: Journal du Droit International 1993, S. 353–360 (zit.: *Cour d'appel de Paris* (Frankreich), JDI 1993, 535, S.)

Cour de Cassation, 19.04.2005, 02-16844, ungedruckt, abrufbar unter https://www.legifrance.gouv.fr/affichJuriJudi.do?oldAction=rechJuriJudi&idTexte=JURITEXT000007489951&fastReqId=159268058&fastPos=1, zuletzt abgerufen am 26.06.2019 (zit.: *Cour de Cassation* (Frankreich), 19.04.2005, 02-16844)

Cour de Cassation, 06.07.1954, in: Revue critique de droit international privé 1954, S. 612–615 (zit.: *Cour de Cassation* (Frankreich), in: RCDIP 1954, 612, S.)

Tribunal Civil of Versailles, 27.07.1945, Chemidlin v. International Bureau of Weights and Measures, in: Annual Digest of Public International Law Cases, Volume 12, S. 281–282 (zit.: *Tribunal Civil of Versailles* (Frankreich), in: 12 AD 281, S.)

Tribunal de commerce de Paris, 04.12.1991, in: Journal du Droit International 1992, S. 692–706 (zit.: *Tribunal de commerce de Paris* (Frankreich), in: JDI 1992, 692, S.)

Griechenland

Council of State, Interim measures, 10.01.2007, no 112/2007, ALS Analytical Laboratory Systems SA v Mediterranean Agronomic Institute of Chania, Oxford Reports of International Law in Domestic Courts 1597 (GR 2007) (zit.: *Council of State* (Griechenland), ILDC 1597 (GR 2007), Abs.)

Israel

District Court (Israel), Appeal Decision, 15.08.2007, PLA 3093/07, Malhawas v United Nations Truce Supervision Organization and Attorney General (intervening), Oxford Reports on International Law in Domestic Courts 1070 (IL 2007) (zit.: *District Court* (Israel), ILDC 1070 (IL 2007), Abs.)

Italien

Court of Appeals of Florence, Judgement of 04.-23.08.1955, Mazzanti v. H.A.F.S.E., Italy, in: Vorking/Hakuta (Hrsg.), Lawsuits against international organizations: cases in national courts involving staff and employment: chronological list of cases, S. 14 f. (zit.: *Court of Appeals of Florence* (Italien), in: Vorking/Hakuta (Hrsg.), Lawsuits against international organizations, S.)

[Supreme] Court of Cassation, Final Appeal Judgement, 19.02.2007, Case No 3718, Drago v International Plant Genetic Resources Institute (IPGRI), Oxford Reports on International Law in Domestic Courts 827 (IT 2007) (zit.: *Court of Cassation* (Italien), ILDC 827 (IT 2007), Abs.)

[Supreme] Court of Cassation, Appeal judgement, 28.10.2005, No 20995, Pistelli v European University Institute, Oxford Reports on International Law in

Domestic Courts 297 (IT 2005) (zit.: *Court of Cassation* (Italien), ILDC 297 (IT 2005), Abs.)

Court of Cassation, 25.11.1985, Christiani v. Italian Latin-American Institute, Italy, in: International Law Reports, Volume 87, S. 21–28 (zit.: *Court of Cassation* (Italien), in: 87 ILR 21, S.)

Court of Cassation, 18.10.1982, Food and Agriculture Organization v. INPDAI, Italy, in: International Law Reports, Volume 87, S. 1–10 (zit.: *Court of Cassation* (Italien), in: 87 ILR 1, S.)

Court of Cassation, 08.04.1975, ICEM v. Di Banella Schirone, Italy, in: International Law Reports, Volume 77 (zit.: *Court of Cassation* (Italien), in: 77 ILR 572, S.)

Court of Cassation, 14.06.1954, Branno v. Ministry of War, Italy, in: International Law Reports, Volume 22, S. 756–757 (zit.: *Court of Cassation* (Italien), in: 22 ILR 756, S.)

Court of Cassation, 26.02.1931, International Institute of Agriculture v. Profili, Italy, in: International Law Reports, Volume 5, S. 413–415 (zit.: *Court of Cassation* (Italien), in: 5 ILR 413, S.)

Rome Court of first instance, Judgement of 25.06.1969, Giovanni Porru v. Food and Agriculture Organization of the United Nations, Italy, in: UN Juridical Yearbook 1969, 238–239 (zit.: Rome Court of first instance (Italien), in: UN Juridical Yearbook 1969, 238, S.)

Tribunal of Florence, 02.01.1954, Mazzanti v. H.A.F.S.E. and Ministry of Defence, Italy, in: International Law Reports, Volume 22, S. 758–762 (zit.: *Tribunal of Florence* (Italien), in: 22 ILR 758, S.)

Kanada

Supreme Court of Canada, Judgment, 29.11.2013, 34501, Amaratunga v. Northwest Atlantic Fisheries Organization, Canada Supreme Court Reports Part 3, 2013 Volume 3, S. 866–894 (zit.: *Supreme Court of Canada* (Kanada), 2013 SCC 66, [2013] 3 S.C.R. 866, Abs.)

Kenia

Court of Appeal, Appeal judgement, 13.08.1999, Civil Appeal No 255 of 1998, Tonoka Steels Limited v Eastern and Southern Africa Trade and Development Bank, Oxford Reports on International Law in Domestic Courts 1283 (KE 1999) (zit.: *Court of Appeal* (Kenia), ILDC 1283 (KE 1999), Abs.)

Malaysia

High Court, 13.01.1987, Bank Bumiputra Malaysia BHD. v. International Tin Council and Another, Malaysia, in: International Law Reports, Volume 80, S. 24–30 (zit.: *High Court* (Malaysia), in: 80 ILR 24, S.)

Mexiko

Supreme Court, 28.04.1954, Economic Commission for Latin America, in: United Nations, Annual Report of the Secretary General on the Work of the Organization, 1 July 1953 – 30 June 1954, S. 105–106 (zit.: *Supreme Court* (Mexiko), in: UN, Annual Report of the Secretary General 1954, 105, S.)

Niederlande

District Court of Maastricht, 12.01.1984, Eckhardt v. European Organization for the Safety of Air Navigation, The Netherlands, in: Netherlands Yearbook of International Law, Volume 13 (1985), S. 464–471 (zit.: *District Court of Maastricht* (Niederlande), in: NYIL 13 (1985), 464, S.)

Supreme Court, Final appeal judgement, 13.04.2012, LJN: BW1999, Stichting Mothers of Srebrenica and ors v Netherlands and United Nations, ILDC 1760 (NL 2012) (zit.: *Supreme Court* (Niederlande), ILDC 1760 (NL 2012), Abs.)

Supreme Court, Judgement on Appeal in Cassation, 13.11.2007, Case No 12627, Decision No LJN: BA9173, Euratom Case, Greenpeace Nederland and Procurator General at the Supreme Court of the Netherlands (intervening) v Euratom, in: Oxford Reports on International Law 383 (NL 2007) (zit.: *Supreme Court* (Niederlande), ILDC 838 (NL 2007), Abs.)

Supreme Court, Final appeal judgement, 20.12.1985, Case No 12627, Decision No LJN: AC9158, Spaans v Iran-United States Claims Tribunal, in: Oxford Reports on International Law 1759 (NL 1985) (zit.: *Supreme Court* (Niederlande), ILDC 1759 (NL 1985), Abs.)

The Hague District Court, Judgment, 16.07.2014, C/09/295247/HA ZA 07-2973, ungedruckt, abrufbar unter https://uitspraken.rechtspraak.nl/inziendocument?id=ECLI:NL: RBDHA:2014:8748, zuletzt abgerufen am 26.06.2019 (zit.: *The Hague District Court* (Niederlande), Judgment, 16.07.2014, C/09/295247/HA ZA 07-2973)

Österreich

Constitutional Court, Individual constitutional complaint decision, 14.12.2004, Decision No B 783/04, Anonymous v Austria, in: Oxford Reports on

International Law Reports 140 (AT 2004) (zit.: *Constitutional Court* (Österreich), ILDC 140 (AT 2004), Abschn., Abs.)

Russische Föderation

Supreme Court, Supervisory review, 09.07.2010, SN Ryabov v Eurasian Development Bank, in: Oxford Reports on International Law 1559 (RU 2010) (zit.: *Supreme Court* (Russische Föderation), ILDC 1559 (RU 2010), Abs.)

Schweiz

Labour Court of Geneva, 17.11.1993, ZM v. Permanent Delegation of the League of Arab States to the United Nations, Switzerland, in: International Law Reports, Volume 116, S. 643–649 (zit.: *Labour Court of Geneva* (Schweiz), in: 116 ILR 643, S.)

Schweizerisches Bundesgericht, Urteil vom 12.07.2010 - 5 A_360/2010, in: Entscheidungen des Schweizerischen Bundesgerichts 136, Band III, S. 379–391 (zit.: *Schweizerisches Bundesgericht* (Schweiz), BGE 136 III 379, S., Abs.)

Schweizerisches Bundesgericht, Urteil vom 25.01.1999 - 4 C.518/1996, in: Praxis des Internationalen Privat- und Verfahrensrecht 19 (1999), S. 257–260 (zit.: *Schweizerisches Bundesgericht* (Schweiz), in: IPRax 19 (1999), 257, S.)

Schweizerisches Bundesgericht, Urteil vom 21.12.1992, in: Entscheidungen des Schweizerischen Bundesgerichts 118, Band Ib, S. 562–568 (zit.: *Schweizerisches Bundesgericht* (Schweiz), BGE 118, Band Ib 562, S.)

Vereinigtes Königreich

Court of Appeal, 12.03.1940, Godman v. Winterton, England, in: Annual Digest of Public International Law Cases, Volume 11, S. 205–207 (zit.: *Court of Appeal* (Vereinigtes Königreich), in: 11 AD 205, S.)

High Court, 17.04.1986, Standard Chartered Bank v. International Tin Council and others, England, in: The Wekkly Law Reports 1987, Volume 1, S. 641–648 (zit.: *High Court* (Vereinigtes Königreich), in: WLR 1987 (Vol. 1), 641, S.)

Vereinigte Staaten

Supreme Court of the State of New York, 25.01.1988, International Tin Council v. Amalgamet Inc, in: International Law Reports, Volume 80, S. 31–38 (zit.: *Supreme Court of the State of New York* (Vereinigte Staaten), in: 80 ILR 31, S.)

Court of Appeals for the District of Columbia, 21.09.1978, Weidner v. International Telecommunications Satellite Organization, in International Law Reports, Volume 63, S. 191–194 (zit.: *Court of Appeals for the District of Columbia* (Vereinigte Staaten), in: 63 ILR 191, S.)

Court of Appeals for the District of Columbia Circuit, 27.09.1983, Mendaro v. World Bank, in: International Law Reports, Volume 99, S. 92–103 (zit.: *Court of Appeals for the District of Columbia Circuit* (Vereinigte Staaten), in: 99 ILR 92, S.)

District Court for the District of Delaware, 03.08.1994, EAL (Delaware) Corp., Electra Aviation Inc. et al. v. European Organization for the Safety of Air Navigation and English Civil Aviation Authority, in: International Law Reports, Volume 107, S. 318–346 (zit.: *District Court for the District of Delaware* (Vereinigte Staaten), in: 107 ILR 318, S.)

Europäischer Gerichtshof für Menschenrechte

Airey v. Ireland, 9 October 1979, Series A no. 32 (zit.: *ECtHR*, *Airey v. Ireland*, 9 October 1979, Abs., Series A no. 32)

Al-Adsani v. the United Kingdom [GC], no. 35763/97, ECHR 2001-XI (zit.: *ECtHR*, *Al-Adsani v. the United Kingdom* [GC], no. 35763/97, Abs., ECHR 2001-XI

Al-Dulimi and Montana Management Inc. v. Switzerland [GC], no. 5809/08, ECHR 2016 (zit.: *ECtHR*, *Al-Dulimi and Montana Management Inc. v. Switzerland* [GC], no. 5809/08, Abs., ECHR 2016)

Al-Dulimi and Montana Management Inc. v. Switzerland, no. 5809/08, 26 November 2013 (zit.: *ECtHR*, *Al-Dulimi and Montana Management Inc. v. Switzerland*, no. 5809/08, Abs., 26 November 2013)

Al-Jedda v. the United Kingdom [GC], no. 27021/08, ECHR 2011 (zit.: *ECtHR*, *Al-Jedda v. the United Kingdom* [GC], no. 27021/08, Abs., ECHR 2011)

Arlewin v. Sweden, no. 22302/10, 1 March 2016 (zit.: *ECtHR*, *Arlewin v. Sweden*, no. 22302/10, Abs., 1 March 2016)

Ashingdane v. the United Kingdom, 28 May 1985, Series A no. 93 (zit.: *ECtHR*, *Ashingdane v. the United Kingdom*, 28 May 1985, Abs., Series A no. 93)

Avotiņš v. Latvia [GC], no. 17502/07, ECHR 2016 (zit.: *ECtHR*, *Avotiņš v. Latvia* [GC], no. 17502/07, Abs., ECHR 2016)

B. v. the United Kingdom, 8 July 1987, Series A no. 121 (zit.: ECtHR, B. *v. the United Kingdom*, 8 July 1987, Abs., Series A no. 121)

Banković and Others v. Belgium and Others (dec.) [GC], no. 52207/99, ECHR 2001-XII (zit.: *ECtHR, Banković and Others v. Belgium and Others* (dec.) [GC], no. 52207/99, Abs., ECHR 2001-XII)

Beer and Regan v. Germany [GC], no. 28934/95, 18 February 1999 (zit.: ECtHR, *Beer and Regan v. Germany* [GC], no. 28934/95, Abs., 18 February 1999)

Behrami and Behrami v. France and Saramati v. France and Others (dec.) [GC], nos. 71412/01 and 78166/01, 2 May 2007 (zit.: *ECtHR, Behrami and Behrami v. France and Saramati v. France and Others* (dec.) [GC], nos. 71412/01 and 78166/01, Abs., 2 May 2007)

Běleš and Others v. the Czech Republic, no. 47273/99, ECHR 2002-IX (zit.: *ECtHR, Běleš and Others v. the Czech Republic*, no. 47273/99, Abs., ECHR 2002-IX)

Benthem v. the Netherlands, 23 October 1985, Series A no. 97 (zit.: ECtHR, Benthem v. the Netherlands, 23 October 1985, Abs., Series A no. 97)

La société Etablissements Biret et Cie S.A. and la société Biret International v. 15 States (dec.), no. 13762/04, 9 December 2008 (zit.: *ECtHR, La société Etablissements Biret et Cie S.A. and la société Biret International v. 15 States* (dec.), no. 13762/04, Abs., 9 December 2008)

Boivin v. 34 member States of the Council of Europe (dec.), no. 73250/01, ECHR 2008 (zit.: *ECtHR, Boivin v. 34 member States of the Council of Europe* (dec.), no. 73250/01, Abs., ECHR 2008)

Bosphorus Hava Yolları Turizm ve Ticaret Anonim Şirketi v. Ireland [GC], no. 45036/98, ECHR 2005-VI (zit.: *ECtHR, Bosphorus Hava Yolları Turizm ve Ticaret Anonim Şirketi v. Ireland* [GC], no. 45036/98, Abs., ECHR 2005-VI)

Campbell and Fell v. the United Kingdom, 28 June 1984, Series A no. 80 (zit.: *ECtHR, Campbell and Fell v. the United Kingdom*, 28 June 1984, Abs., Series A no. 80)

Case "relating to certain aspects of the laws on the use of languages in education in Belgium" (merits), 23 July 1968, Series A no. 6 (zit.: *ECtHR, Case "relating to certain aspects of the laws on the use of languages in education in Belgium"* (merits), 23 July 1968, S., Abs., Series A no. 6)

Chapman v. Belgium (dec.), no. 39619/06, 5 March 2013 (zit.: *ECtHR, Chapman v. Belgium* (dec.), no. 39619/06, Abs., 5 March 2013)

Coëme and Others v. Belgium, nos. 32492/96 and 4 others, ECHR 2000-VII (zit.: *ECtHR, Coëme and Others v. Belgium*, nos. 32492/96 and 4 others, Abs., ECHR 2000-VII

Connoly v. 15 member States of the European Union (dec.), no. 73724/01, 9 December 2008 (zit.: *ECtHR, Connoly v. 15 member States of the European Union* (dec.), no. 73724/01, Abs., 9 December 2008)

Cooperatieve Producentenorganisatie van de Nederlandse Kokkelvisserij U.A. v. the Netherlands (dec.), no. 13645/05, ECHR 2009 (zit.: *ECtHR, Cooperatieve Producentenorganisatie van de Nederlandse Kokkelvisserij U.A. v. the Netherlands* (dec.), no. 13645/05, Abs., ECHR 2009)

Cudak v. Lithuania [GC], no. 15869/02, ECHR 2010 (zit.: *ECtHR, Cudak v. Lithuania* [GC], no. 15869/02, Abs., ECHR 2010)

De Cubber v. Belgium, 26 October 1984, Series A no. 86 (zit.: *ECtHR, De Cubber v. Belgium*, 26 October 1984, Abs., Series A no. 86)

Delcourt v. Belgium, 17 January 1970, Series A no. 11 (zit.: *ECtHR, Delcourt v. Belgium*, 17 January 1970, Abs., Series A no. 11)

Deumeland v. Germany, 29 May 1986, Series A no. 100 (zit.: *ECtHR, Deumeland v. Germany*, 29 May 1986, Abs., Series A no. 100)

Domazyan v. Armenia, no. 22558/07, 25 February 2016 (zit.: *ECtHR, Domazyan v. Armenia*, no. 22558/07, Abs., 25 February 2016)

Editions Périscope v. France, 26 March 1992, Series A no. 234-B (zit.: *ECtHR, Editions Périscope v. France*, 26 March 1992, Abs., Series A no. 234-B)

Fogarty v. the United Kingdom [GC], no. 37112/97, ECHR 2001-XI (extracts) (zit.: *ECtHR, Fogarty v. the United Kingdom* [GC], no. 37112/97, Abs., ECHR 2001-XI (extracts))

Gasparini v. Italy and Belgium (dec.), no. 10750/03, 12 May 2009 (zit.: *ECtHR, Gasparini v. Italy and Belgium* (dec.), no. 10750/03, Abs., 12 May 2009)

Golder v. the United Kingdom, 21 February 1975, Series A no. 18 (zit.: *ECtHR, Golder v. the United Kingdom*, 21 February 1975, Abs., Series A no. 18)

H. v. Belgium, 30 November 1987, Series A no. 127-B (zit.: *ECtHR, H. v. Belgium*, 30 November 1987, Abs., Series A no. 127-B)

Hauschildt v. Denmark, 24 May 1989, Series A no. 154 (zit.: *ECtHR, Hauschildt v. Denmark*, 24 May 1989, Abs., Series A no. 154)

James and Others v. the United Kingdom, 21 February 1986, Series A no. 98 (zit.: *ECtHR, James and Others v. the United Kingdom*, 21 February 1986, Abs., Series A no. 98)

Jones and Others v. the United Kingdom, nos. 34356/06 and 40528/06, ECHR 2014 (zit.: *ECtHR, Jones and Others v. the United Kingdom*, nos. 34356/06 and 40528/06, Abs., ECHR 2014)

Julius Kloiber Schlachthof GmbH and Others v. Austria, nos. 21565/07 and 3 others, 4 April 2013 (zit.: *ECtHR, Julius Kloiber Schlachthof GmbH and Others v. Austria*, nos. 21565/07 and 3 others, Abs., 4 April 2013)

Klausecker v. Germany (dec.), no. 415/07, 6 January 2015 (zit.: ECtHR, *Klausecker v. Germany* (dec.), no. 415/07, Abs., 6 January 2015)

König v. Germany, 28 June 1978, Series A no. 27 (zit.: *ECtHR, König v. Germany*, 28 June 1978, Abs., Series A no. 27)

Kolovangina v. Russia, no. 76593/01, 11 December 2008 (zit.: *ECtHR, Kolovangina v. Russia*, no. 76593/01, Abs., 11 December 2008)

Kreuz v. Poland, no. 28249/95, ECHR 2001-VI (zit.: *ECtHR, Kreuz v. Poland*, no. 28249/95, Abs., ECHR 2001-VI)

Kulikowski v. Poland, no. 18353/03, 19 May 2009 (zit.: *ECtHR, Kulikowski v. Poland*, no. 18353/03, Abs., 19 May 2009)

Lavents v. Latvia, no. 58442/00, 28 November 2002 (zit.: *ECtHR, Lavents v. Latvia*, no. 58442/00, Abs., 28 November 2002)

Le Compte, Van Leuven and De Meyere v. Belgium, 23 June 1981, Series A no. 43 (zit.: *ECtHR, Le Compte, Van Leuven and De Meyere v. Belgium*, 23 June 1981, Abs., Series A no. 43)

Loizidou v. Turkey (merits), 18 December 1996, Reports of Judgments and Decisions 1996-VI (zit.: *ECtHR, Loizidou v. Turkey* (merits), 18 December 1996, Abs., Reports of Judgments and Decisions 1996-VI)

Nikas and Nika v. Greece, no. 31273/04, 13 July 2006 (zit.: *ECtHR, Nikas and Nika v. Greece*, no. 31273/04, Abs., 13 July 2006)

Oleynikov v. Russia, no. 36703/04, 14 March 2013 (zit.: *ECtHR, Oleynikov v. Russia*, no. 36703/04, Abs., 14 March 2013)

Piersack v. Belgium, 1 October 1982, Series A no. 53 (zit.: *ECtHR, Piersack v. Belgium*, 1 October 1982, Abs., Series A no. 53)

M.S.S. v. Belgium and Greece [GC], no. 30696/09, ECHR 2011 (zit.: *ECtHR, M.S.S. v. Belgium and Greece* [GC], no. 30696/09, Abs., ECHR 2011)

Maiorano and Others v. Italy, no. 28634/06, 15 December 2009 (zit.: ECtHR, *Maiorano and Others v. Italy*, no. 28634/06, Abs., 15 December 2009)

Markovic and Others v. Italy [GC], no. 1398/03, ECHR 2006-XIV (zit.: ECtHR, *Markovic and Others v. Italy* [GC], no. 1398/03, Abs., ECHR 2006-XIV)

Maširević v. Serbia, no. 30671/08, 11 February 2014 (zit.: *ECtHR, Maširević v. Serbia*, no. 30671/08, Abs., 11 February 2014)

Matthews v. the United Kingdom [GC], no. 24833/94, ECHR 1999-I (zit.: *ECtHR, Matthews v. the United Kingdom* [GC], no. 24833/94, Abs., ECHR 1999-I)

McElhinney v. Ireland [GC], no. 31253/96, ECHR 2001-XI (extracts) (zit.: *ECtHR, McElhinney v. Ireland* [GC], no. 31253/96, Abs., ECHR 2001-XI (extracts))

Micallef v. Malta [GC], no. 17056/06, ECHR 2009 (zit.: *ECtHR, Micallef v. Malta* [GC], no. 17056/06, Abs., ECHR 2009)

Michaud v. France, no. 12323/11, ECHR 2012 (zit.: *ECtHR, Michaud v. France*, no. 12323/11, Abs., ECHR 2012)

Miragall Escolano and Others v. Spain, nos. 38366/97 and 9 others, ECHR 2000-I (zit.: ECtHR, Miragall Escolano and Others v. Spain, nos. 38366/97 and 9 others, Abs., ECHR 2000-I)

Miroshnik v. Ukraine, no. 75804/01, 27 November 2008 (zit.: *ECtHR, Miroshnik v. Ukraine*, no. 75804/01, Abs., 27 November 2008)

Müller and Others v. Switzerland, 24 May 1988, Series A no. 133 (zit.: *ECtHR, Müller and* Others v. Switzer*land*, 24 May 1988, Abs., Series A no. 133)

Neves e Silva v. Portugal, 27 April 1989, Series A no. 153-A (zit.: *ECtHR, Neves e Silva v. Portugal*, 27 April 1989, Abs., Series A no. 153-A)

Ndayegamiye-Mporamazina v. Switzerland, no. 16874/12, 5 February 2019 (zit.: *ECtHR, Ndayegamiye-Mporamazina v. Switzerland*, no. 16874/12, Abs., 5 February 2019)

Osman v. the United Kingdom, 28 October 1998, Reports of Judgments and Decisions 1998-VIII (zit.: *ECtHR, Osman v. the United Kingdom*, 28 October 1998, Abs., Reports of Judgments and Decisions 1998-VIII)

Povse and Povse v. Austria (dec.), no. 3890/11), § 69, 18 June 2013 (zit.: ECtHR, *Povse and Povse v. Austria* (dec.), no. 3890/11, Abs., 18 June 2013)

Prince Hans-Adam II of Liechtenstein v. Germany [GC], no. 42527/98, ECHR 2001-VIII (zit.: *ECtHR, Prince Hans-Adam II of Liechtenstein v. Germany* [GC], no. 42527/98, Abs., ECHR 2001-VIII)

Rambus Inc v. Germany (dec.), no. 40382/04, 16 June 2009 (zit.: *ECtHR, Rambus Inc v. Germany* (dec.), no. 40382/04, Abs., 16 June 2009)

Radunović and Others v. Montenegro, nos. 45197/13 and 2 others, 25 October 2016 (zit.: *ECtHR, Radunović and Others v. Montenegro*, nos. 45197/13 and 2 others, Abs., 25 October 2016)

Rasmussen v. Denmark, 28 November 1984, Series A no. 87 (zit.: *ECtHR, Rasmussen v. Denmark*, 28 November 1984, Abs., Series A no. 87)

Ringeisen v. Austria, 16 July 1971, Series A no. 13 (zit.: *ECtHR, Ringeisen v. Austria*, 16 July 1971, Abs., Series A no. 13)

Sabeh El Leil v. France [GC], no. 34869/05, 29 June 2011 (zit.: *ECtHR, Sabeh El Leil v. France* [GC], no. 34869/05, Abs., 29 June 2011)

Saghatelyan v. Armenia, no. 7984/06, 20 October 2015 (zit.: *ECtHR, Saghatelyan v. Armenia*, no. 7984/06, Abs., 20 October 2015)

Sporrong and Lönnroth v. Sweden, 23 September 1982, Series A no. 52 (zit.: *ECtHR, Sporrong and Lönnroth v. Sweden*, 23 September 1982, Abs., Series A no. 52)

Stanev v. Bulgaria [GC], no. 36760/06, ECHR 2012 (zit.: *ECtHR, Stanev v. Bulgaria* [GC], no. 36760/06, Abs., ECHR 2012)

Stichting Mothers of Srebrenica and Others v. the Netherlands (dec.), no. 65542/12, ECHR 2013 (extracts) (zit.: *ECtHR*, *Stichting Mothers of Srebrenica and Others v. the Netherlands* (dec.), no. 65542/12, Abs., ECHR 2013 (extracts))

Streletz, Kessler and Krenz v. Germany [GC], nos. 34044/96 and 2 others, ECHR 2001-II (zit.: *ECtHR*, *Streletz, Kessler and Krenz v. Germany* [GC], nos. 34044/96 and 2 others, Abs., ECHR 2001-II)

Tekin v. Turkey, 9 June 1998, Reports of Judgments and Decisions 1998-IV (zit.: *ECtHR*, *Tekin v. Turkey*, 9 June 1998, Abs., Reports of Judgments and Decisions 1998-IV)

Tyrer v. the United Kingdom, 25 April 1978, Series A no. 26 (zit.: *ECtHR*, *Tyrer v. the United Kingdom*, 25 April 1978, Abs., Series A no. 26)

Vilho Eskelinen and Others v. Finland [GC], no. 63235/00, ECHR 2007-II (zit.: *ECtHR*, *Vilho Eskelinen and Others v. Finland* [GC], no. 63235/00, Abs., ECHR 2007-II)

Waite and Kennedy v. Germany [GC], no. 26083/94, ECHR 1999-I (zit.: *ECtHR*, *Waite and Kennedy v. Germany* [GC], no. 26083/94, Abs., ECHR 1999-I)

Europäische Kommission für Menschenrechte

Beer and Regan v. Germany, no. 28934/95, Commission decision of 2 December 1997, unreported (zit.: E*CommHR*, *Beer and Regan v. Germany*, no. 28934/95, Commission decision of 2 December 1997, Abs., unreported)

M. & Co. v. the Federal Republic of Germany, no. 13258/87, Commission decision of 9 February 1990, Decisions and Reports 64, p. 138 (zit.: *ECommHR*, *M. & Co. v. the Federal Republic of Germany*, no. 13258/87, Commission decision of 9 February 1990, Abs., Decisions and Reports 64, 138)

Waite and Kennedy v. Germany, no. 26083/94, Commission decision of 2 December 1997, unreported (zit.: *ECommHR*, *Waite and Kennedy v. Germany*, no. 26083/94, Commission decision of 2 December 1997, Abs., unreported)

Waite and Kennedy v. Germany, no. 26083/94, Commission decision of 24 February 1997, unreported (zit.: *ECommHR*, *Waite and Kennedy v. Germany*, no. 26083/94, Commission decision of 24 February 1997, Abs., unreported)

Internationaler Gerichtshof

Difference Relating to Immunity from Legal Process of a Special Rapporteur of the Commission on Human Rights, Advisory Opinion, ICJ Reports 1999, p. 62 (zit.: *ICJ*, ICJ Reports 1999, 62, Abs.)

Jurisdictional Immunities of the State (Germany v. Italy: Greece intervening), Judgment, ICJ Reports 2012, p. 99 (zit.: *ICJ*, ICJ Reports 2012, 99, Abs.)

Military and Paramilitary Activities in and against Nicaragua (Nicaragua v. United States of America), Merits, Judgment, ICJ Reports 1986, p. 14 (zit.: *ICJ*, ICJ Reports 1986, 14, Abs.)

North Sea Continental Shelf, Judgment, ICJ Reports 1969, p. 3 (zit.: *ICJ*, ICJ Reports 1969, 3, Abs.)

Reparation for injuries suffered in the service of the United Nations, Advisory Opinion, ICJ Reports 1949, p. 174 (zit.: *ICJ*, ICJ Reports 1949, 174, S.)

Kölner Schriften zu Recht und Staat

Herausgegeben von
Hartmut Schiedermair und Bernhard Kempen

Band 1 Bernhard Kempen: Die deutsch-polnische Grenze nach der Friedensregelung des Zwei-plus-Vier-Vertrages. 1997.

Band 2 Hans-Georg Maaßen: Die Rechtsstellung des Asylbewerbers im Völkerrecht. Überlegungen zu den völkerrechtlichen Rahmenbedingungen einer europäischen Asylrechtsharmonisierung. 1997.

Band 3 Udo Fink: Kollektive Friedenssicherung. Kapitel VII UN-Charta in der Praxis des Sicherheitsrats der Vereinten Nationen. 1999.

Band 4 Stephan Grigolli: Sprachliche Minderheiten in Italien, insbesondere Südtirol, und in Europa. Der Gebrauch der Sprache vor Behörden und Gerichten und die Vergabe öffentlicher Stellen. 1997.

Band 5 Uta Stoy-Schnell: Das Bundesverfassungsgericht und die Corte costituzionale. Ein Vergleich der Verfassungsgerichtsbarkeiten in Deutschland und Italien. 1998.

Band 6 Christian Hillgruber: Die Aufnahme neuer Staaten in die Völkerrechtsgemeinschaft. Das völkerrechtliche Institut der Anerkennung von Neustaaten in der Praxis des 19. und 20. Jahrhunderts. 1998.

Band 7 Jochen Seitz: Planungshoheit und Grundeigentum. Die verfassungsrechtlichen Schranken der städtebaulichen Entwicklungsmaßnahmen. 1999.

Band 8 Jochen Herbst: Rechtskontrolle des UN-Sicherheitsrates. 1999.

Band 9 Kristin Möller: Die Beschaffung naturschutzrechtlicher Ausgleichsflächen im Baurecht. 1999.

Band 10 Klaus Löffelbein: Genehmigungsfreies Bauen und Nachbarrechtsschutz. Die baurechtlichen Anzeige- und Freistellungsverfahren der Länder aus nachbarlicher Sicht. 2000.

Band 11 Patrick Mittmann: Die Rechtsfortbildung durch den Gerichtshof der Europäischen Gemeinschaften und die Rechtsstellung der Mitgliedstaaten der Europäischen Union. 2000.

Band 12 Martin R. Albus: Zur Notwendigkeit eines Internationalen Umweltgerichtshofs. Zugleich eine Analyse der Staatenpraxis zum Internationalen Umwelthaftungsrecht und der Rechtsschutzmöglichkeiten bei grenzüberschreitenden Umweltbeeinträchtigungen. 2000.

Band 13 Irene Baur: Die Haftung der Europäischen Zentralbank. 2001.

Band 14 Tobias R. Ehlen: Zentralisierungsmöglichkeiten der deutschen Börsenaufsicht. 2003.

Band 15 Ulrich Steiner: Wertsicherungsklauseln. Zur Europarechtskonformität des neuen § 2 PaPkG. 2003.

Band 16 Stephanie Vogel: Der Prüfungsumfang des Bundesverfassungsgerichts bei Verfassungsbeschwerden am Beispiel der Kunstfreiheitsrechtsprechung. 2004.

Band 17 Thomas Schmidt: Deutsche Hochschulräte. Begriff, Darstellung und rechtliche Analyse. 2004.

Band 18 Kirsten Schmalenbach: Die Haftung Internationaler Organisationen im Rahmen von Militäreinsätzen und Territorialverwaltungen. 2004.

Band 19 Gunter Warg: Von Verteidigung zu kollektiver Sicherheit. Der Nato-Vertrag *auf Rädern*. 2004.

Band 20 Bernhard Kempen / Yvonne Dorf: Bodenreform 1945–1949. Eine verfassungsrechtliche Neubewertung. 2004.

Band 21 Jeanette Nolte: Die völkerrechtliche Vertragspraxis der EG und die Haftung der Mitgliedstaaten am Beispiel der Fischereipolitik. 2004.

Band 22 Rüdiger Schmid-Kühnhöfer: Die Staatlichkeit von Beihilfen. Mittel- und Transferzurechnung nach Art. 87 Abs. 1 EG-Vertrag. 2004.

Band 23 Florian Schöler: Die Reform des Europäischen Kartellverfahrensrechts durch die Verordnung (EG) Nr. 1/2003. 2004.

Band 24 Christina Maria Pelzer: Die Kompetenzen der EG im Bereich Forschung. Eine Analyse ihrer Reichweite und Grenzen vor dem Hintergrund des Art. 5 Abs. 3 GG. Dargestellt am Beispiel der Gentechnologie. 2004.

Band 25 Nikolaus Vieten: Die verfassungsrechtliche Zulässigkeit der Wiedereinführung einer Vermögensteuer. Zugleich eine Untersuchung des Halbteilungsbeschlusses des Bundesverfassungsgerichts. 2005.

Band 26 Bernhard Kempen (Hrsg.): Die rechtsstaatliche Bewältigung der demokratischen Bodenreform. 2005.

Band 27 Erik Hansalek: Die parlamentarische Kontrolle der Bundesregierung im Bereich der Nachrichtendienste. 2006.

Band 28 Thomas Günther: Zur Zulässigkeit der Errichtung privater Volksschulen als Bekenntnisschulen religiös-ethnischer Minderheiten nach Art. 7 Abs. 5 GG. Am Beispiel einer islamischen Grundschule. 2006.

Band 29 Christian Hoppe: Staatshaftung und Rechtsschutz bei Verletzung grundfreiheitlicher Schutzpflichten. 2006.

Band 30 Julia Schäfer: Die Entscheidung des ECOFIN-Rats über das Vorliegen eines übermäßigen Defizits. Eine Entscheidung zwischen Politik und Recht. 2007.

Band 31 Erika Elisabeth Orth: Ein Grundrecht auf Umweltschutz in Europa? Eine rechtsdogmatische Einordnung des Art. 37 GRC. 2007.

Band 32 Cécile Günther: Die Auslegung des Rechts auf Bildung in der europäischen Grundrechtsordnung. Eine Analyse von Schutzbereich und Reichweite – dargestellt am Beispiel des Art. 14 EU-GRCh (Art. II-74 EuVerf). 2007.

Band 33 Muna A. Yousif: Die extraterritoriale Geltung der Grundrechte bei der Ausübung deutscher Staatsgewalt im Ausland. 2007.

Band 34 Stefanie von Hoff: Die Rolle des US-Supreme Court im Prozess der Verfassungsänderung in den Vereinigten Staaten von Amerika. 2008.

Band 35 Alexander Metz: Das Recht Prominenter am eigenen Bild in Kollision mit Drittinteressen. Insbesondere vor dem Hintergrund des Falles Caroline von Hannover. 2008.

Band 36 Susanne Dyrchs: Das hybride Khmer Rouge-Tribunal. Entstehung, Entwicklung und rechtliche Grundlagen. 2008.

Band 37 Heiko F. Schmitz-Elvenich: Targeted Killing. Die völkerrechtliche Zulässigkeit der gezielten Tötung von Terroristen im Ausland. 2008.

Band 38 Stefania Slavu: Die Osterweiterung der Europäischen Union. Eine Analyse des EU-Beitritts Rumäniens. 2008.

Band 39 Thomas Krings: Der Grundrechtsberechtigte des Grundrechts aus Art. 13 GG. 2009.

Band 40 Zan He: The ICJ´s Practice on Provisional Measures. 2010.

Band 41 Anna Köhler: Private Sicherheits- und Militärunternehmen im bewaffneten Konflikt. Eine völkerrechtliche Bewertung. 2010.

Band 42 Jens Beynio: Die völkerrechtliche Zulässigkeit der Aufrüstung mit Kernwaffen. 2010.

Band 43 Johannes Maria Baumann: Die Rechtsprechung des EuGH zum Vorrang von Gemeinschaftsrecht vor mitgliedstaatlichen Verwaltungsakten und Gerichtsurteilen. 2010.

Band 44 Susanne Koch: Die grenzüberschreitende Wirkung von nationalen Genehmigungen für umweltbeeinträchtigende industrielle Anlagen. 2010.

Band 45 Sebastian Gerlach: Innere Konfliktregelungsmechanismen der Afrikanischen Union vor dem Hintergrund der entsprechenden Bestimmungen der Europäischen Union. 2010.

Band 46 Anne Rausch: *Responsibility to Protect.* Eine juristische Betrachtung. 2011.

Band 47 Bernhard Kempen / Kolja Naumann: Demokratie und Religion. Tagungsband zum Kolloquium der Wissenschaftlichen Arbeitsgruppe für weltkirchliche Aufgaben der Deutschen Bischofskonferenz und der Demokratie Stiftung an der Universität zu Köln am 23.11.2009 in Köln. 2011.

Band 48 Clemens David Comans: Ein „modernes" europäisches Datenschutzrecht. Bestandsaufnahme und Analyse praktischer Probleme des europäischen Datenschutzes unter besonderer Berücksichtigung der Richtlinie zur Vorratsdatenspeicherung. 2012.

Band 49 Christian Peter Kokew: Der Auslandsschutz deutscher Staatsangehöriger bei Entführungen. 2012.

Band 50 Julia Pullen: Die Immunität von Staatsunternehmen im zivilrechtlichen Erkenntnis- und Vollstreckungsverfahren. 2012.

Band 51 Leonard Koops: Seeräubereibekämpfung durch die Bundeswehr im Einklang mit dem Grundgesetz. Verfassungsrechtliche Anforderungen an einen Einsatz der Streitkräfte zur Bekämpfung der Seepiraterie außerhalb deutscher Seegebiete. 2013.

Band 52 Gesine Anna Eva Krohne: Die Ausbürgerung illoyaler Staatsangehöriger. Geltendes Verfassungsrecht, internationaler Rechtsvergleich und rechtspolitische Reformperspektiven. 2013.

Band 53 Vincent Brenner: Der privatrechtsgestaltende Verwaltungsakt im Regulierungsrecht. Zu den Möglichkeiten und Grenzen der Privatrechtsgestaltung mittels Verwaltungsakt am Beispiel des Eisenbahn- und Telekommunikationszugangsrechts. 2014.

Band 54 Elisabeth Rossa: Kinderrechte. Das Übereinkommen über die Rechte des Kindes im internationalen und nationalen Kontext. 2014.

Band 55 Lukas Preußler: *Question prioritaire de constitutionnalité.* Perspektiven konkreter Normenkontrolle in Frankreich. 2015.

Band 56 Anna Lageder: Die Bindungswirkung von Urteilen im Vertragsverletzungsverfahren. Das Beispiel der vergaberechtlichen Praxis in Deutschland, Österreich und Italien. 2015.

Band 57 Anna Eschbach: Delegierte Rechtsakte und Durchführungsrechtsakte im Europarecht. Eine Untersuchung anhand des Demokratie- und Rechtstaatsprinzips unter besonderer Berücksichtigung des Urteils zur Rs. C-427/12 des Europäischen Gerichtshofs. 2015.

Band 58 Christian Marzlin: Die Exzellenzinitiative von Bund und Ländern auf dem verfassungsrechtlichen Prüfstand. Zuständigkeiten, Grundrechte und Rechtsschutz. 2015.

Band 59 Julia Hennewig: Die Immunität internationaler Organisationen in den Vertragsstaaten der EMRK. 2019.

www.peterlang.com

FSC
www.fsc.org
MIX
Papier | Fördert gute Waldnutzung
FSC® C083411

Kolibri 360 GmbH
Ferdinand-Jühlke-Straße 7
99095 Erfurt, Deutschland
produktsicherheit@kolibri360.de

Druck:
CPI Druckdienstleistungen GmbH
im Auftrag der
Kolibri 360 GmbH
Ferdinand-Jühlke-Str. 7
99095 Erfurt